U0907747

北大百年讲堂精华

北大经济课

精讲

郭海峰　编著

汲取北大百年智慧　锻就自己的经济眼光

与大师零距离对话，政商精英都想学习的经济课

学经济，品人生，读懂社会和生活

ECONOMICS

中华工商联合出版社

图书在版编目（CIP）数据

北大经济课 / 郭海峰编著 . -- 北京：中华工商联合出版社，2016.12（2021.6 重印）

ISBN 978-7-5158-1827-6

Ⅰ . ①北…　Ⅱ . ①郭…　Ⅲ . ①经济学—通俗读物
Ⅳ . ① F0-49

中国版本图书馆 CIP 数据核字（2016）第 256883 号

北大经济课

编　　著：郭海峰
责任编辑：李　瑛　袁一鸣
装帧设计：北京东方视点数据技术有限公司
责任审读：李　征
责任印制：迈致红
出版发行：中华工商联合出版社有限责任公司
印　　刷：唐山富达印务有限公司
版　　次：2017 年 7 月第 1 版
印　　次：2021 年 6 月第 2 次印刷
开　　本：710mm × 1020mm　1/16
字　　数：280 千字
印　　张：20
书　　号：ISBN 978-7-5158-1827-6
定　　价：78.00 元

服务热线： 010-58301130
销售热线： 010-58302813
地址邮编： 北京市西城区西环广场 A 座
19-20 层，100044
http: //www.chgslcbs.cn
E-mail: cicap1202@sina.com（营销中心）
E-mail: gslzbs@sina.com（总编室）

前言

随着市场经济的发展，经济主导了整个国家和社会生活，经济大势的起伏，与每个人的生活息息相关。于是，经济学在神州大地上迅速流行了起来，经济学家在中国受关注的程度不亚于影视明星。与此同时，经济学术语如“CPI”“货币政策”“市场失灵”“博弈论”等成为挂在街头巷尾每个人嘴边的流行语。

在现实中，我们的生活时刻被经济学的影子所萦绕，无论做什么都充满着经济的味道。蓦然回首之时，我们会发现经济学原来就在我们身边。经常关注各大门户网站的人，很容易就会总结出目前中国的热点问题，比如社会保障、住房、教育、医疗、物价、诚信、城建、就业、私有财产等问题，一口气就可以说上十来个，所有这些问题没有一个不与经济学密切相关，也没有一个不与老百姓的切身利益密切相关。而老百姓关注这些经济热点无非是想多积累点儿经验，以便自己面临利益博弈时，能多得点儿好处。有心者也许还会注意到，我们的一举一动几乎都与经济学有着千丝万缕的联系。每一件小事背后其实都有一定的经济学规律和法则可循，我们的生活已经离不开经济学。用经济学的原理来反观我们的生活，其实我们就是生活在一个经济学乐园里，人生时时皆经济，生活处处皆经济。

正当各种经济现象及经济规则在我们身边交错上演时，真正能全面了解经济学并能让经济学为己所用的人却为数不多。虽然作为普通老百姓没有必要像经济学家那样把经济学研究作为职业，但是要更深刻地了解那些存在于我们身边的、关乎我们的幸福和成功的生活现象背后的本质和真相，以便让我们在面临某些问题时能够更加睿智，少投入一些沉没成本，也就是减少一些不必要的、没有任何意义和回报的浪费，不学经济学、不懂经济学是不行的。更重要的是，我们要构建和经济学家一样的思维方式，才能更透彻更理性地看清社会和生活的真相，从而游刃有余地应对庞杂人生中的一切问题，在生活中的爱恋、工作上的效率、事业上的拓展、投资上的收益等方面获得更大的成功。正如我国著名经济学家茅于轼先生所说的那样："经济学知识是一门每个做大事或做小事的人都需要懂得一点儿的学问，对于那些准备上荒岛去开荒且不与外界社会往来的人，学习经济学才会成为多余的事。"我们天天与经济打交道，唯有了解经济学，善于应用一些经济学理论，才能让生活更加有声有色，有滋有味。生活中处处是经济，懂经济学的人才懂生活，懂经济学才能创造更多财富。

北大经济课作为中国研究经济和传播经济思想的前沿阵地，正是人们了解经济学的最佳窗口。北大人在经济领域的成就让人赞叹，北大经济学在百年的历史长河中的发展历程和贡献也值得我们探讨和思考。回顾北大经济学的历史，至少可以追溯到20世纪初期，当时，在西学东进的"新文化运动"中，北大也顺势设立了"商学科"。之后随着经济的不断发展，社会的不断进步，在无数北大经济学学者和教授的不懈努力之下，曾经的"商学科"和此后的北大经济学院一方面充分汲取了西方经济学的思想与方法，另一方面也不忘结合中国经济的发展现状，将理论与实践相结合，创建了具有中国特色的经济理论体系和构架，也为中国经济理论的发展做出了很大的贡献，同时还为我

们解决生活和工作中遇到的经济学难题提供了解决的方法和指明了方向。北大以其悠久的学术传统和深远的历史渊源赢得了人们的广泛赞誉，其盛名之隆，在国内几乎没有能出其右者。

本书正是一部全方位披露北大经济学者们的思想、观点、政策倾向的经济书。书中以专题为纲，依次向读者展示了市场、价格、垄断、技术、制度这些最基本的北大经济课内容，还添加最新、最时髦的魔鬼经济学课程，让大家一探究竟，凡涉及改革方向、机会策略、贫富差距、收入分配、投资资本、货币政策、财政政策、经济史上的疑惑等，都能在本书中找到相应的答案，即便是读者们的婚姻家庭、爱情，也能从中找到有趣的说法。读完本书，你将收获关于中国经济的过去的种种成功经验，也能够从大师们的有趣的故事中，感知其人文风貌，锤炼个人心性，还能从本书中获取大量关于未来中国发展机会的第一手指南知识，你会发现，原来经济学也充满了人情味。

目录

第一章

最后的经济贵族

·第一节·

《原富》和严复：经世济民一百年

计学者，切而言之，则关于中国之穷富，远而论之，则系乎黄种之盛衰。

——严复

大学堂每月至省须二万金，即不开学，亦须万五。刻存款用罄，度支部、学部一文不给，岂能为无米之炊？

——严复

天下之理，非年时之学所能尽；一国之事，非一哄之众可得专也，敬告吾党慎之而已。

——严复

谈及北大，北大的经济学，中国的经济学，就不能不说到北大的第一任校长严复。“中国的盗火者”严复，一生注定和北大、经济有缘。

在中国第一高等学府，严复这个声名显赫的校长，却从一开始就跟经济问题纠缠不清，甚至卸任之后，还是因为经济问题阴魂不散，让经济伴随自己大半生。以今天北大经济学者的眼光看，他们也许会笑着意会这是严复和经济有缘的铁证。

从古到今，投笔从戎者甚多，可像严复这样投戎从笔的，算来少之又少。严复，本来是军人出身，晚清最优秀海军的舰队指挥人才之一。天意弄人，1879 年回国后，军人严复就变成了一个教书先生，从青年熬到白发，哪怕在北洋海战的隆隆炮声中，再没有登上军舰半步。

严复评价“宰相合肥”李鸿章给他的工作就是“不预机要，奉职而已”。简而言之，华丽的摆设。大员们对海军一无所知，判断严复“可堪大用”的根据是，严复的口才和见识都太好了：滔滔不绝。他显然不是做舰长的材料，只适合做海军的教员。一个对业务熟悉的海军军官，因尖牙利齿丢掉上战场的机会。这就是近代史上的吊诡之处。

但真正让严复不得不如此的，从根子上说，是因为严复有财政问题。这个问题，注定了严复的悲剧性命运，也成就了严复的北大经济学。

严复的父辈本来都是医生，在 100 多年前的大清朝，这是个卑微的职业。靠论资排辈，以科举论身份的清朝官场，严复这样的“海龟”可不像今天，想要合法晋升，甚至谋取安身的薪水都不可得。

1876 年，严复听说大清朝廷正在购进新式铁甲舰，本以为可以凭借自身的才干弄个管带当当。等到严复回国，别说铁甲舰了，连北洋海军的本国军舰也没有。对于严复来说，要么去参加科举，要么必须听凭李鸿章任用，前一条路不可行，因为科举考试得一步步来，后一条路至少还有薪水。李鸿章大人碍于沈葆桢的情面，以副四品教习的职位安置严复。1879 年冬天，严复给自己的弟弟寄信说，除去租房子尽可能少的日常开销外，他连回家的费用都没有。好在李大人开恩，马尾海战前，严复因在水师学堂表现出众，终于升职。李鸿章为了表示对这个人才的重视，给了他 50 两银子的回乡费。

30 多年后，京师大学堂最后一任总监督劳乃宣发誓不做民国官员。北大校长出缺，袁世凯任命严复做北大的校长。老问题再次找上门来。严复刚来北大的时候，北大可谓是山穷水尽，生少师多，门可罗雀。1912 年的北大开学后仅百余人返校，其中理科 4 人，工科 14 人，政法科不到 10 人。更要命的是，民国政府国库一贫如洗，教育经费被袁世凯挪作他

用。严复不得不向华俄道胜银行借款。接着，素来和严复不和的唐绍仪又下令减少教员薪水至60元以下——连教员们的薪水也发不出来了。严复甚至上任前，就给自己的北大任期算命，因为缺钱，这校长当不长。

到1912年7月7日，说来让人称奇，后来的北大校长蔡元培组织了一个声势浩大的全国临时教育会，第一条建议就是停办北京大学，称开办十余年毫无成绩可言，国体变更后社会各界对该校愈加不满，并决定让学生提前毕业，不授予学位，一律不招新生。

这还不是最糟糕的，3个月后，严复在声言“中国不可一日无北京大学”，写出《分科大学改良办法说帖》，指出大学文科应该怎样办好，法科、商科应该怎样办好，理、工、农诸科又该怎样缩小与西方的差距，如何在实现世界一流的同时保存本国特色后，不得不辞职。因为，这一次，北京大学连贷款也贷不到了。在当时的北京报纸上，严复已经变成各方抨击的小丑。

严复的后任马相伯，无路可走，最后只好抵押北大的土地作为校产换取外国银行贷款，被时人讥讽是卖国校长。马相伯的这笔账到最后也算到严复的头上。从1912年5月16日上任北大到1912年10月被迫离任，其实严复只做了5个月的北大校长。身为北大的第一任校长严复，也是北大历史上任期最短的校长。

严复黯然离开北大，和北大校长的瓜葛至此了断，可是北大和严复的关系才刚刚开花结果。严复自己可能也没有想到，他教育救国的观点和漫不经心的一篇翻译著作，却成就了日后北大经济学的辉煌。

1905年年初，孙中山拜访严复。严复认为：“当今之计，唯急从教育着手，庶几逐渐更新。”孙中山则认为：“俟河之清，人寿几何？君为思想家，鄙人乃实行家也。”最后不欢而散。

所谓话不投机半句多，严复和孙中山、蔡元培政见不和。等到严复离任，两位政敌却开始承认严复的价值。后来的蔡元培主持北大，几乎原封不动地采纳了严复当初的做法和观点：“兼收并蓄，广纳众流，以成其大”。由于严复的学问和声望在海内外有相当影响，英国教育会议宣布承

认北京大学及其附设的译学馆均为大学；伦敦大学也宣布承认北京大学的学历。北大在国际上的学术地位由此奠定。严复上任后，将原来的商科改为经济课系，这就是现在的北大经济学院的前身。该系培养了近代中国第一批经济学家，1918 年后，马寅初、李大钊、赵乃抟来到北大经济系，从此北大经济学成为中国的显学之一。从 1912 年严复建立北大经济系算起，北大的经济学已经有 104 年的历史。

对于今天北大的学者们来说，严复在中国经济学的贡献还不仅如此。1900 年，因为八国联军入侵，严复到了天津。此时他抱怨外敌入侵之乱，影响了他翻译一本书的进度，1901 年，这本名为《原富》的书籍出版。这本书就是经济学之父亚当·斯密的《国富论》的中文译作。200 年后，西方经济学第一次被较为完整地介绍到中国来，近代中国的经济学由此发端。翻译家严复，也因此被称作是中国经济学传播的第一人。

严复时代的英国，海军指挥技术并没有出现什么革命性的变化，各种自然和社会科学的突破却正在社会上掀起轩然大波。议员们和报纸讨论最多的，不是战争，而是英国的财富和工厂。维多利亚时代的英国，激烈的经济竞争和上进的社会风潮，和腐朽的封建社会是两个完全不同的世界。

严复敏锐地观察到“西方物竞之水深火烈，时平则隐于通商庀工之中，世变则发于战伐纵横之际”。简言之，严复看到的西方社会是平时商战，变时热战的一种状态。严复已经认识到，欧洲坚船利炮背后是一整套完善的社会制度，正是这样的一种社会契约保护了资本主义自由竞争以及社会其他各项事业，并有利于促进社会改革。

严复的《原富》一书在学界受到广泛欢迎，还未出版就已经脱销。其中读懂他的书的人，后来不少都成为北大的知名经济学者，或者从此走上了经济学之路。

1921 年严复因鸦片成瘾患病去世。他大概也是世界上唯一一个因为成为瘾君子去世的校长。2001 年，为纪念严复的《原富》出版 100 周年，北大特设严复经济学纪念讲座，此后还落成一座严复铜像，永远纪念这个始终怀着“经世济民”理想的伟大人物。

·第二节·
跨越三个世纪的经济学家

我不会吹牛，也不会拍马，有人不喜欢我，我也不喜欢吹牛拍马的人。

——陈翰笙

求知当宏硕，无心争显赫；处世贵明哲，翼翼保晚节。

——陈翰笙

今人知道陈翰笙的已经不多，事实上，当年知道的也不太多。陈翰笙在北大的地位，绝不亚于现在媒体广为宣传的北大著名人物。

据说，当年有来势汹汹，欲找阳翰笙的一群人，因为同在北大教书，且都属于人文类专业，却不巧误入陈翰笙家中。门外这些人大喊："阳翰笙出来!"孰料，陈翰笙回答："我不是阳翰笙！我是陈翰笙。"来人十分尴尬。不过，陈翰笙居然由于和大编剧阳翰笙名同姓不同，因名祸起，被关押了 9 个月。巧合的是，阳翰笙则被长期关押，时间是 9 年。陈翰笙仅仅比阳翰笙晚去世一年。

北大的后学同辈中，问他们到底陈翰笙是做什么的，研究什么的，许多人至今还是一头雾水，说不出一二。有些北大的后进新秀，虽然贵为博导，问及陈先生的研究范围，也是茫然无所知。说不清，自然陈先生到底是怎样的一个人，有着怎样的成绩，都是一个谜，也就随着岁月逐渐在北大湮没。

3 个世纪的风烟散去，人们对于陈翰笙的经历学问，依旧处于茫然无所知的状态。不过，历史总是公平的。回过头来，随着越来越多关于陈先生的档案解密，人们开始重新审视这个在燕园中平凡得有些让人惊讶的普通老人。当真相通过各种线索串联起来的时候，一个长寿、奇异、具有大家风范的人物形象，正从历史的烽烟中向人们走来。

据说，在中国最知名的学者中，最长寿的当推已故北大教授陈翰笙。

19 世纪出生，20 世纪革命和梦想、学术交融，21 世纪安然离去，大概是陈老跨越 3 个世纪人生的剪影。

经济学家本来就长寿，但像陈翰笙老人这样 107 岁高龄去世的也十分罕见，其生命力之顽强，非常人可比。《人民日报》曾称之为“茶寿”老人，“中国最高寿的经济首脑”。直到 90 高龄，视力近乎完全消失的他笔耕不辍，一举完成 300 万字的《华工出国史料汇编》，可谓老当益壮。陈先生不服老，自谓乃 9 岁孩童所作。有人甚至将陈先生“早上吃一个鸡蛋，晚上喝一杯奶，中间吃一个大苹果”的食谱，写进了养生著作，流传至今。

求学时代，陈先生本主修植物学，可他的视力下降得很厉害，最后不得不放弃。后来几经辗转，陈先生选择历史和俄文。也许是政治和社会调研常需要东奔西走，工读经历讲究身体力行，他的身体看起来相当不错，甚至抗战期间，辗转印度，深入南亚穷乡僻壤，热带丛林，也可从容应付。

在 20 世纪 30 年代著名的佐尔格小组中，作为重要的参与者，秘密工作到凌晨也属于常事，陈先生居然也可以应付。大多数人在“文革”中已经无法继续教育工作，但坚持活一天，教书一天的陈先生，先后为 300 多人进行了外语培训。长寿永健，这似乎印证了“天行健，君子以自强不息”的古训。20 世纪末，陈老最后招的一批研究生，对于精神矍铄异常的老人，深感佩服。

其实，在陈老的学生和后辈眼中，最让人感兴趣的，却是他 20 世纪的风云过往。

据《陈翰笙回忆录：四个时代的我》一文所载，陈先生的传奇经历，大概和他的语言才能有独特的关系。在 20 世纪的风云时代，通晓俄语和英语，基本上可以算作语言通才。陈先生原本留学美国，后到欧洲游学，之后到印度，参加革命到苏联，长期为共产国际乃至英美情报机构工作，可谓游历四方。

陈先生经历之奇特，大概也算他人生的一大特点。在北大，说起陈翰

笙其人，可谓充满了神秘色彩。以今天的眼光看，他的人生经历更加多姿多彩，说来令人神往。他在中、美、苏、英各国都有着不同凡响的神秘经历，算来在20世纪的中国，也是独此一家。也因此，要概括陈老的一生，完全又可以加上一个“奇”字。

陈先生初到北大历史系，本是当年最年轻的北大教授，孰料因缘际会，却成为最早接受共产主义的欧美博士。当年在北大，据《陈翰笙回忆录：四个时代的我》一书记载，陈先生初来北大，带着浓厚自由派风气烙印。不巧，历史系的主任朱希祖却是日本留学生，不喜欢欧美留学生。朱先指示下面杜撰了一份学生意见名单，声称陈的南方口音，不适合历史教学。没想到，阴错阳差，此事却让陈变成了一个跨系教授，更加倾向于革命。

陈先生学俄语，本来出于偶然，原只是一时兴趣，甚至连入党经历今天听起来都让人感觉有“神谈”之感。陈先生入党，给人一种投笔入党的感觉。

“有一次，我同他（高仁山，陈翰笙在美国留学时的挚友，哥伦比亚大学博士，后投身革命，是早期共产党在北方的最高统战组织的领导人，1928年1月15日在北京天桥被奉系军阀张作霖杀害）谈起对时局、前途的看法和内心的苦闷，他说：‘听说共产党的主张不错，咱俩去加入共产党吧!’于是，我俩一起去找李大钊，请他介绍入党。李大钊说：‘现在正是国共合作时期，我们许多共产党人也都在国民党里工作，你们最好先加入国民党吧!’经李大钊和于树德介绍，我和高仁山于1925年一同加入了国民党。并领到一个党证，但从来没有开过会。”

陈与国民党的教育部长朱家骅是同事，朱常以为陈是其坚定的同志。1926年因为通晓俄语和英语，陈先生接受共产国际的委派，正式成为共产国际《国际通讯》的情报工作人员。不过，直到1980年这段传奇履历才正式公开。

大革命失败后，陈到苏联共产国际东方部工作，1928年回国在蔡元培主持的中央研究院工作。从此，陈先生从一个历史学家，变成了一个马克思主义经济学家。由于和苏联经济理论界对于中国社会经济观点的理论上的分歧，陈翰笙主张中国是“半封建半殖民地社会”的观点，无法获得相应的论据支持。这种情况下，陈翰笙特别注意中国国情相关的数据搜集工作。没有想到的是，他的无心插柳，却让中国经济学界从此产生了所谓“无锡现象”：20世纪最著名经济学家大多是无锡人，或者离无锡不远。诸如薛暮桥、孙冶方、钱俊瑞、姜君臣、秦柳方、张锡昌、王寅生、杨荫溥、薛葆鼎等巨擘，都是无锡人。中国农村经济研究会这个重要的中国经济研究机构，正是由陈先生任理事长，它开创了中国农村经济调查的先河。

20世纪30年代这些人正是追随陈翰笙先生做农村调查的一批优秀青年。薛暮桥从一开始就跟随他脚踏中国的农村，从调查出发，从实际情况出发，扎扎实实地研究问题。薛暮桥的职位已比陈翰笙老先生高许多，但凡是与陈翰笙老先生一起开会时，薛暮桥绝不坐在中央，张嘴讲话，第一句肯定是“陈老是我的老师”。

1933年，陈翰笙在加拿大召开的太平洋国际学会的报告上发表论文《中国当前的土地问题》，这是当时世界上关于中国土地问题的最权威的经济论文。这一判断也是中国后来进行社会主义土地革命改造的学术基础，深刻影响了20世纪中叶的中国社会政治经济走向。

当然，陈翰笙生命中最有神秘色彩的经历，大概当属和佐尔格小组的合作。经史沫特莱介绍，陈翰笙认识了赫赫有名的红色间谍佐尔格，尔后成为佐尔格小组的特别情报人员。由于和傅斯年不和，陈翰笙不得不选择流亡日本，之后转到苏联、美国。太平洋战争期间，据推测，陈翰笙应该是最早知道日军发动珍珠港奇袭的中国人。佐尔格小组第二次世界大战中最大的情报活动，正是通过陈先生收发，最终传到第三国际和美国本土。

1943年11月，陈翰笙邀请英国驻广州领事班以安参加纪念十月革命活动，此事引起重庆当局极端不满，蒋介石命桂林地方捉拿陈翰笙。李济深闻讯，派人通知陈翰笙迅速转移。陈翰笙在英国军车的保护下，搭乘英国军机飞往印度，摇身一变，成为英国情报部，也就是著名的军情五处远

东情报局的工作人员。此后借用这一身份，陈翰笙在印度游历，写成《南亚农业区域》。这是一部借助英国殖民当局档案写成的关于南亚经济社会的第一手经济社会调查论文，至今是世界第一流的南亚社会调查方面的重要文献。

第二次世界大战结束后，陈翰笙应美国华盛顿州立大学邀请任教职，此后同美国共产党取得联系，领导北美留学生的建社工作。陈翰笙对于新中国的工业化建设有独特的主张，他认为，社会主义建设的资金既不能靠资本主义的原始积累，也不能靠帝国主义的恩赐，更不能靠出卖主权和领土，只能靠自己发展工农业生产，搞好城乡流通和分配，加快资金的周转。后来这一原则，也成为新中国经济建设的主导性方针。独立自主的工业化，也让新中国从此走向一条中国特色的现代化道路。

计陈翰笙一生，两次为共产国际工作，出入英国和苏联情报部门，辗转六国。每次变迁，均有所为，中间虽然多次遇险，却能化险为夷，可谓奇中之奇。新中国成立后，陈先生托运美国资料被蒋截留，后又拒任外交部副部长，甘做教书匠，终老北大。

北大人才辈出，但挨得住岁月无情侵蚀的人并不多，不少人英年早逝，到21世纪，当初和陈先生一起执教北大的同仁，最后只剩下其一人而已。

后来有记者再次问起陈先生当年的峥嵘岁月，旧事重提，陈先生都以年久杂陈，记不起来推掉。谈及佐尔格小组的故事，陈也是三缄其口。也许，经历100年的风风雨雨，晚节自爱倒是陈先生最后的意愿。3个世纪的宏愿，也许只是那句“翼翼保晚节”而已。

老子说：大音无声，大象无形。此陈先生所谓也。

·第三节·

我一辈子就做好了一件事

他一生淡泊，孤独，终身未娶，将全部的精力贯注到教书育人之中，对他而言，教书不仅是安身立命的职业，更是他全部生命的诠解方式，这种诠解几近一种宗教式的虔诚和投入。

——王曙光

这是北大一位在任的教授王曙光在纪念另一位北大教授的文章中的真情流露。其实，对于被一代北大人深切缅怀的大师，被认为最具“贵族风范”的陈岱孙先生而言，一辈子做好了一件事——教书，也许是他最愿意听到的盖棺之论，荣誉之评。毕竟，大师也好，名家也罢，终归是一名教师，教师最大的荣耀就是“桃李满天下”“百年树人”。

陈岱孙先生常说：得天下英才而教育之，一乐也。1976 年，唐山地震早晨，生死关头，他仍然镇定地上课。就受学生欢迎程度和学生之多，授业子弟来源之广这点而言，北大至今无人出陈岱孙先生之右。陈先生从 1927 年开始执教，历任清华、西南联大、北大教授，70 余年讲坛经历，门生弟子遍及海内外，声名显赫者有之，默默无闻者有之，凡登门求教、送文章请提意见的，都是春风般接待，虚往实归。

陈先生曾经谦虚地说：“我这一辈子只做一件事：教书。我这一辈只做好了一件事，也是教书。”直到因病无法教书的时候，仍然不改初衷：“如果有下辈子，下辈子还教书。”北大代有名师，而终身只是以教书为业，一贯而终者，陈先生当是其中楷模。

不过，就作为一个经济学家来说，陈岱孙先生也许是最有贵族气质的知识分子和经济学家。这种贵族气质，大概是从古典经济学开山祖师亚当·斯密那里传承而来的。亚当·斯密终身未婚，一生主讲道德伦理课程。关注大众的情怀，热诚而理性地看待经济规律，是其一生的忠实写照。

据西南联大老校友们回忆，陈先生的独身和婚恋、讲课风格，当时最受学生们的关注。抗战时期，西南联大的教授中单身汉很多，外文系吴宓，经济系陈岱孙，哲学系金岳霖，生物系李继侗，则是四位“钻石王老五”，他们的逸闻趣事和恋爱故事在学校内广为流传。其中吴陷入畸恋，本是情场高手。生物系李继侗后来扎根塞外，家庭美满。独独只有金岳霖

和陈岱孙最终未娶。陈岱孙和金岳霖都是单身汉，又是朋友，也因此，陈先生和金岳霖的婚姻大事，受到众人的万般猜测和谈论。

金先生顾恋民国才女林徽因，是真情实感，至死方休，至今传为佳话；陈岱孙先生的婚姻，则是另外一个“三角恋”版本：陈与另一同学追求同一位女士，并相约谁在美国得了博士女士就嫁给谁。不料情敌未遵守“游戏规则”，提前回国把那位小姐追到了手，先生哈佛博士为时已晚，终身未娶。可惜，这个故事根本就是杜撰和以讹传讹，陈岱孙先生归国后两年，才认识刚回国的所谓“情敌”周培源，4 年后，也就是 1931 年，陈先生当时的笔记才有：“今天，见到培源的女朋友王小姐。”周培源让陈先生陪他在这里为他的女朋友买礼物，因为还没见过受赠人，于是，买了一个小姐们都能使用的针线盒。不想，这个细节却成为谣言的来源。

抛开这些文人气十足的猜想揣测，以陈岱孙先生理性的经济学家的身份而言，与其说陈先生之所以选择独身，是因为个人婚姻受阻，倒不如说这是一个经济学人一生奉献给教育的伟大抉择和坚持。

正如金岳霖先生所说：我没有多少知识，可是，早已被安排在知识分子之内，而我又什么事情都不能办，就证实了他的话。但是，还是要承认有非常之能办事的知识分子，陈岱孙先生就是这样一个。

据萧公权回忆，抗战前清华园教授同仁之间流行着这样的说法：Whatever Daisen Says，it goes；Whatever it goes，Chisen Says。这话的意思是“岱孙怎么说，事情就怎么做；事情怎么做，芝生就怎么说。”陈岱孙先生的素质、能力、口碑可见一斑。

清华大学在抗战胜利时，校园已沦为日军马厩，残破不堪，陈岱孙接手清华重建，没有多久，老清华的校舍环境焕然一新。新中国成立后，北大和清华分校，陈岱孙则成为北大的经济系主任，从此近半个世纪在燕园执教。在北大，陈先生德高望重，为人所敬仰，历次风波从未有人敢指向陈先生。

令人称奇的是，在所谓专家代替通才的年代，不少人文大师都慨叹无用武之地，唯独陈先生为不少专才知识分子担心：“文理分家，难免出现

一臂肌强壮，一臂肌无力的现象，应尝试学分制。”陈先生的先见之明，也为北大经济学的国际化迅速打开局面。不少后进的知名学者和经济学家，在陈先生的推荐下，得以在哈佛大学和欧洲的名校深造。

所谓衣冠正，人身正，陈先生风度翩翩，高大俊朗，是那个时代典型的“帅哥”。从清华到西南联大，再到中央财经大学和北大，网球场上总是活跃着戴着分外整洁的“白手套”的绅士的身影。运动之外，陈先生很喜欢穿蓝的确良中山装。有一次托人去买一件新的，售货员说：“买这干吗？谁还穿？”事实上，陈先生终身喜欢穿这种干净的衣服。

所谓有古典情怀的经济学家，最大的特点是他们的品德习性和他们的学问总是相得益彰。陈先生 20 年洁身自好，不言臧否，不少在风波中受尽煎熬的人甚是敬佩。只不过，即使是受教于陈先生的不少资深经济学者，谈及陈先生的学问修养，却常常和陈翰笙一样，不知如何评价。

事实上，陈先生的学问，也同陈先生本人一样，随着时间的流逝，显出别样的光辉。陈先生本是哈佛大学经济系毕业的高才生。20 世纪 20 年代的哈佛，正处于第二次世界大战前经济学黄金年代的前夜，经济系不少学生都成为战后开创性的经济大家。比如著名的垄断竞争理论的开创者爱德华·张伯伦，1977 年获得诺贝尔经济学奖的贝蒂尔·奥林，都是陈先生的同学。

陈先生曾说：“我在入学后不久就发现了。经济系研究生班有一个自修室，自修室旁边有一个能容纳三十来人的西敏纳尔室（注：Seminar，研讨会，研讨班）。我们这一批第一年研究生，于上课之余，几乎每天都来自修室读书。读书之余，经常相互问难。当论点的分歧激化时，为了避免干扰别人，执辞不一的人就退入西敏纳尔室，关上门，然后大声争辩。这种场合我也有时参加，但不久就有点儿内怯，感到自己的学识大不如人。我发现，在争辩时，许多人提出的意见、论点都不只限于课堂所涉及或指定参考书的范围，而经常有更详尽、精辟的意见。我经常感到我自己的眼光太窄了、识见太浅了。这种落后的情形必须改变。”

尽管同学中卧虎藏龙，陈先生深感压力不小，但是在哈佛的 4 年的确

是陈岱孙知识迅速长进的一段时间。陈岱孙后来回忆道："我离开哈佛大学，别的没多留恋，就是为这个密集读书生活的结束，有点儿惘然。"

陈岱孙的导师教授名叫查尔斯·杰西·布洛克（1869－1941），布洛克于1917～1929年在哈佛主持经济研究委员会，1917～1919年担任全国赋税协会的会长，财政学是他的主要研究领域。陈岱孙博士论文的选题是"马萨诸塞州地方政府开支和人口密度的关系"。论文既没有支持"递减论"，也没有支持"递增论"，可以说是经济学中最早利用数理统计的方式，验证著名的李嘉图悖论的著作。直到后来巴罗重新开始研究这一问题，也同样使用了陈先生的实证检验的方式。

除去在财政学的这一突出贡献，陈先生最大的贡献，恐怕在于他可能是中国最系统地将经济学理论和学说完整通透地介绍给学界的经济学家。《经济学说史讲义》《经济学说史》《从古典经济学派到马克思》《政治经济学史》《经济科学研究要为四个现代化服务》《〈论加尔布雷思的制度经济学说〉序言》《〈李嘉图著作和通信集〉第四卷中译本序》《魁奈〈经济表〉中再生产规模问题》《魁奈的经济思想》《拉姆赛〈论财富的分配〉汉译本序》《规范经济学、实证经济学与资产阶级经济学》等100多万字著作，差不多是改革后期最完整的西方经济学的介绍参考书籍，至今还是多数大学经济系的权威参考书单。

当然，陈岱孙先生最大的经济学成绩，应该是他培养了改革开放后最大群体的经济学家。在中国，现在几乎所有的著名经济学家，师承关系几乎都可以追溯到陈先生。比如40年前，正是陈先生的坚持，才让林正义变成了林毅夫，更成为世行的首席经济学家。北大元老级的经济学家厉以宁教授，桃李满天下，他的老师就是陈岱孙先生。陈岱孙先生改革中的关键观点——制止通货膨胀和合理看待西方经济学，在价格闯关和软着陆的实现中，分量尤其重。

算来，陈先生也有冯唐之谈：新中国成立前，虽然同样教书育人，可是战乱不息，中国之大，常常放不下一张安静的书桌。陈接受梅贻琦校长整治清华时，甚至连一张像样的床铺都没有，只能买一张席子，用几张木板代替。新中国成立后，中国盛行的是从苏联传来的斯大林烙印的苏式政治经济学，哈佛经济系毕业的陈岱孙转而研究马克思主义经济学，西方经济学的内容成为被批判的对象。此后，他深厚的美国经济学底蕴，不得不压抑下来。等到改革开放后，西方经济学再次传入中国，对于陈先生而言，著书立说，参与国际学术交流研究的黄金时期，已经在20年的风波中永远失去了。

也因此有许多人求他看稿子或是请他写序，他总是很热情、很认真。他说："我现在什么事都不做，只是忙着还文债。"直到去世前，他仍然对自己的文债念念不忘，对清华大学的教学往昔至死不渝。

纵观陈先生的一生，还是他自己那句话最为中肯："我一辈子只做了一件事。"

·第四节·

打造中关村，从拆掉北大的围墙开始

20世纪初叶，民国怪人辜鸿铭初到北大授课，有学生见到他的小辫，哄堂大笑，辜鸿铭正色应之："你们笑我，无非是因为我的辫子。我的辫子是有形的，可以剪掉。然而诸位同学脑袋里的辫子，就不是那么好剪的啦！"其实，这句话也可以看成是北大人的思想的另一种另类的诠释：对于科学和思想的学习，首先要从破除障碍，拆掉心中的围墙开始。

中国近现代史上，叱咤风云的北大，原本就有站在时代潮头，为科学真理，敢为天下先的精神。五四运动以来，先进思想理论和科学知识，绝大多数都是北大的"盗火者"传播介绍而来的。正如杨振宁所评价的那样：北大对中国历史的作用，远比哈佛大学在美国历史上的作用更大。

20世纪20年代的北京大学，从一开始就将"科学"作为大学的支柱，从内容到形式，从科学开始，不断拓展范围。辜鸿铭拖着小辫讲课，刘师培保皇，钱玄同主张废汉字，今天听上去颇为滑稽，不知就里者，往往一概而论，评价这些人为封建余孽，守旧愚昧，其实不然：辜鸿铭大概是最早接受西方系统科学训练的中国人，刘师培的学术出于西方，钱玄同和章太炎先生一样，同样是留学日本的“新派”人士。

20 世纪绝大多数影响中国的思潮，从民主、自由主义到马克思主义，从汉学到经济学，北大基本上是我们中国的滥觞之地。北大科学、人文社会体系影响，不仅仅是通常人们所说的“一个学校（北大)，一个地方(北大校园)、一个校长（蔡元培)，一套主张（思想自由，兼容并包)”，关键在于，北大的这四个一，在战争和历史的洗礼下，已经不知不觉地渗入我们民族的血液。北大的每一次新思想启蒙运动，科学活动，无不是一次成功的“拆墙”活动。

有人说，北大人好谈启蒙和理想。其实，凡是启蒙，都必定首先要揭去那所谓的“无知之幕”，更多的时候，还要跨越信息和思想的真空地带。每一次北大的抉择，也就是中国最卓越，最有远见者的选择。“五四”时代，北大揭下了西方科学的神秘面纱，让赛先生（科学）从此在中国登堂入室。新中国成立初期，被扰乱的北大重新进入中国和平教育的时代。改革开放，北大成为经济新思潮的绝对中心，成为改革开放中对中国经济发展方向影响最大的高等学府。

古人说“知易行难”。说是拆掉围墙，可是真正有胆识勇气下手的人，始终是极少的。就算是北大，在面临制度约束的同时，也同样可能面临所谓“路径依赖”的问题。学术研究和市场挂钩的这一决定，在北大面临重重阻力。1992 年，也就在吴树青校长排除万难，在北大南墙建立房地产开发部不久，北大的南墙历史巧合在 20 世纪的改革开放初期，成为北大一次时代精神大转折的标志。因为这一标志，北大从此在科学的大旗下，将中关村和北大、中国硅谷、改革开放、经济发展、社会主义市场经济这一系列的名词现象联系起来。

据明清小说笔记记载：近代之前的中关村，本是明清内宫太监的坟地。中关村，本是永定河故道，旱河流过故称“中湾”。明代太监猖獗，京城不少地方都有太监庙，太监又称“中官”。清朝末年编制地图，认为太监不雅，改为“中关”。

新中国成立后第十天，中国科学院在中关村组建。此后，北大和清华校园扩展到中关村，经半个世纪的发展，中关村成为中国最大的知识、教育技术企业中心区域。起初，中国科学院是中关村的领头羊：中关村电子一条街前两年创立的 30 家高科技企业中，中科院就占 13 家，北大只有 1 家。

1989 年，吴树青教授担任北大校长，决心改变北大在中关村科技园中不利处境。吴树青上任后，决定拆掉北大南围墙，对于“激光照排之父”王选教授的方正给予极大支持，北大建成的中关村现代化电子街，为创建中国硅谷提供了较好条件。同时设立教学和科研奖励基金，培养年轻人才，使具有博士学位的教师由不足 100 人扩展到 600 多人，并主持制订了北大面向 21 世纪的宏伟蓝图，从而为北大跻身世界一流大学行列打下坚实基础。

有关“中国硅谷”中关村的书籍、杂志，宣传记忆，早已是汗牛充栋。中关村，除去名字外，已失去地标意义，北京市的地图上已经无法将这个名为“村”的地区，从地理上划出清晰的界线。不过，对于今天的北大，中关村却已经成为最具有标志性的印记。从某种程度上说，新的北大如今更大程度上是以一个中国高新技术输出者、传播者的面目出现。所谓北大校训“爱国进步民主科学”，到最后终归是要落脚到科学之上。

北大南墙的拆除，很大程度上也在无形中拆掉了计划经济和市场经济之争的观念之墙。当时北大南门外 600 米低矮的南墙，不知是谁开的头，在墙根下弄了简易商铺。“这些小商贩靠着北大南墙做生意，也是借助北大的资源，有这样的资源，我们自己为什么不利用?”当时身为北京市海淀区人大代表的马树孚这样想。可是它的推倒在当时的一名北大学生看来却是一副完全灰色的前景：北大不会再出现一名纯正的学者。

1993 年，北大南墙在推土机的轰鸣声中轰然倒塌，即使连反对者们也没有预料到，从此，2500 米的商业街建立起来，中关村的北大基因建立起来，一个市场和知识精英结缘的时代开始了。甚至，中关村新建的电

子一条街上，北大出身的教授，为了区别，一定要在介绍中标明自己的儒商身份，或者自称科技企业家。在市场经济的大潮中，这种转身不容易，知识分子在面临成本和收益的选择时永远会贴上知识的标签。

今天看来，教授或者大学毕业生，将知识作为人力资本，创新手段，不再被看成是降尊纡贵，也不被看成是斯文扫地。相反，人们把北大这种拆南墙的破天荒举动，看成是大学的元素中必不可少的部分。今天，任何一所大学的毕业生回忆自己的青春岁月，大学周边附近的商业街和美食店，都是最生动、最值得留恋的部分。对于北大的学生们来说，中关村那些进口电子产品，从盗版碟到微软的软件，从长城电脑到苹果机，几乎全部经历了一遍，而这一切全部归功于当初的拆墙之举。

在经济学中，人们相信，类似拆墙的举动总是会牵动制度改革双方的博弈，触动他们敏感的神经。吴树青离任北大后多年，仍然可以在全国代表大会上听到不少人对他拆墙的非议。而这些非议者，很可能就是拆墙前工资不足以比肩南墙下的菜贩，或者拆迁后正享受着北大方正或者其他北大中关村资源红利的人。有人说，这是制度经济学中的制度变迁的成本，问题是，在一个大时代里，人们很难真的清晰地指出，一堵墙的利益和成本到底是怎样的。

甚至，这些成本也许还只是有形的围墙，那些无形的围墙，比如对于北大精神泯灭的担心。当社会和公众把越来越多的目光投向北大的时候，精英意识和人们对于北大的期望，再一次被抬升到过高的水平上。自然，当他们一旦不满，就会将这一切都归咎于北大当年拆墙的选择。2009 年 3 月，当北大宣布重建南墙的时候，有不少人过度解读为，这是中关村知识分子下海的终结，北大精神的复归，以此反证北大当年选择建设中关村的失败。更有甚者，对于方正集团也上纲上线、多加指摘，全然不顾今天北大在中关村的真实地位和影响。

不过，历史总是公正的，当人们重新评价中关村和北大联姻的这一选择，总会有一个客观的看法。2012 年，当中国人民大学和北大都开始为 80 高龄的吴树青教授庆祝生日的时候，正值北京大学经济系建立 100 周

年，人们高度评价吴树青教授执政北大的决策。相信，未来北大在中关村的建设中会再创辉煌。

·第五节·
中国最好的商学院

外国的商学院不招本科生，主要是培养MBA和EMBA，而中国不同，中国的商学院是双重任务，既要招本科生，又要招MBA和EMBA，而北京大学的学生是全国高考的尖子，不能辜负家长对学校的信任，也不能辜负学生自己的一些希望，我们必须把这部分也作为重点，所以是两个重点。

——厉以宁

北京大学在经历一个世纪的变迁后，如今的人们，在市场经济条件下，更多地关注那些笼罩在北大身上的各色光环。谈及如今的北大，不能不提到赫赫有名的商学院教育。

2012年福布斯公布中国最具价值的商学院规划项目中，北大上榜的项目在所有名校中独树一帜，其中北大国际MBA和光华管理学院的MBA/EMBA，分别位居榜单前三家中的后两位。就毕业生5年后平均薪资水平这一核心指标而言，北大毕业生的薪酬水平，在中国已经是无人望其项背，而100万的年薪已经同国际的主流商学院的水平差距很小。

如今的中国人，提到高管，只要闻听对方是MBA，很可能立刻肃然起敬。毕竟在商业教育还没有形成特定的传统，商学氛围方兴未艾的中国，MBA的数量并不是很多。如果比较世界不同地区的MBA的人数和社会影响，显然美国的MBA早已经司空见惯，大企业的高管基本上是商学院工商管理专业出身。人们追求这个文凭，主要是出于职业的背景和专业需要；在印度，商学院基本上影响很小，人们对于MBA基本上是一种可有可无的态度，但是印度国籍出身的MBA在国际跨国公司中却占据最高的比例，因此印度人有跨国公司经理人之称。至于在中国，不少人选择

MBA，很大程度上还有所谓“贴金”和“培养商业管理人才”的双重需要。

在中国的大型公司中，身份和背景是北大MBA，通常也被看成是能力和绩效的象征。媒体信息，也经常用聚光灯的方式，对待北大MBA的种种行为。

不过，在这表面的浮华背后，北大的商学院之所以获得公众的高期望和高关注度，从根本上是一种中国国情和中国经济学特殊的路径的结果。北大的商学院，从一开始，就背负着一个时代、一个民族特殊的期望和关注。

1993年，北大光华管理学院成立，在很多方面光华是中国商学院教育的先行者。这其中又以厉以宁教授的贡献最大，他在教育学界有非常高的地位。

北京大学光华管理学院的前身是北京大学经济管理系，是1985年成立的。直到1993年，在香港光华基金的支持下，合作成立光华管理学院。这8年，也正是中国经济体制向社会主义市场经济体制改革的关键期。显然对于改革而言，这是一个完全需要企业管理人才的新时代。

国内上上下下，包括青年学者，也包括政府部门对商学院有新的认识。作为中国商学院教育的先驱者，光华管理学院无疑是第一个吃“螃蟹”的。甚至，某种程度上说，这是一个艰难的诞生历程。

当光华商学院以合作的方式第一次进入中国，人们才慢慢意识到所谓的“商学院”到底是干什么的：商学院是给企业培养经理和老板的高等学府，MBA就是商人和管理者的专门学位。在光华管理的MBA出现不久，高薪高素质商人的新形象，在“无商不奸”“小商小贩”观念普遍的中国，不啻一场产业领域的思想解放。

大经济学家，中国最著名的大学，要专门培养一批高薪高素质的经理，这对于国人的思想有着极其深刻的冲击力。也就是从光华管理学院诞生的那一天起，MBA热，悄然在古老的中国兴起。在不到20年的时间里，商学院热、MBA热，不可阻挡地在中国蔓延，以至于连开启商学院教育的鼻祖，哈佛商学院都不得不惊叹中国商学院教育的突飞猛进。中国商学院的受欢迎程度，更是达到在西方看来咋舌的地步。

不到20年的时间，原本一片空白的中国商学院，如今成为全亚洲上榜最多，排名最靠前的商学院，其中光华管理学院，在《金融时报》2012年的全球顶级商学院排名中，名列亚洲最优秀的商学院。到2012年，排名在光华管理之后的一些商学院学费高得惊人，以至于《中国民航报》认为："商学院从诞生那天起就不是给普通人预备的盛筵。"复旦大学2011年春季班的学费还是41.8万元，一年后学费就涨到49.8万元，涨幅大约为20%。听课费、教材和讲义费、翻译费、学院资源（图书馆、计算机中心）使用费、论文答辩费、课间茶点费、住读模块食宿费、国际模块课程的相关费用，成为商学院的招牌费用和基本门槛。

作为首任院长，厉以宁教授对于中国顶级商学院的每一步发展，如数家珍。在他看来，在光环和荣誉背后，商学院并不是像常人看到的那样真的一帆风顺，风光无限。

中国的商学院，在北大的风风雨雨，本身就是中国国情的另一面镜子。北京大学有着深厚的人文底蕴，具备成为一流商学院的土壤。但在1998年以前，中国大部分的商学院却处于内忧外患之中：忧的是师资力量薄弱，北大教师多，可是真正符合商学院要求的多面手——有企业或者社会管理经验，有学术功底，有经济培训的才能，却少之又少。

管理学的师资容易找到，不行还可以到国外请。金融和财务课程，北大却有一个天然的短板。北大没有重量级金融教授，只能靠东挪西借来配置资源。于是，这就出现北大商学院回报最高的项目之一，金融方向MBA的怪异渊源：中国的股市直到20世纪90年代才开始摸着石头过河。北大的金融和财务管理的师资，多数可以追溯到中国人民大学，其中黄达校长给予的支持最多。随着北大商学院培养的人才越来越多，社会知名度开始越来越大，北大的师资难才初步得以解决。

北大的学术地位和人文氛围，在过去的数十年时间里，让北大形成一种新的人脉文化。正如厉以宁教授所指出的那样："一个学校为什么必须有一定的知名度，越是知名越有尖子，越有尖子就能够在这里找到将来对自己发展有用的人，一个同学今天上课是两年，将来可能一生在一起工作。对于不少北大商学院的毕业生来说，北大校园的资源和求学经历，正是自己一生最大最丰富的财富。”事实上，今天看来，经历近 20 年的发展，北大商学院已经成为中国商学院的标杆。

商学院的好坏，通常国外是以毕业后的薪酬来评比。实际上，以这个标准来说，北大商学院并不占优势，目前排在榜首的是中欧国际商学院和长江商学院这样的私立商学院。但就毕业后若干年的长期财富而言，北大光华的潜力和折现价值应该是最高的。

假如一个人从北大商学院毕业的时候有 N 数量的财产，10 年之后可能是 N 的二次方、四次方。这里面就不只是单纯的教育所带来的，而是各种因素结合的结果，若干年后财富的增量，由于中国的国情，人们愈加清楚地看到北大商学院毕业生的强大“后劲”。

“我们培养企业家，但是希望你将来成为企业领袖，领导潮流的人。”这正是光华管理学院的终极目的。尽管和一流的哈佛商学院、斯隆商学院相比，国内案例甚少，北大光华的案例库教学刚刚起步，但是就商学院的社会责任而言，它已经走在世界一流的水平上。

北大商学院自始至终贯彻第一代经济学家们反复强调的，比如说对国家、社会的使命感。我们的目的，就是让中国走共同富裕的道路，让中国的穷人富裕。真正的企业家，一定要对中国人文有深刻的了解才行。我们推崇儒商也表明了这一点。

正像国外的观察家所评论的那样，中国的商学院不是太多了，而是太少了。一个本土化和国际化兼容的商学院，在未来能够带给中国企业和经济新的希望，北大商学院无疑任重道远。

·第六节·

三十年前改革的先声和先生们

中国本身在变革的过程中，也有另外一种非常重要的现实就是，从想问题到表达出来也还有一段距离，有些人可能勇气大一些，有一些人做出了却不敢说，因为说出来要得罪人。

——张维迎

2010 年，时任北大时代光华管理学院院长的张维迎离任，百度总裁李彦宏等北大知名校友的联名上书，引发关于改革功臣和怀旧反思的讨论热潮。作为 30 年前决定改革命运的关键经济人物之一，张的离去，被大批所谓主流经济界人士看成是改革的一种信号。而校园里分外冷清，并没有多少人对此表示特别的兴趣。凛冽寒风中，只剩下光华大楼两座戏剧化的雕塑：左边蒙古大汉，右边老子默默无言，相对矗立。

这似乎是中国改革的关键期转折的所谓暗示。不少财经人士，改革精英们并不将这看成是“院长轮换，4 年一届”民主换届，而是看成一种“改革声音”衰落的标志。为何北大一任院长的去留问题，引发如此之高的社会关注呢？这也许还得从中国改革之初的经济风云人物们说起。

1974 年年末，身患不治之症的顾准，在病床前，对自己的学生吴敬琏传达了最后的思想：中国的“神武景气”迟早会来临，现在只需要静待时机。一周后，“中国社会主义市场经济理论第一人”溘然长逝。此时顾准的经济思想，大概和同年获得诺贝尔经济学奖的哈耶克类似。他相信只有通过自由的市场经济，社会的发展才能够得以继续前行，而斯大林模式下的“集体主义”经济是行不通的。只不过，这些观点在当时封闭的中国人人敬而远之，甚至连听到都觉得是一种罪过。

不久，顾准的同事之一，不安分的孙冶方以“一不改志，二不改行，三不改变观点”的方式重回中科院经济研究所。10 年后，孙冶方抱憾而终。和顾准一样，他也同样渴望在国民经济陷入停滞，到处是积重难返的烂摊子的中国，有种理想上的突破。1982 年 11 月，孙冶方遗著《二十年翻两番不仅有政治保证而且有技术经济保证》一文中最后不得不认为：“必须对旧管理体制做出重大的根本改革。”

1983 年 2 月 22 日，孙冶方去世。去世前的 3 个月他留下了这样的遗嘱：“我死后，我的尸体交医院做医学解剖，不举行遗体告别仪式，不留

骨灰，不开追悼会，但不反对经济所的老同事，对我的经济学观点举行一次评论会或批判会，对于大家认为正确的观点，希望广为宣传；但同时对于那些片面的乃至错误的观点，也希望不客气地加以批判，以免贻误社会。”

孙冶方一直盼望能够对自己的经济论点进行一次大的梳理和总结，希望能够将“价值规律和商品经济”融入传统的社会主义经济理论中。孙冶方相信在马克思主义的《资本论》框架里，存在市场经济的空间。而这一论点，正是20世纪50年代孙冶方提出的，曾经一度流行的探索社会主义市场经济的创新观点。当时，在上海主抓财政税收的顾准，也是这种观点的积极支持者。在孙冶方看来，顾准在上海财政的实践工作，无疑对他的理论工作有最大的启发意义。

在30多年前的中国，顾准和孙冶方在斯大林模式下的思想成果，可谓是首倡改革的先声。东欧国家和西方经济学的开放观点，在略显偏狭的中国，敢于说出“市场经济、商品经济”，不啻一场思想上的启蒙运动。事实上，正是30年前，在一个十分狭小的圈子里，“市场和商品经济，管理体制改革”，像荒原上的星星之火，在改革的前夜慢慢燃烧起来。

随着越来越多的计划经济的怀疑者，市场经济的同情者，顾准和孙冶方的同仁们一天天凝聚，1984年，一场决定改革还是停滞的历史性会议在各方人士的促成下，在风景秀丽的浙江德清莫干山召开了。

孙冶方和顾准此时已经作古。一个临时由国务院经济研究中心召集起来的学者讨论会，谁也没有想到这次会议带给中国改革乃至中国命运的影响。据后来参加会议的一批新锐经济青年们回忆，这只是一场讨论特别激烈，有三种价格改革主张的报告会。

后来被称作“莫干山会议”的这场会议，除去提出后来的双轨制改革成果，至今影响中国外，在不经意间走出一位当时最年轻，后来声名显赫的经济学家。

一个西北大学毕业的硕士研究生，原本是没有资格进入莫干山会议的。所谓时势造英雄，阴差阳错，原本只是作为报告的附录部分的论文

《以价格改革为中心带动整个经济体制的改革》，会中也被收录进来。会后这篇论文收录在《专家建议》，得到高尚全先生赏识。一年后，默默无闻的西北大学硕士张维迎进入中国经济体制改革决策的核心机构，从此在中国外汇和价格改革的关键部门任职。

1986 年张维迎相继发表了一系列重要的论文，但让张维迎真正走上中国改革的前台的，还是在北大任教的 20 年。张维迎是国内第一个喊出“时代需要具有创新精神的企业家”的人。在改革中，张维迎最让人印象深刻的是为商人和商业正名，特别是将改革中土生土长的弄潮儿，农民创业者，成功者的贡献合法化，甚至某种程度上美化。这种观点，更多程度地为改革初年中国的“下海潮”起了推波助澜的历史作用。像“学而优则商”这样的口号，在中国广为流传，深入人心。

某次，张在北大做“企业家与观念现代化”的讲座上，座无虚席，幽默的演讲不断赢得台下阵阵掌声。从某种角度来说，拥有独特个人魅力的他，在不知不觉完成了中国人对企业和企业家观念的新启蒙。对于一个经济学家而言，这意味着不知不觉地完成了中国社会的一场思想和看法上的现代化。今天不少报刊上有关企业家的精彩论断直接源于他《论企业家：经济增长的国王》一书。

同改革的两位先驱顾准和孙冶方相比，张维迎有着西方和学术化的色彩。无论是顾准还是孙冶方，他们的思想和学术大部分是围绕马克思主义经济学或者计划经济体系下的经济观点。顾准的自由，很大程度上秉承中国知识分子的文以载道的古风；孙冶方则终其一生，都没有对马克思主义经济学表示怀疑。

汪丁丁在 1996 年《经济研究》第 1 期上说：“张维迎的思想一向是连贯的，有他自己特定的学术传统。他有着每一个优秀学者都必备的对真实世界独树一帜的观察与捕捉，这或许是他天生的悟性，或许是他曾参与政策研究的经历，所以他的理论模型无论是否深奥，其假设与结论都从未脱离过中国经济改革的深层问题。他看得越深，对现实问题的解释就越多、越近，他发的文章并不很多，因为在他看来，一个人真正好的东西不可能很多，多了就会有沙子，而他追求的是金子。”

·第七节·
重新认识北大经济学

……我们反人民，但人民胜利了。我们还不没落吗？除开少数的马列主义的文化战士而外，我们的确是没落了，现在无人不感到“五四”以来的老教授的地位在没落。社会科学上几乎没有什么老教授的笔墨，在政治舞台上亦几乎没有什么老教授的精彩的表演，在社会讲台上亦几乎没有什么老教授的声音。

老教授们不但在学校以外逐渐丧失了威信，在教室里或在学生群中，也逐渐丧失了威信，因为过去我们所谈的那一套，都不是代表人民的呼声，而是代表少数剥削者的呼声。

——樊弘

北大怪人多，人们耳熟能详的那些文人名士，随便都能列出一个名单来。按说经济学是最为严谨的社会科学，怪事自然少得多。然而，北大就是北大，文人的风骨和元素，弘道传毅的精神，总是会传染到很多人的身上。实际上，罩着向西方一流经济系和商学院看齐光环的北大，在百年的历史上，总是有些人有些事情，是避不开的。比如，新中国建立后北大第一个入党的经济学教授樊弘。

北大经济学院创立一百周年纪念出书，内含洋洋洒洒的“经济学家”地图，其中樊弘大名在列。樊弘其人，只要看看他在《光明日报》上的那段陈述，其形象也就跃然纸上。

没错，公开批判西方经济学，自称：左派经济学家，这就是樊弘。正如不少仍旧在北大执教政治经济学的学者所言，在今天北大商学院的学生，谈西方经济学批判，这多少有点鹤立鸡群。大家都挖空心思，如何在《计量经济学评论》《经济学评论》这类国际一流期刊上发表文章。马克思主义经济学或者批判西方经济学的刊物，则被学子们视作边缘。如果你在

北大经济学院高喊“西方经济学批判”，估计会像某位前北大副教授一样招来各种网络匿名的嘲笑、谩骂和围攻。

事实上，北大的怪异，也就常常在历史的巧合中出现。半个世纪前的北大经济系上演的那一幕，其实和当今的北大没有多少差别。而当时被推上风口浪尖的，正是其时作为北大经济系系主任的樊弘。这件事情，从某种程度上，是北大经济学的变迁的一个缩影，也让我们需要重新审视一下北大和经济学的关系。

先来看一下，事件的原委，也许看完，你就会对北大经济学，有一个另一层面的、格外新鲜的看法。

陈岱孙先生在经济系做系主任，贡献巨大。陈岱孙先生的前任，正是当时著名的民主教授樊弘。许多人不了解这样一点，为何新中国成立后，哈佛大学毕业，接受了完整的西方经济学教育的陈岱孙改宗马克思主义经济学，读起了《资本论》。不少人甚至认为，这多少有点儿宝贝放错了地方，浪费人才。

事实上，许多事情，需要放到历史的环境中看，才能窥见全貌。实际上，民国时期的北大，一直都有马克思主义经济学这一门课程。尽管军阀张作霖力图遏制“赤党思想”，厉行镇压，蒋介石大搞清党，严禁共产主义思想在学校散播。但是，在20世纪的中国，北大却集中了一大批左派教授，并且堂而皇之，宣讲社会主义和马克思主义经济学。

著名经济学家千家驹，在北大上学的时候接触《资本论》，并在相关研究领域崭露头角。抗战时期，在西南联大的课程表里，系主任赵乃抟教授专开“社会主义”一课。抗战后，北大复校，法学院院长周炳琳干脆提出：“马克思学说也要开几门”。周本来经济学科班出身，却倾向《资本论》。但是总体而言，西方经济学占据绝对多数的地位，政治经济学的研究，只是时大时小，并不稳固。那些用《资本论》观点讲课的教授，随时面临中统的监视和迫害。

樊弘本来在湖南大学做经济学教授，1930年他在《社会科学杂志》（一卷二期）上发表《马克思经济学说的讨论》。只不过，此时的樊弘，只将马克思主义看成是经济学流派中的一个分支。真正让樊弘变成一个马克思主义的经济学者，树立国际声誉的，是其于 1937～1939 在剑桥大学研修的经历。

20 世纪 30 年代末，凯恩斯的经济学开始流行，著名的马克思主义经济学者多布，那时负责和斯拉法一起整理李嘉图的著作。樊弘的导师正是多布，在多布的指导下，樊弘创作的《评马克思和凯恩斯的资本积蓄、货币和利息的理论》在剑桥大学的权威杂志《经济研究评论》上发表。该文一方面，指出凯恩斯一些所谓创新的经济学术观点，马克思早已经讲过了；另一方面，指出凯恩斯的一些观点，实存在一定的空想而不切实际的成分，并不足以解决资本主义的经济危机。

这是世界历史上第一篇以马克思主义经济学说批判凯恩斯主义的论文。此后，樊弘就成为剑桥名副其实的左派研修学者，此后他的一生都用“科学的”马克思主义学说系统地批判凯恩斯主义。

如果说樊弘这么就成了左派，未免太过简单。实际上，樊弘是那个时代少数自觉地转向马克思主义经济学的学者。也正因为如此，当周炳琳希望开几门马克思主义的课的时候，一直公开抨击蒋介石政府，坐牢也要“反饥饿、反内战、反迫害”的樊弘，自然成为首选。

然而，樊弘却是个怪人，当九三学社邀请他加入的时候，他自认为是无产阶级，拒绝加入资产阶级的政党。新中国成立后，勉强成为九三学社中央委员的樊弘，不愿意再教西方经济学——他本来就是马克思主义经济学的研究者。樊弘公开入党，引发不少旧知识分子的恐慌，在高校引发不必要的议论。樊弘曾经是国民党党员，因不满蒋介石“四·一二”屠杀，公开刊文退党。等到他的入党申请被中央同意后，却引发另一场信任危机。

樊弘的前任是赵乃抟，不少人误认为他入党而挤走了前任。其实，赵当时被派去广西做土改工作。樊弘公开标榜自己的学术属性，特别是对凯恩斯经济学的批判，招致了同事的不满。罗志如、严仁庚、陈振汉、徐毓楠大多数是凯恩斯经济学的支持者，樊弘虽然从凯恩斯主义的发源地剑桥

归来，却是最激烈的反对者。

而樊弘在学术上的中立立场，同样为政治经济学学者不容，譬如，他认为对于西方经济学中的不少真实内容应该继承，而马克思主义经济学需要补充和修正；他甚至公开提出，马克思主义的经典经济学说应该结合社会主义建设的实际，尤其中国的现实国情，进行一定程度的变通和修正。同时，他还批评当时的政治经济学只有普及没有提高。这都直接刺激了政研室负责人的神经。

今天看来，樊弘的这些主张都十分中肯。

客观地说，以樊弘在国际上的声誉和名望，即使不能成为“中国的多布”，至少他的思想已经十分接近后来的斯拉法的观点。而在被岁月埋葬的二十年里，樊弘既无法跟上英国剑桥学派的步伐，也没有办法融入后来的新马克思主义研究的浪潮。以至于今天，尽管中国是世界上最大的社会主义国家，但社会主义的经济学理论研究的影响却十分有限。一些和樊弘具有类似观点的经济学者，则形成形形色色的西方马克思主义经济学观点，或者各种激进经济学。到底什么才是正宗的马克思主义经济学，什么是科学的经济学，什么是应该继承的西方经济学都是复杂至极的问题。

樊弘的人生和学术，其实是北大经济学历史的另一面镜子。马克思经济学说客观上已成为大学经济学教育的重要组成部分。而这个教育部分在20世纪遭受的挫折，本身就是各种政治和社会背景的复杂产物。北大的经济学，实际上，就是东西方的经济学不断变换位置，融入中国社会经济的历史。

在西方经济学进入北大和中国的一百多年里，始终面临中国化还是西方化的问题，不同时代的中国知识分子，则提出了不同的答案。樊弘作为一个被认为是书生宿命的典型知识分子的遭遇，发人深省。他大概是迄今为止，最早批判凯恩斯，而且最早获得国际声誉，学术水平最高的中国经济学者。

樊弘在描述他从纯粹学术研究，变成一个左派的经济学家和活动家时

候，曾经说：“这些年来，在精神生活的旅途中，曾碰着了许多次的为自己所信奉的理想，在实际上不能实践的困难。在困难发生，几经奋斗，而不得解决之际，心理上曾出现了无限的冲突与矛盾”。

事实上，不但是樊弘本人，中国的经济学和北大经济学，都面临着同样的危机和矛盾。这是百年至今，北大学人始终追问但无法得到回答的问题。

第二章

“吴市场”：捅破市场经济的窗户纸

·第一节·

顾准和孙冶方的学生为“商品经济”翻案

计委那边有人说，目前北京经济学界有三个代表人物，一个是“有计划”（指有林），一个是“吴市场”，还有一个是“杨承包”（指杨培新）。

——乌家培

知名财经评论人、财经作家吴晓波在经济学家吴敬琏的口述自传《吴敬琏》一文中，从当事人的角度，还原了“吴市场”的绰号始末。正如做过中央政研室主任的乌家培所说，这是当时经济首脑——计划经济委员会的发明。

“吴市场”，按照吴敬琏本人的说法，是个带贬义的绰号。时光荏苒，30年后的中国，“吴市场”的原意早已从世上抹去。今天人们提到的“吴市场”，是对市场经济的启蒙者和盗火者的最高荣誉。

对于中国的市场经济改革来说，其最初的艰难不亚于难产。而吴敬琏成为“吴市场”，其实很大程度上既是经济规律使然，也是命运的偶然巧合。北大一代学人，有着重大影响的吴敬琏教授，在历史的巧合下，担当了这一历史使命。至少在爱戴这位老人的北大校园里，“吴市场”很大程度上就是一段经济学人的中国传奇。

不管是亚当·斯密的《国富论》，马歇尔的《经济学原理》，凯恩斯的《通论》，还是马克思的《资本论》，都隐含着一个颠扑不破的真理：任何经济体，都是有资源、人力、技术约束的；即使不成规模的计划经济，也同样摆脱不了这三样。而中国的市场经济改革，很大程度上，就是这三样的大变革。市场化，其实就是改变约束。

吴敬琏坚持市场，强烈要求将“商品经济”一词写入“十二大”的文件，不单是留学耶鲁，从美国经济的发展观察获得的巨大思想冲击，更重要的是，作为一个深受马克思主义影响的经济学者，孙冶方的学生张卓元，无疑是此时和他最近的同盟军。孙冶方主张的商品经济，只要一步，就可以跨越到市场经济。毕竟，既然价值规律高于计划，那么显然，市场经济的规律自然可以适用于社会主义。现在所需要的只是完成这“惊险的一跃”。

幸运的是，吴敬琏最终从只言片语中，找到了他和孙冶方先生的共同点。在有限的妥协下，大多数人同意相比计划经济绝不动摇商品经济的说法，远比计划经济要好。在经过三下五除二的思想考量之后，很快一个浓缩了顾准和孙冶方灵魂的议案，就神奇般地实现了。

此时，政治上随着家庭联产承包制度的广泛影响，广东开放经验的魅力传递，越来越多的人开始转向商品经济。当所有的人都开始努力寻找共识，所谓共识就这样意外地出现了。

最终在“十二大”召开的 1984 年，吴敬琏离开了工作 30 年的中国社会科学院，前往中南海的国研中心工作。晚年的吴敬琏在《我在改革的岁月里》把自己的初衷描绘得丨分简单：“在政府机构里面，完全有条件做得更好。”

1984 年后，怎么挽救崩溃的国民经济？所谓治国若烹小鲜，一部分掌握实际经济调度权力的经济学者和经济型官员，挺身而出救国于危难之间。在当时的中国，“计划”“市场”“承包”三种观点跃上前台。1981 年 4 月，《当前关于计划调节与市场调节的几种观点》这样的中央内部材料，划分得更细：第一类以邓力群为代表坚持计划经济的；第二类是不那么坚定地赞成计划经济的；第三类是不太坚定地赞成商品经济的；第四类是薛暮桥、林子力等主张商品经济的。

而吴敬琏最初是被看成第三类的，实际上他真正的态度和薛暮桥是一样的，在决策者还在犹豫的时候，小岗村的农民已经开始“大包干”，这样杨培林等人的承包观点也同计划派之间起了冲突。在经历一系列复杂的交流和讨论后，赞成商品经济的意见占据了上风。最终因为这种攻守易位，历史性地达成了商品经济的胜利。

1984 年 10 月，十二届三中全会召开，会议一致通过了《中共中央关于经济体制改革的决定》，这个决定第一次明确“中国的社会主义经济不是计划经济，而是以公有制为基础的有计划的商品经济”。尽管前面还加上了有计划的修饰语，但商品经济无疑从此名正言顺地成为中国经济的主体形式。

到 1992 年，中共“十四大”更进一步指出，我国经济体制改革的目标是建立社会主义市场经济。此时，人们才发现，这一次会议文件的底稿正是十二届三中全会后吴敬琏调查上海浦东的成果。在风云变幻的改革初年，吴敬琏再一次站在历史命运抉择的潮头。

从“十二大”后，中国的市场经济，或者说商品经济，第一次在一个社会主义国家站稳了脚跟。也正是这种正名行动，打破了意识形态偏见的束缚，人们从此团结在市场经济的大旗下，释放自身能量，成功地在改革中杀出一条血路。那些一切阻碍经济向前发展的势力和阻碍，都在市场经济的名义下分崩离析。而中国社会，在不到 30 年的时间里，可谓五年一小变，十年一大变。

将市场经济送入中国经济学的殿堂，在每一个时代的人们那里都是一种不可多得的梦想。按照经济学者们的观点，唐末宋初就具备走向市场经济条件的中国，此后近千年都徘徊于市场经济的大门之外。在自然经济的夹缝中生长，在计划经济的重压下萌芽，这几乎成为中国社会的一个死循环。

晚明以来，中国的世情小说中，经商已经不再被视作禁脔；但最多也只是黄宗羲发表一番工商同样重要的观点，并没有成为全民共识。晚清有郑观应、王韬主张商战应对列强，可惜他们本人的行为是市场的反面典型；民国是有过一个黄金时期的，可惜等到第一次世界大战结束，市场经济就被日美工厂的纺织业垄断击垮。

1956 年上半年，顾准向孙冶方指出了马克思在《资本论》第二卷第七篇的下述一段引文：“在资本主义生产方式废止以后，但社会化的生产维持下去，价值规律就仍然在这个意义上有支配作用；劳动时间的调节和社会劳动在各类生产间的分配，最后和这各种事项有关的簿记，会比以前任何时候变得更重要。”当他把论文发表到《经济研究》上的时候，却没有想到后来招致异端和批判的罪名。比之前辈们的探索，吴敬琏的幸运可想而知，市场经济在中国的道路之坎坷令人扼腕。

当 80 多岁高龄的吴敬琏今天奔走于各种论坛和高级决策会议时，抚今追昔，人们更加对其在市场经济的关键时期的作用备感崇敬。随着岁月的流逝，这一点还会更加辉煌，成为改革的永久记忆。

·第二节·

京城四少的市场论市场的概念

我们在国营农场开拖拉机，后来到农村干活，推的小车还是木头轮子的，上千年前也是用这个。出国则是震撼，学术上知道了经济学之大、之广、之深；去人家的超市，那是商业震撼，才真正明白我们的经济和发达国家的差距。

——樊纲说

我从来就没有觉得出名很早是我真的怎么“高”了，那是一个时代给的机遇。让很多年轻人有了成名的可能。经济学是一门很严谨的学科，需要很多研究，不是说很年轻就出名是什么奇迹，而是时代给了这些年纪很轻就出名的机会。

——刘伟

县里共有一千多户城镇下放居民安置在农村，他们住房、生活等方面有很多困难。我当时骑自行车跑遍了每家每户，将所了解的情况制作成表格，每户一份。当时没有打字机，都是我用钢板刻写。在了解情况的基础上，根据政策，就每家的补贴金额提出建议。

——钟朋荣

每当一项研究告一段落，我会找一个无人的地方安静几天，调整心情。北京很有意思，它的一些角落中散落的气息总是能让人安静。

——魏杰

京城经济学界，流行着“四老四少”的说法，所谓四少，也就是魏杰、樊纲、刘伟和钟朋荣四人。至于为什么这四个中青年经济学家变成了“京城四少”，魏杰后来回忆说：“‘京城四少’这个词我现在也不知道是谁发明的，我都不知道是谁先提出来的，我是在香港报纸上看到的。”

其实，1991年台湾电视剧《京城四少》热播，正是电视剧的黄金时代，人们正沉醉于儒家经济圈成功的氛围，不可一世。而此时的中国大陆正是“东方风来满眼春”的新时代。

20世纪90年代，中国的电视普及率还相当低。报纸和杂志，成为普通人接受讯息，传达喜怒哀乐的焦点。人们热切地注视着风向，报纸评论的一举一动经常会激起轩然大波，惹起各种无端的猜测和说法。也就是这一段特殊时期，人们从报纸中逐渐对4个频繁出现的名字熟悉起来。自然以香港媒体的眼光看，这种吸引眼球的程度的确不亚于“京城四少”的魅力。

热衷于儿女情长的人们，是不大会注意到平面文字的杀伤力的。市场经济启蒙阶段的热衷下海的改革弄潮儿，却必须两眼紧盯这些“白纸黑字，真金白银”。

事实上，30多年后，很多人当年从经济学家“京城四少”的文字中，寻找到致富和创业的机会，摇身一变，成为改革的成功者，“京城四少”却都还是平常书生，既非富商，也非高官。即使在市场经济盛行的今天，四少仍然坚守着学术的最后一方圣土。

在“京城四少”里，除去至今活跃在电视和网络、论坛中的樊纲外，其他3位已经淡出纷纷扰扰的世界。钟朋荣离开中南海，投身咨询行业，成为亦学亦商的行业巨头，大约是四少中最有钱的。魏杰则留在清华管理学院以教书为生。如果校长也可以算作是官员的话，原任北大副校长的刘伟，差不多就是“四少”中勉强的最大官员了。

当年中国最高经济决策圈里风华正茂的4个人，如今都已年过半百。但是，正如刘伟所说：“做人要的不是豪言壮语，不是宏伟计划，每个人做好自己，就是对社会的贡献。”风华逝去的四少，之所以直到今天还在被经济学的后辈所传扬，视作人生典范，正是因为在那个年代，他们做好了自己，做出了对社会的最大贡献。这个贡献，不过“市场论”三个字，一个简单得不能再简单的“市场理论”而已。

今天人们自然可以轻松地看出，中国30年的改革，其实就是向市场改革的路径。人们一提起市场，就立刻能想出人来人往，你买我卖，讨价还价，高效生活的场景，甚至可以毫不犹豫地回答这样的问题：为什么早晨起来，街角就有供应不断、热腾腾的煎饼果子？想吃什么，只需要一个电话，几张钞票，顷刻就能享受美味大餐？答案很简单，就是市场的作用，价格推动一切。

但在20世纪90年代的中国，就连“市场”这个词的概念，也是模糊不清的。即使后来成为“市场教父”的刘伟，最初对市场也是十分懵懂的。甚至“教父”自己走上经济学道路，也是阴错阳差，无意为之。1978年21岁的刘伟在北大荒拿到北大的录取通知书的时候，兴奋之余，却是一头雾水。他说：“当时我甚至不知道，经济学是研究什么的学科。”到北京报到的路上，他一直在揣测到底什么是经济学。外人不知道的是，刘伟报考北大最初选择的是图书馆系，却意外地踏进了经济学的大门。

市场到底是什么？

当时的中国经济学界，为了一个名词的增删，也会对着一本萨缪尔森的《经济学原理》讨论半天。市场的西方定义，一般就是指大量买者和买者交易物品的一种制度安排。只要是有卖者和买者，通过价格机制，交换物品，就会有市场。小到街头的菜市场，大到世界贸易市场，全是如此，甚至无形的东西，比如网络产品，现在正在形成全球最大的电子货币交易市场。全世界大多数的中央银行，如今都是通过无形的无纸化交易系统运营的。

可是市场论的教父们，面对改革前中国的国情，一开始就犯了难：苏联的政治教科书模式给市场下的定义是：商品交换顺利进行的条件，是商品流通领域一切商品交换活动的总和，社会分工和劳动的产物。这个定义的前提是，有商品，才有市场。苏联的教科书，是不承认社会主义国家有商品这种东西的，因为有商品，就意味着所有权的转让，也就意味着可能有私人所有存在，可能就有贫富分化。自然推论的结果是，中国不可能有市场。

尽管当时，市场经济已经获得政治上的认同，但在大众那里，究竟市场是对是错，还是不甚了了。更有意思的是，因为商品的所有制和私人的关系，一度引发了市场经济是不是不讲道德的大讨论。

显然，要在中国谈市场，天然的拦路虎就是在给“商品”概念脱敏。如何通俗易懂地将“物品”向“商品”靠近，是市场理论大众化进而中国化的第一步。

刘伟的高明之处在于，他巧妙地吸收了前辈们的睿智做法。当时已经有“京城四老”，指的是董辅礽、厉以宁、刘国光，还有吴敬琏。尽管这四个人的学术倾向可能并不一定一样，但是，他们都比较活跃，而且他们的成功恰恰在于绕开细枝末节，将市场经济的实体部分分析得十分精到。比如吴敬琏对于商品经济和价值规律的坚持，就强调价值规律，而降低对商品属性的关注。

1988 年，刘伟在当时的欧美留学生同学会自办的经济学刊物中，系统地提出了自己对于市场化的看法。这种看法，基本上也可以代表“京城四少”在那个年代的市场论的最高水平。直到今天，刘伟认为，他对市场经济和市场化改革的看法，并没有超过当时的文章的观点。

刘伟的市场化观点，实际上也就是计划国家如何转轨市场的一种阶段论。一个国家到底是不是市场化国家，或者说到现在不少国家拒绝承认中国为市场经济国家，主要是因为如下几点：

第一，市场化的指标问题。所谓市场化，其实看的是产权制度的情况。产权的主要可观察部分，也就是财产和要素交易货币化的比率。比如在农业中，国有经济所占的比例也就是3%左右，就是国有农场，它是农业单位，但是它是国有，大概它的产出占整个农业产出的3%左右，97%的农业现在是农户经济，这是一个历史性的转变。

从要素货币化来看，从1988年到1998年这十年之间，各种私有企业的平均的产值规模，就是平均产出的规模增加了36倍，平均注册资本的规模扩大了38倍，平均用人，就是雇工的规模增加了9.8倍，将近10倍。

第二，市场经济秩序的完善，其实就是市场经济的法制秩序。也就是马克思所说的等价交换，通过法律制度来强迫人们必须接受这种事后的事实上的不平等，否则的话就没有秩序可言，这是从内容上说的。形式上，它是一个契约的经济，所有我们市场经济当中发生的经济关系、运用的经济手段都是一种契约。

第三，市场经济的道德秩序。市场经济虽然是竞争的经济，但是它不是一般动物的野蛮的厮杀，是有它的道德基础、人格前提的。

在刘伟看来，中国测算出来的市场化速度指标是5.5，处于不上不下的水平。要实现市场化，最根本的措施是政府在市场化的过程当中要越来越多地退出市场，这是一个政府退出问题。

可见，刘伟的高明之处，恰恰在于用市场化，代替了市场的直接定义，让中国的市场化变得更加有操作性。也因此，采取技术上的定义，推广市场化工作，在20世纪一度成为经济学家的主要工作。而这也许正是本土出身的刘伟，在北大经济学上的一种新发明，如同不争论的高明所在一样，这也是他能在中国成功的重要原因。

·第三节·

中国会变成寻租社会吗

经济学是一件很复杂的事，不是三言两语就能说清楚的。况且，经济学家是做科学研究的，不能像歌星那样炒作，我不喜欢这样。大家关注经济学家没错，这是因为经济是一个社会的基础，但关注的方式不能和关注歌星一样。

——吴敬琏

吴敬琏说出上面这番话的时候，留居香港科技大学的丁学良教授抛出“中国合格的经济学家不超过 5 个”的说法，刚满两年。他对于经济学家沦为产业代言者的现象，甚为不满。在他心目中，吴敬琏无疑在“合格”名单上。吴敬琏此时的回应，同样表明自己的态度：经济学家绝不是娱乐明星，而是踏踏实实做研究的。

对主流经济学家的质疑，一度让“经济学家”这个名词成为网络民意泄愤的对象，特别是一些经济学家争相充任上市公司的独立董事，在不少著名大学传出“车马费”的新闻，总能在全国范围内激起众人的“义愤”。丁学良质疑：中国各行各业几乎都能找到经济学家代言的现象，而这在西方不是没有，只是十分罕见。

吴敬琏认为，对主流经济学家的抨击并不公正，中国经济发展离不开经济学家们的贡献。事实上，如果对吴敬琏在市场经济改革中的学术论文稍加留心，任何人都可以发现：最先对经济学者沦为产业和资本的代言人深表忧虑，时刻警惕中国变成所谓“权贵资本”社会的，正是吴敬琏本人。

丁学良之所以批评主流经济学家出入媒体，很大程度上和他在西方看到的一个群体——游说集团有关。

在西方存在一种介于政府和企业之间的民间组织，他们一般通过著书立说、公开演讲来影响政府的关键产业政策，尔后以此获得利益集团的金钱赞助。这些组织的核心人物通常就是一批自称经济学家的游说人士。从西方议会制度建立起，这种小群体就合法化地开始诞生。

西方的游说集团，雇佣经济学家替利益集团站台，最突出体现在反垄断和贸易保护这两件事上。这促使另外一些反感这种行为的经济学者，开始研究这类行为。20 世纪五六十年代哈伯格和莱本斯坦围绕美国的钢铁汽车等垄断行业的福利成本进行讨论。塔洛克于 1967 年提出了真正意义上的寻租思想。

所谓寻租，实际就是利益集团谋求经济剩余的非生产性逐利活动。1974 年，安妮·克鲁格在《美国经济评论》上发表《寻租社会的政治经济学》，讨论美国贸易保护主义形成的原因时，第一次使用了“寻租”一词，她也成为寻租理论的鼻祖。此后寻租理论不胫而走，成为风靡整个经济学界，渗透社会学、政治学、法学和行政管理学等其他社会科学领域的开创性理论。

20 世纪 80 年代美国著名经济学家布坎南开始将目标调整到政府方向来，他提出寻租是凭政府保护进行的财富转移，不是社会剩余而是社会浪费。在当代，寻租差不多就是一种社会浪费行为的代表。

1988 年，吴敬琏教授率先在《经济社会体制比较》杂志上引进“寻租”理论。此后他在多种场合介绍、宣传寻租理论，成为中国的寻租理论之父。

天下之事，兴一利必生一弊。早在亚当·斯密的时代，从封建作坊走向机器工厂的英国，亟待“转轨”，为了同外国产品竞争，作坊要么直接在议会中发声要求保护补贴，要么散发小册子，怂恿议员抵制外货。经济学家巴士夏则专门写了一个小册子讽刺蜡烛厂主抗议太阳对他们的贸易的影响。

自从市场经济出现，欧洲政府的专卖局就异化为犹太包税商的钱包。垄断交易，货贿公行，直到 20 世纪 30 年代还十分普遍。为了偿还拿破仑战争的债务，英国政府将货币发行权抵押给了罗斯柴尔德家族银行。美国钢铁商古尔德和对手为了铁路控制权，彼此操纵各自的法官，打击对方，争斗数十年，损失甚至超过伊利铁路的建造成本。

历史证明，转轨制度国家，寻租的人可能有各色人等，但花样总是惊人的相似。书斋学者还在考虑如何推进市场，小作坊、夫妻店早已在神州大地遍地开花。即使安静的北大校园里，市场解冻的迹象也开始浮现。一夜之间，菜贩和出租司机，都变成万元户。教授和学生却成为最穷的人，整月骑着单车，为生计奔波，也许比不上司机一夜拉活赚得多。北大才子们更加愤慨的是，梦中情人或许拍一拍衣袖和司机走了。有着各种奇奇怪怪背景的人，左右腾挪；在公开的市场，可以买到计划内的物品，在黑市，也能找到到处兜售“专供”的奇缺商品。曾经外交人员打牙祭的粮票墙，突然被热热闹闹的新市场取而代之。

到后来，国际交流放开，北大的教职工们，赫然发现，中国和国外大学最大的差距，也许不在学术和理念，而是生活待遇的悬殊之别。多年以后，离开北大经济学课堂的杨小凯，在他的专著中，阐发核心论点的第一个案例就是从中国教授的简陋的物质条件开始的。

杨小凯在课堂上慷慨陈词，校园里的下海潮也开始初潮涌起。吴敬琏和杨小凯的学生们，之所以有勇气与土作坊隔路而行，自命儒商，很大程度上是因为：只要学校的“条子”在手，他们总是能比竞争对手得到更多更好的机会。而条子的光芒，刺激了更多的人，在大大小小的批条子办公室里软磨硬泡。其兴盛程度，不亚于今天美国华盛顿的 K 街。

到 20 世纪末的国有企业上市改革潮中，深沪大量上市公司造假被曝光。诸如蓝田公司案，南和案震惊海外，引发对改革、股市和金融的恐慌性质疑。股市在传递一种信息：中国股市就像一个大赌场一样，有进无出；庄家持股和信息差异操纵屡屡引发暴跌暴涨；国有股减持非但没有显现真实价值，甚至大规模地稀释租金。

让所有改革派们大跌眼镜，数年未接触股市的吴敬琏挺身而出，斥责股市为赌场。但企业主看到的则是，蓝田倒台背后，经济学家一言兴邦振业的公信力。舆论和政策上的正当性，越来越可能带来巨大的利益。企业主们权衡成本收益，他们开始用基金会、出书、研究所、讲座赞助的方式，逐渐培养偏向他们的经济学家。不少充任上市公司独立董事的经济学家，先是鼓吹改革，然后摇身一变，成为改革的受益者、传声筒。

事实上，这一幕也是发达国家利益集团形成的一般过程，但直到吴敬琏和杨小凯等人大声疾呼之前，因为缺乏相关的本土著作的论述，人们始终在担忧，中国会变成一个寻租的社会吗？

当北大的第一本著作《寻租经济学导论》诞生后，人们才从现象走向本质。在经过系统的研究和理论推广后，今天的人们开始明白，寻租是有底线的。任何非生产的逐利活动，并不是什么道德败坏，而是制度和产权不明晰的结果，更是法律监督错位失位的后果。如今，人们听到吴老奔走警告“裙带和权贵资本主义”的危险，也同时看到中国市场经济秩序的持续改善。法律和产权保护的意识空前提高，可以预见的是，发于吴敬琏，成于北大经济学，正在中国的环境下逐渐成熟的中国本土寻租研究，将更好地反制寻租的蔓延。

事实上，官倒、黑市美钞、壳资源现象在中国的衰退，正是寻租在中国退潮的证据。这说明，在北大经济学的鼓励之下，当一批批经济租的空间被改革压缩，体制漏洞被定点修补的当下，中国成为寻租社会的可能性正在下降，而这正是引进寻租概念的最大成果。

·第四节·
市场是一种机制还是一揽子买卖

我在课堂实验的测试结果，表明中国人对“何为公平”的稳定理解是“不能太过分”。譬如，在北大的那个班级，参加者 60 人分为 30 对，甲给乙的平均出价是 4.2 元（最高 9.9 元，最低 0.1 元，中位值 5 元）。

——孙涤

能来北大教书的当然没有凡人，孙教授是插班跳级的天才班高才生。

以孙教授在《上海证券报》的文章看，他真正感兴趣的，不是北大，也不是实验，而是机制。

在昂贵的EMBA课堂上，师生互动，其实只有一个目的：市场到底是买卖重要还是机制重要。答案如果是前者，那么一锤子买卖的事情，为什么不能包打天下？如果答案是后者，机制重要，那么显然一想到市场，就是你买我卖，就显得有点儿小气。这种看法，岂不是雾里看花？

在北大的这个讲堂上，谈过市场这个话题的人，不下百人，有社科院出身，也有海归出身，有获得诺贝尔经济学奖的大师，也有“泥腿子”出身的企业家。可是，有关市场的性质，是买卖现象，还是制度安排，却从来模糊不清。第一个下意识地谈到机制的人，却并非这位北大孙涤教授，而是吴敬琏。这听上去有点儿怪异，因为如今人们在中国经济研究中心，已经是言必称制度的，但许多人到现在都可能模糊，这两个东西有那么重要吗？

吴敬琏的《教程》宣称：“经济学家往往认为，政府的基本职能是提供公共物品，而不是在市场上提供商品和服务；过多的政府干预会妨碍市场的有效运作并且产生腐败。因此，他们更倾向于欧美类型的市场经济，即自由市场经济体制。随着掌握现代经济学的学者愈来愈多，这种思想的影响力也愈来愈大。”事实上，将市场经济看成是一个体制的观点，早在市场经济在理论界占据主流地位时已经开始。

可是改革初年，市场的最明显特征，却和理论界的想法背道而驰。深圳和中关村的市场上，突然大量涌入陌生的流动商贩，各种各样的一次性买卖争相上演。有一次性的审批，一次性的补助，一次性的筷子，一次性的公司文件，最后还出现了一次性的皮包公司。

更加混乱的还是市场秩序，类似春晚《卖拐》的“忽悠”层出不穷。起初，还没有“一锤子买卖”这种说法，但当时转轨国家发生的大量此类事件，却促成了世界经济学界对市场的反思。

1978年，在当时市场经济的国际试验场，“一锤子交易”却成为经济学家高度关注的现象，各国研究者抱着很大疑问和热忱看待这个问题。最先测试对象是科隆大学经济系学生，人们发现，在德国只做一次性买卖的时候，卖家纵然再自私，也只提出了2.6～7.4的比例分法。不少社群的卖家甚至提出4～6来优惠对方（如巴布亚新几内亚的部落）。在蒙古，如果卖家在一次性买卖中提出优惠，会直接被拒绝，因为买家不好意思占卖家的便宜；在发达国家里，买卖两方一般会满足于4.5～5.5的比例。也就是说只有等价交易的比例，才能区别到底是否市场经济。

当时中国的经济学人，还不知道实验经济学这个经典实验。只是懵懂中，经济学家们粗略地将“理性人”的概念介绍到中国来。有些刚刚从西方取经归来的学者，纷纷给市场经济的“一次性”难题找原因。在他们看来，这是资本主义经济的固有弊端，有些人甚至以“一次性买卖”概括所谓市场经济。

此时作为中国经济理论的前瞻者，吴敬琏以政治经济学的角度，抨击了这种将市场经济和自私自利完全挂钩的做法。在他看来，市场固然是讲求利益最大化的，理论假设也以经济人为前提，但是实际的市场经济需要道德和秩序，法律在市场经济的运行中，起着关键点的作用，否则就会出现马克思所谓肮脏不堪的资本现象。

正是吴敬琏高调反对混乱的市场，中国理论界逐渐从简单的利益计算中超脱出来。将市场看成是一个庞大的系统工程，引入制度经济学，乃至各种有关机制设计的理论，也就成为改革中期中国经济学界的自觉倾向。事实上，一锤子交易影响深远。后来获得诺贝尔经济学奖的卡尼曼及同事认为，它就像X光一样穿透了生活在不同价值文化中的人的不同行为，捅穿了经济人的理性假设。但“完全理性人”的假设却非常强韧，拒绝退出。这和中国经济学界的自觉选择，异曲同工。

伴随着对经济人神话的纠正，吴敬琏和中国经济学界，特别是成为制度经济学旗手的北大经济学人，也将目光落定到经济体系制度对经济现象的约束中去。

在西方，市场的制度和交易之间，从来都是井水不犯河水，甚至直到那个著名的实验前，人们交易前的第一件事情，可能就是看看法律，签订合同。一个熟悉业务、干练的律师在西方企业的交易中是必需的配置。人们因为交易和制度的时空交融，有时都分不清制度和交易的关系。但在中国，最初的企业家做生意，甚至连合同都不知为何物。

正因为如此，在一个对市场经济的现代规则知识基本为零的国度，区分规则和交易，就成为国民的基础教育。在北大的课堂上，那时首要的任务，其实并非传授关于交易的方法，而是交易的规则。在北大开办的大部分课程，之所以每一章都要提及那些有关市场的规则和基本理论，很大程度上也是同样的原因。

也正是在北大的课堂上，吴敬琏关于体制改革的警告，第一次从理论化作了实践。北大的学生，很快就将课堂上学到的第一手规则知识转化到工作当中。从 1978 年开始，30 多年来，这种以规则而不是交易为特征的改革，很大程度上改变了中国。在西方作为纯理论的西方经济学，第一次有了更加具象的意义。而大量模仿欧美制度，因地制宜执行，也就成为中国改革中最明显的开放性学习模式。

仔细观察北大经济学在改革中的地位，正如原任北大副校长刘伟对中小企业创新的观察一样，中国民营企业自改革开放以来得到快速发展但发展到一定规模时往往显示出后劲不足的趋势。没有持续发展就谈不上长期持续的生存。事实上，这种短期的特征从那些课堂上学习粗浅的市场经济理论课的反应来看，引进西方的企业制度也必然从开始就将面临所有企业的难题。

要知道，企业的持续发展已经成为当代中外企业界、学术界和政府面临的重大理论和实践问题。这种问题，从一开始就牵一发动全身，作为培养了中国最多的企业家富豪的大学，北大在深入传播市场，充当社会前进的推动者方面当仁不让。

当我们重新回顾改革前瞻者的市场盗火者角色，我们更加清楚地看到北大在这场火一般的革新中薪尽火传的光辉。而这也许正是市场机制观点，最终在中国赢得今天如此的优待的根本原因。

·第五节·

经济学家真的不讲道德吗

公众似乎对经济学家整体抱有过高的道德期望，希望经济学家都是道德高尚、言行一致的“正人君子”，为整个社会的经济活动乃至其他方面的事务承担起义务指引和拨乱反正的重任。事实上，“良心”作为一个关系到人的伦理价值判断的概念范畴，主要应当是以个体的言行作为辨识和判断的对象，目前尚没有人能够对某一行业的道德水准和规范要求给予切实清晰和具有效度的定义。

——夏业良

1994年，一直安心于书斋的经济学者樊纲写了一篇名为《经济学家谈道德?》的小文章。文章发表在读者不到400人的《经济学消息报》上，却在河北财经学院教授刘福寿、作家梁晓声和樊纲之间引发沸沸扬扬的道德论战，一时间成为大学文化圈内的新景观。因为这个没有刊号的小报的影响，更多地局限于中关村的名校，特别是北大，于是不久之后，经济学家将不讲道德，在向来爱惜羽毛的北大，也掀起了巨大的波澜。

主张“道德中性”的樊纲套用西方经济学的方法论原则，按照实证主义的观点认为：经济学不讲道德，对价值观、道德观不做“好”与“坏”的评价。

他在文中举例说：“经济学家就其职业来说，可以为希特勒服务，也可以为丘吉尔服务；可以为黑帮服务，也可以为政府服务。”结果招致另外两位的质疑，也在学生中引发海啸。对于提倡为祖国工作，为人民服务的北大，这种观点无异于挑战伦理。试问，一个经济系的学生，居然可以不讲道德，那么这样的学问是不是可以在市场中信马由缰，唯利是图呢？

以伦理和道德为前提，斥责经济学者不讲道德的声音越来越多，给经济学和市场在中国的传播也带来负面的效应。不少人趁机将市场秩序中混乱现象的罪名，也加到经济学头上：不讲道德经济学，导致了不讲道德的市场，经济学祸国殃民等谴责不一而足。好在大众正忙着发财致富，通胀和经济过热、硬着陆的风险弥漫社会，还顾不上参与到这场道德大辩论。最后，第一次论战以双方妥协草草收场。

然而5年后，国企彻底私有化的论调甚嚣尘上，引来斯蒂格利茨等经济学家的质疑。经济学家们作为国企改革的形象代言人和设计者，引起大众的激烈不满。不少高调的经济学家被人指责为失业、下岗、贫困的始作俑者。

此时，被推上风口浪尖的主要是北大或者和北大关系密切的经济学者：某杂志质疑张维迎作为电信公司的独立董事，主张开放竞争，实为公司谋利。清华大学魏杰则被迫辞去新疆屯河的独立董事。

为了给经济学家权威挽回颜面，樊纲抛出《“不道德”的经济学》：“经济学作为一门特定的学科，经济学研究作为一种特殊的职业，它不讲道德、也不该讲道德；经济学家不应该不务正业，‘狗拿耗子’地去做哲学家、伦理学家、文学家、政治家、牧师等在其职业领域内该去管的事情。”

此时，一向高调的北大教授张维迎执掌光华，开始进行学院人事改革。张维迎在公众场合宣扬改革，倡导自由竞争。在台下，他同样雷厉风行地执行这一理念，将学术变成另外一个激烈竞争的市场，教授能上能下，打破教师铁饭碗的传统。此时，北大的另一位教授夏业良认为：张倡导的市场化的竞争只在教师之间展开，不涉及行政人员，这可能违反公平也牵涉道德难题。

这样在北大的校园里，对于经济学家的道德问题，新一轮的论战开始。而且同上一次略有不同的是，随着网络在校园的渗透，这一次原本是经济学家之间的观点之争，迅速被扩大化演变成一个网络市场民意的争夺。

对于不熟悉经济学圈子的人们来说，樊纲的说法、张维迎的高调、吴敬琏的上镜，就是经济学家的全部。红口白牙，人人都懂的言语，不讲道德就是这样的意思：经济学家是可以没有道德底线，随时为一己之私违心发言。

问题是，经济学家真的不讲道德吗？

尽管所有的教科书都力戒出现价值判断和道德评价，避免被人误会和编写者的立场有关。事实上，即使是完全从客观事实出发的“实证研究”，同样也避不开道德和立场。为了证明自己的观点，论证帕累托最优这个市场效率的核心，经济学家总是避开诸如贫困、失业、犯罪等社会问题，将其说成是价值问题。

樊纲二度挑起道德之争的文章，实际真正要表达的是：经济学家只是一个职业，其学术是社会分工，必须尽职尽责地研究经济规律，超越这个范围，越雷池半步，像道德家一样谈道德是不适合的。

20 世纪 90 年代刚刚涉入经济学的北大学者，此时大部分内容已经同国际接轨，同样要面对经济学内部的学术竞争和创新，此时专业的细分，分工的明确，隔行如隔山的特性，就更加明显。自然，一个好的经济学者，根本不可能有多余的精力，在他不熟悉的领域发言。而一旦发言，那也只能是经济学家的个人道德判断，与其经济学术能力无关。

这就是说，如果公众相信经济学家的公信力，那么一定要听他的学术发言，而不是跨界发言。只有这样，经济学家道德和利益的危机才可能降低。试想，一个人在自己研究的领域更可能有真知灼见，而在别人的领域则完全可能是哗众取宠，胡说八道。

北大经济学界，在国内最早和公众进行网络交流，是承受民间和学术舆论双重道德拷问的最大的地方。尽管，过去的高调者今天仍然高调，但是，在学术界内部，人们已经达成默契，为了学术和真理，大家继续缄口不言或者不讲道德，只有这样才能守住经济学家和学术的底线。而这又是不为外人所知的北大经济学的另一大秘密。

·第六节·

VCD的故事和斯密针工厂分工和规模化

只要坚持技术学习和能力发展，中国企业就能够利用特定的市场条件发展出竞争优势……中国能够以低成本利用外国技术的假设是一种幻觉。突破对中国工业发展的结构性制约，不仅需要中国企业技术能力的继续爬升，而且需要中国政府采取积极的技术政策和工业政策。

——路风

在距离我们最近的信息时代里，能够算得上完全中国设计，风靡世界的只有两种：第一种是人人都携带的优盘；第二种则是万燕公司发明的 VCD。

时隔数年，北大光华管理学院邀请“中国太阳能产业化第一人”黄鸣，畅谈自己对于市场前景和创新产业的看法。在黄鸣看来，创业时期他从未关注过万燕的困境。但在今天的功成名就之后，万燕悖论从北大商学院的课堂复苏，却是黄鸣对于未来中国产业最担忧的问题。

如今，在厚厚的光华管理课案例里，“万燕公司的 VCD 衰败之路”显得十分没落。相对于那些从国外商学院复制粘贴而来的案例，万燕，土里土气，和国际口味相悖。相对于新贵们包装的现代技术神话，万燕的年代太早，分明是明日黄花。

教授们在课堂上和学生互动，经常也只能招来冷冰冰的回应。毕竟，万燕并没有彻底变成烈士，而是变成一个不起眼的音响设计公司。在财大气粗的老板学员面前，如今的万燕当然是微不足道。那对于他们的市场真经，又有什么值得研究和回味的意义呢？

如果逐一翻检印着“中国制造”标签的产品，查阅其专利设计的权属，大部分经济学家都十分失望。大部分这些产品，其实都与中国无关。换言之，在知识和设计占据产业链高端的时代，中国充其量只是个加工厂，而并非市场的实际控制者。

令人尴尬的是，如今跟任何人说 VCD 是中国人发明的，十有八九会收到听者这样的嘲弄：那是飞利浦发明的，人家外国人的创造，中国人，中国只会山寨！甚至新一代成长起来的北大学生，压根没有听说过万燕，更别说所谓万燕悖论。

事实上，万燕在中国市场发展中的失意和断层，以北大经济学角度看，也许正是中国市场某种危险的前兆。这种预兆分明从市场论被带到中国时，就已经开始埋下种子。

显然，资本稀缺、劳动力廉价的格局，直到今天也没有在中国有多大的改变。自然人和自发的技术和产业结构升级，在中国听起来都像是神话。也正是从那一刻开始，中国制造的全部生产线，都被禀赋的魔咒打上了烙印。

也正是在这种背景下，一个天然的不符合国际市场理论的万燕 VCD，默默地成为产业的牺牲品。

当然，中国是世界 VCD 生产第一大国，20 年前，也是这个产品的第一发明国。1992 年 4 月，安徽现代电视技术研究所所长姜万勐慧眼识金，发现了华裔孙燕生发明的 MPEG 解压缩技术。姜万勐随后投资 57 万美元，终于生产出世界上第一台家用 VCD 机。

万燕的第一代产品在 1993 年 9 月面世，遗憾的是，除去一手交钱，一手交货的规则外，在不知道知识产权为何物的中国，这款产品却注定成为一个失败的创业案例。两位创业者，对于他们的产品的前途一片迷茫，在如今所谓的研发周期阶段，投入了高昂的资金。

姜万勐前期投入 1600 万美元，独立完成了制造到成品的全部技术。而这笔费用，相当于其公司资本的 99%。这个数字比例，相对于西方丹尼斯等人研究的西方企业的研发比例 40%来说，简直是疯狂。

今天的北大学生，大概都熟悉亚当·斯密的制针工厂的案例：一个劳动者，纵使竭力工作，也许一天也制造不出一枚扣针，要做 20 枚，当然是绝不可能了。通过分工，“一个人抽铁线，一个人拉直，一个人切截，一个人削尖线的一端，一个人磨另一端，以便装上圆头，分为 18 种操作。10 个工人每日就可成针 48000 枚，即一人一日可成针 4800 枚。”而万燕的产品，却相当于没有分工前，亚当·斯密看到的针厂一样，像一个自然经济的老技师一样，万燕的发明者单打独斗，苦心孤诣地完成了一个 VCD。

问题是，任何产品，从其生产出来，就面临销售和实现价值的挑战。为了回本，万燕投入广告费 2000 万元人民币，向 11 家音像出版社购买版

权，推出 97 种卡拉 OK 碟片。早期产品成本高达每台 4000 多元，要达到最基本的不亏的标准，万燕的生产线必须能够制造出至少 200 万台机器。

要迅速扩大生产规模降低单机成本，实现产品的规模经济，只有两条出路。第一，万燕还能继续烧钱。第二，万燕的规模必须迅速在自己的控制下天量扩张。显然第一条路看上去已经不太可能，创业者没有那么多钱，而第二条路却因为对于规模经济和分工的忽略，让万燕从此彻底衰落下去。

原本，在当时的发达国家，如果申请专利，在保护期内，竞争者只能通过购买专利来进入市场。这个保护期，可以让大多数初步的，没有规模量产的发明，能够在干中学中积累生产经验，降低平均成本，最终成功掌握一个行业，获取利润。这部分利润，也就是熊彼特所谓的企业家冒险的奖励和报酬。

遗憾的是 VCD 的发明者，没有申请专利。这是因为，在他们看来，申请专利可能限制碟片的使用，相对于欧美家庭当时流行的录像带，碟片的价格对于中国消费者太高，对于美国消费者又缺乏偏好的吸引力。但是，就在他们用广告来宣传的时候，对手早已经渗透到这个不设防的市场，大量的资本涌入行业，很快他们的产量就远远超过万燕，并拉低了 VCD 的平均价格。这让万燕 4000 元的最低成本线再次失守。市场份额在两年之内从 100%降到 2%，直至被美菱集团兼并。

万燕逐渐走衰之际，深谙市场秘诀的广东爱多，则通过小作坊组装生产线，采用收编和垄断竞争的手段，最终成为赢家。珠江三角洲，家庭作坊遍地开花。开创 VCD 的是姜万勐，普及 VCD 的是广东人。

据估计到 1996 年，VCD 生产厂家有 600 家左右，其中经常出现在各地销售排行榜的约 50 家，有名有姓的大致 200 家，剩下的是家庭作坊，总生产能力突破 1200 万台，中国成为世界 VCD 生产第一大国。

在市场说了算的时代，中国的市场倡导者，曾经用比较优势来说明他们寄予厚望的一个新市场：国际市场。按照他们的最初设计，比如莫干山会议后不少人就成为“利用外汇调节经济”的设计者和鼓吹者。按照当时流行的“比较优势”说法，有着较为完善的工业基础的产业，也只能通过“市场换技术”，以出口替代来积累资本，吸收西方的经验和管理。换言之，中国的发展，只能做老二，模仿跟进才是王道。

比如北大教授林毅夫曾在一篇论文中写道：产业结构和技术结构的升级，是一个经济中资源禀赋结构变化的结果。因此，欠发达国家政府应该以促进要素禀赋的结构升级为目标，而不是以产业和技术结构升级为目的，因为一旦要素禀赋结构升级，利润动机和竞争压力就会驱使企业自发地进行技术和产业结构升级。

事实上，从某种角度说，万燕的衰落正是后起创业者采取比较优势，战胜原创发明者的最好例证。直到今天，这还是北大出身的那些中国产业大亨们的秘诀。山寨，当然听上去不好听。可是微软和乔布斯，不同样也是如此吗？

第三章 喊出来的“价格”和双轨制

·第一节· 众说纷纭的莫干山会议

1979 年冬天，东单西总布胡同，《中国农民报》某办公室，热闹异常。一群骑单车的大学生，40 多人，一边围着一个火炉取暖，一边纵论大事，言辞激烈。散会后，意犹未尽的青年们，相约在北师大平房，再次畅谈。半年后，以这群青年为骨干，“中国农村发展问题研究组”（农发组）开始组建。成员包括社科院、中科院、农科院、人大、北大、北师大等单位的 30 余人。

1981 年 2 月 11 日，农发组成立大会在北大招待所正式召开。农发组成立后立刻投入基层调研，他们参与了 1982 年中央“一号文件”的起草，“包产到户”终于合法了。

柳红在《80 年代：中国经济学人的光荣与梦想》中认为，这个在北大招待所诞生的民间组织“农发组”，是中国经济学人集体发声前最大的组织。其实，就后来的经济圈而言，农发组更像是官方经济学者走向前台的化妆所、实习部。因为大部分这个组的人，后来都成为响当当的人物。

在改革 30 周年的纪念会上，大众第一次熟悉了一个重要的会议：莫干山会议。如果将中国价格改革的历史看作一部电影的话，莫干山会议无疑是大腕云集，阵容最华丽的大片。曾经青涩的经济学人，稚气但富有远见。决定中国市场改革的导向，正是这场大戏的主旨。

也许是命运使然，1984 年 6 月 12 日《经济日报》正式刊出招演启事。像拍一部电影一样，经济学者舞台第一步就是确定剧本和导演。剧本很快由社科院的朱嘉明、刘佑成、黄江南、张钢敲定——“经济体制改革中的重大理论问题和现实问题”。这个听起来有点儿大得吓人的课题，据说是为了鼓励经济学者们畅所欲言。

导演和把关的责任，则落到后来在中国研究中心做主任的周其仁身上。在当时的重要经济会议中，论资排辈的风气还很浓。为此，“以文参会”的原则被首次作为选择标准，并规定每个省选 5 人，共 150 人。

问题是，畅所欲言和以文参会的两条标准，也恰恰导致了莫干山会议此后沉寂的命运。

最年轻的参会代表是从西北而来的 24 岁的张维迎，当时在读研究生。按照导演组们的初选，张维迎的论文直接被“枪毙”。理由是，观点略激进——主张价格改革一次性放开，或者多次大幅改变。会议主旨是城市体制改革，在当时，主要指家庭联产承包后配套问题。意外的是，另外一组审稿人却支持张维迎的观点，重新将这篇论文拉回鬼门关。

朱嘉明回忆说：“张维迎提交的是价格改革的文章，一开始没有被选上，后来又被选上了。郭凡生因为反梯度理论，脱颖而出。”许多人误认为，莫干山是北大经济学家张维迎发迹的起点。事实上，如今被称作管理学界教父的郭凡生，才是莫干山上最耀眼的新星，一路过关，所向披靡。

在朱嘉明和后来多数的会议的亲历者们看来，“价格改革和双轨制”之所以今天被提出，纯属量多取胜。1984 年，中国的经济学界还不知道计量经济学为何物，参会者绝大多数是身在基层的业余经济学爱好者。数学功底和理论功底的双重约束导致一个直接的后果，像“价格”这样简单的理论概念，最适合这部分研究者发挥想象力和创造力。

天津《开发报》一个女记者哭求上山，周其仁说：你又不是发起单位的，又没有论文被选上，凭什么让你上。另一个版本却是一位民族学院的女士，在山下哭了好长时间，非要上来。她说：“我也是搞改革的啊！”挨不过她的执拗，结果她留了下来。

这场本该决定城市经济体制改革重要课题的会议，随着参会者中价格派的增加，很快就变成了“价格改革”会议。社科院的专业理论经济学者利用世界最先进的苏联人康托罗维奇发明的线性规划技术，用计算机模拟的数字模型得出结果：在计划的条件下，有步骤、分阶段地实施价格，才能取得最优化的目标。后来，这种科学规划，主张调节的观点，被称作调节派。遗憾的是，价格派的成员在会议讨论中占据多数。这样，由于双方的观点矛盾，讨论交锋的热度迅速上升。

会议接近结束，莫干山会议只剩下是放开价格，还是调节价格的讨论。最后，无奈之下，起草会议纪要的负责人综合两派意见，提出了一种中间路线：大部分产品，执行官方确定的计划指导价格，待条件成熟后，逐步微调同市场价格接轨，小部分产品则完全放开。这种改革方式，也就是所谓双轨制制度。

会议纪要的撰稿人，顾准之子高粱说：“调节派也可以说是算账派……周小川、李剑阁、楼继伟等来自社科院工经所和清华大学的学者，也在做模型。以西北大学研究生张维迎为代表主张，应该一步或分步放开价格控制，实行市场供求价格。”亲历者的证据，似乎更能说明真相。毕竟，作为亲历者的高粱，如今已经离开改革派的核心，在众多当年的莫干山会议参与者看来，他的立场更加中立。

可以肯定是，如今整理当时莫干山会议的文稿，的确可以看到 8 个以上的议题，价格改革只是其中的一个。价格改革的中心，又放在农产品之外的工业产品的价格调整上。而会议的报告，因为分类太多，只得分批将论文刊印于《经济日报》。会议本身的主旨和性质、内容，日渐模糊，此后风云转变，世事沧桑，于是再无人提起它。当初会议的召集者，原本为营造一种畅所欲言的气氛，甚至要求参会者不带讲稿。过度自由，最终的结果是，一个完整的会议综述也无法记录，只能草草了结。

即使是看起来最为严整的双轨制讨论体系，同样具有模糊不清的问题，像改革初年多数新生事物一样，游走于正式和非正式的灰色、过渡之间。

用今天习惯的经济学语言表述，双轨制实际并不神秘。调节派的观点无非是这样的：假设市场上存在一个均衡价格，计划者只要权衡供求提价或者降价，不断试验，一定能找到一个均衡价格。这就等于最终实现了市场的均衡，用计划实现了讨价还价的过程。价格派的观点则简单得多，现在的人应该不陌生，其实就是弗里德曼和名噪一时的萨克斯在俄罗斯的做法：休克疗法。一次性放开，放任自由的价格市场主导一切。当然，休克疗法在转轨国家，多数被证明有不小的副作用。

而双轨制，一直以来被说得十分神秘，实际不然。双轨制，其实既不承认均衡价格，也不承认计划价格的存在。它唯一承认的是，当时中国的生产资料的数量和质量是有限的，而多次转手、交易，也许才能让它自然地达到平衡。平衡之后，也许才有一个所谓的均衡价格。而要让掌握在中央手中的生产资料分散，绝不能依靠从来没有接受过这种产品的小市场、小商人，自然只有行政手段，在事实上说了算。

将生产资料或者生产要素商品化，这就是双轨制的本质。什么货币化，市场化，都是这一现象的代名词。计划多一点儿，还是市场多一点儿，都是手段，并非目的。只不过，这种不伦不类的做法在当时的经济学理论看起来，是个完完全全的怪胎，难以理解。很自然地，专业经济学者们回忆起来，除去用语言模糊，掩饰实践压倒理论的双轨制概念的悲剧性结果，他们再无别的解释可用。

严格意义上说，莫干山会议很大程度上是一次离题的会议，从城市体制改革变成了价格改革会议，原本是学术界的以文参会，后来变成了各行业经济工作者的改革讨论会，甚至还出现业余经济学者喧宾夺主的局面。这在世界上任何一次经济学术会议上，哪怕是当时的学术会议中，也是绝无仅有的。而双轨制本身并非什么理论成果，确切地说，是实践压倒理论，让经济学的理论看上去多少显得无用的一个理论成果。从这个意义上说，双轨制和价格改革在中国并不是什么理论的结果，恰恰相反，是一场靠行动、靠喊、靠挂牌辩论、靠比声音取得的奇怪成果。

·第二节·
1986，价格闯关失败了

人们都疯了，见东西就买，不管需要不需要，也不在意质量好坏，冰箱有冷气就要，电视机出图像就抱。

——王永治

1988年8月19日，中央人民广播电台播发“价格闯关”的消息。一夜之间，有人据说买下200千克的盐，500盒的火柴，连金条和首饰也不能幸免。银行挤兑，甚至因运输不畅，不能及时汇兑，民众愤怒地将柜台推翻……

大城市蔓延的疯狂抢购场面，让不少人心有余悸。在北大教书的王永治眼里，这是一场非理性的恐慌。事实上，对于工资比司机少的北大穷教授，抢购更是威胁他们生活的噩梦。好在1989年2月，王永治调到国家物价局，从旁观者变成了局内人。价格改革的动荡，随着时间的推移，也逐渐平息，而王永治则成为价格协会的会长。

根据北大教授张维迎的研究，如果以1977年物价水平为基数100，物价指数从1978年的100.7上升到1988年的118.5。1988年7月，物价甚至上涨了19.3%，为1953以来的最高纪录，也是到今天为止中国物价的最高涨幅。这种通胀的水平，超过了当时身处“滞胀旋涡”的美国的水平。有不怀好意的外国观察家甚至认为，中国经济距离崩溃只有一步之遥。

原本“价格闯关”的目的是缓和有序地推进价格的市场化，而通胀高企实际预示了闯关的失败。

作为中国价格改革史的关键一步，同时也是中国经济周期中的重要标志，价格闯关到底是怎么形成的呢？

事实上，对价格闯关的记忆人们并不深刻。这一场改革，从整体上说，还只是针对城市的，并没有波及广大的农村。价格闯关，与其说是闯关，倒不如说只是一次偶然的尝试。在经济学家们看来，1988 年的闯关失败也许根本就是一种无谓的尝试，激进的改革，正如当时某位领导人的认识一样：无论有没有通货膨胀，激进的价格闯关必然失败。

在北大的经济学课堂中，对于 1988 年的价格闯关，有着另外一种听上去怪异却可能最接近真实的观点：1986 年，价格闯关就已经失败了。

1984 年，莫干山会议后，根据测算，按照当时的价格水平，人们准备花 3 年时间，将物价上调 30%～50%。这个所谓的测算，是建立在这样一种假设上的：为了维持内外平衡，特别是汇率和生产价格增长的速率基本不变，在这个目标下，同样一种产品，提价 1 元钱，就可能带来出口产品的 1%的汇率优势，也就能创造更多的外汇。换言之，实际假设，所有的物价都是完全可控，而中国生产效率恒定，并且市场需求是无限的。更进一步地说，这等于完全不考虑中国市场的货币通胀。

事实上，这种观点的指导思想，来源于当时还未来到中国的弗里德曼的货币目标制度。根据弗里德曼在 20 世纪 70 年代的货币主义理论，一个国家的长期国民收入，是由该国的资本、劳动和技术存量决定的，货币只能短期影响国民收入，长期最多也只提高价格水平。这是一种“面纱论”。1986 年中国的价格改革一锤定音，人们根据这个当时市场经济国家最流行权威的理论认为，中国的物价改革，最多也只会带来价格水平的提高。对于人均货币名义财富，还不到拉美小国水平的中国，通胀被认为是多虑的。

也因此，货币发行始终按照一个固定的比率，在中国大行其道。银行的全部职能，在当时除了支持企业固定资产的贷款外，几乎也成为所谓增发货币的主要机构。由于此时中国尚未出现正式的金融市场，除去限价和补贴手段，再无其他市场。1986 年固定资产投资增发 477 亿元，货币增发 231 亿元，1987 年固定资产投资又增加 621 亿元，货币增发 236 亿元。几乎每年增加的货币，半数都用于固定资产投资。

也就是说，在金融市场基本缺乏的改革初年，中国货币主义者，在有限的补贴和数量手段下，完全用货币手段进行了一场价格改革。用更直白的话说，价格闯关其实等价于给每个人一定数量的货币，让每个人看上去完成市场化。

最初的一派经济学者们尚不识凯恩斯的财政政策和货币政策，流行的还是从前的人均持有货币供给决定需求的经验。按照这个经验，所谓货币的发行基本上考虑的是有多少人，每个人为了支付日常开销有多少纸币够用的问题。至于财政上的诸如国家购买、财政转移支付之类的内容，则完全被看成是一种临时的干预手段。因为，在当时的学术界，人们普遍还相信，财政政策只是一种单纯的西方“治标不治本”的胡乱经济方案。

到弗里德曼来北大的时候，有人更热心将马克思的货币发行规律和货币主义拉绳牵线，这就造成了更严重的混乱。

著名经济学家薛暮桥总结说：不阻止货币发行的不断扩张，只会使用命令限价的粗暴方式，最后只能对企业进行大量的财政补贴以弥补亏损。事实上，改革的执行初期，就已经埋下了失败的种子。这就好像“明知山有虎，偏向虎山行”一样，是一种违背常理的做法。而真正让价格闯关在实际中瓦解的，除去通胀，还有更加严重的问题，那就是制度因素。

“没有产权改革的支撑，依靠计划当局或者政府官员的臆断，依靠单纯的物价改革，无论如何也猜不出接近市场价格的上涨幅度，原因在于没有任何值得参考的可靠信息。”后来苏联和东欧国家的改革再次证明，在一个没有市场制度保障，甚至是思想准备的国家，推行单一的价格改革只能是失败的。

农村的土地承包改革和城市企业经营自主权的下放激发了中国人的创造力，但另一面是，同西方国家存在价格上涨的预期相反，改革初期，服从长达半个世纪之久的分配计划制度的中国，几乎只有价格稳定的预期。一旦打破这种预期，就必然带来前所未有的恐慌。人们的习惯总是有着很强的惯性，不可能一天之内在所有领域都习惯市场制度。新中国成立后，中国的城市一直人为地执行计划制度，基本上很少有市场的元素。自然，在开始执行市场制度后，人们的恐慌和猜测情绪自然也就带来严重的问题。

实际上，在价格改革中出现的恐慌，并非通常意义上的通货膨胀。这同20世纪40年代国民党政府统治末期的通胀完全不同，甚至和同时代乃至其后的国家的通胀也有本质差别。人们本身对于货币的信用依旧很有信心，事实上，以货币信用为基础的国库券在当时也是最紧俏的商品，其价格甚至超过物价涨幅的数倍。换言之，改革初年的物价改革，甚至价格制度本身也发生了根本性的变化。

尽管从价格改革开始，物价的上升趋势一度持续到90年代末，但随着价格改革的开始，人们逐渐发现价格制度并不像弗里德曼所说的那么神奇，这也让此后的改革更加注意以使用非货币手段来达到目的。从1998年开始，经济学家开始注意使用财政政策。从这个意义上说，1986年的物价改革很大程度上是市场化政策最重要的教训，起到了在关键时期抛砖引玉的作用。

物价闯关的失败，一方面说明行政命令代替市场机制是不可行的，另一方面说明改革更需要综合考虑，单一使用一种政策，不顾制度约束，也同样失败。

·第三节·

中国教授有粮票和美国穷人领食物券

粮票本来是一种无价证券，但在改革开放后的十多年中，却有“第二货币”之称，甚至在某些年份中比人民币还坚挺。用它可以在所有的农贸市场以及商业街、商业点“买”到主副食品、水果蔬菜、日用百货、服装鞋帽、花鸟虫鱼、各式家具等几乎所有商品，可以用来支付修理钟表、皮鞋、提包等的费用，甚至还可以用来雇短工，请保姆。总之，人类赋予货币的职能，大都在粮票身上得到了体现。

——张曙光

1989年西方经济学家观察团注意到，粮票是最广泛、价值最稳定的“中国第一票”。在当时北京某个大规模的粮票交易市场上，精明的粮票小贩算过一笔账：“眼下粮票平议差价每50克0.3元多，居民换东西时占去0.1元，我们卖出时要加‘风险费’。因为，粮票有时可能窝在手里出不去，有时被工商局查到要没收，0.1元换进要0.15元出手才划算。”

让观察团成员更惊讶的事情并不是这些，关键是参与这类名义上非法活动的，多半是教授，甚至尤其以北大等名校教授为多。教授们的生活水平，既不是工资决定，也不是名望决定，而是粮票的数量决定。北大中文系教授曹文轩回忆说：“乡亲、朋友以及同学，凑了粮票和钱来……当时是雨季，等那箱子到了北京，便裂了一个大缝，足以钻进一只耗子去。”曹文轩本是工农兵大学生，对他来说，上大学地位最高的待遇其实是，以后能够用每月配给的全国通用粮票接济家里。

一度在中国，人们宁愿要粮票也不愿用货币。在城市实行地方粮食统一配给制度，20世纪后半叶直到90年代，中国人食品的构成中，粮食（主食）多于副食、粗粮（玉米小米高粱米、灾害时期包括薯类）多于细粮（大米、面粉）、蔬菜类多于肉禽鱼蛋。多余的粮票，通常也充当硬通货，换取其他紧俏商品的专用配给票。

1986年，因涨价而收入下降的城镇居民户占1/5，因物价上涨而入不敷出的城镇居民占到15%左右，人们的实际生活受到很大的影响。至于正教授之类的高级知识分子，按照当时外媒们的报道：按照当时的汇率，那时偷渡到美国的非法华人移民一天的日薪就相当于北京市一级教授一月的工资有余。教授们唯一可以用来彰显身份的，正是粮票。正如一些作家所述，他们身上拥有几十斤全国通用粮票，可以利用地区差价，换取一些较为廉价的消费品，比如电视机、布匹、糖果等。

整个20世纪80年代，中国知识分子，几乎家家都曾用节余的粮票和工业券去换取过日用品。因为他们手里的人民币实在太少了。甚至在粮票废除5年后，1998年，中国教育的全部投入也只有109亿，只相当于哈佛大学一年的收入。正是在这种情况下，中国教授们的粮票成了当时西方知识界的怪谈。而从此后开始，大批留美北大学生开始在美国居留，获得绿卡并入籍。整个北大，也被讥讽为美国大学的预科。

在纷纷扰扰的票证时代，教授和粮票之间的瓜葛之深，是通常的经济学理论无法解释的。一本名为《知识分子和人民币时代》的书，大部分和人民币实际无关，倒是票证占据了 2/3 的篇幅。粮票，从清末到 20 世纪 90 年代末，整整一个世纪都和知识分子有着不解之缘，并且成为一个特殊的中国市场价格现象。

1901 年，在八国联军侵华后，清政府最后的大宗收入盐税抵押给列强。穷困之极的清廷滥发流通性不足的粮票，抵充政府人员薪资。学政下属的京师大学堂，财政拮据，一度以无人愿收的庚款粮票充数。在封建经济趋向解体的时代，清廷根本无力控制粮票的实体——粮食的供求，自然是发得越多，贬值得越快。

抗战时期，粮食成为交战双方的军用物资。当时西南联大的教授们的不少工资也是以特殊的粮票形式供应的。例如某粮票博物馆中收藏的最大面值的粮票，就是 1943 年国民政府安徽省财政局印发的。“43 万斤”粮票，大概也可说空前绝后。直到 1944 年，随着美军援助的面粉增加，每月上千斤小米的粮票才逐步消失。国民政府的粮票大多数情况下，也属于空头粮票。战时经济体制下，军粮运输也经常出问题，加之日寇封锁掠夺，粮票很少足值。

新中国成立后印制的大量粮票，据当时人回忆，主要是法币崩溃，投机商哄抬物价的结果。1949～1952 年，用粮食和粮票供给制度，人民政府迅速稳定了市场秩序。粮票大面积发行，成为一种硬通货，最兴盛的时期，正好是 20 世纪 80 年代。整个 80 年代印制的粮票，就超过先前所有半个世纪粮票的数量。

事实上，中国的粮票本身，和西方国家常年保留执行的食物券和救济券功能相当，只不过，由于时代所限，人们不能客观地将两者分类。直到最近，北大的不少教授仍然误解性地将粮票看成是计划经济的一部分。

在 2011 年 5 月份，美国申领食物券的人数创历史纪录。美国农业部的数据表明，当月，使用食物券的美国公民人数飙升至历史高位达4580万人，也就是说超过美国人口的10%的人使用食物券。食物券使用最为频繁的地区是加利福尼亚州、佛罗里达州、纽约州以及得克萨斯州这些富裕州，诸如肯德基、麦当劳这样的快餐店是食物券最主要的需求者。

根据凯恩斯以来修正的经济学理论，食物券或者说粮票，不管是中国还是美国的这类代价券，是被看成定额现金补贴的一类货币。换言之，将粮票看成是“无价证券”的说法是荒唐的。

更为一般地说，粮票和今天的食物券、购物券，本身并无任何差别。出现这种代币券，一般来说是货币流通的成本差异和商业制度导致，而与市场供求无关。

比如我们曾经大量发行的粮票，其实是改革前工商业制度、人民币的流通方式的镜像。改革前商业和工业生产往来，实行的是先计划，后分配的方式。在计划和分配之间，经常在时间和空间上有一个不小的时间差。当然，在市场经济条件下，这个时间差同样存在。

问题是，在最终消费环节零售上，市场可以通过价格信号，在不同的人们之间通过讨价还价，逐步缩小这个时间差。比如张三的粮票多了，可以大量购买粮食。但在计划下，这种信号是不存在的，即使粮票增多，按照定额分配的制度，他的粮票也是空头的死票，不能交换到粮食，最多只能通过换购其他票证，转而购买粮食。自然中间由于换购的麻烦，必然增加成本。

即使是所谓通用粮票，和所有的食物券一样，由于使用上的不灵活，其流通成本总是高于货币本身。通用粮票的购买力，并不比本地粮票高，在使用的方便性上还要低于货币。因为各地的产品都是计划执行，通用粮票的物质基础，仅仅是粮食计划中微不足道的机动部分。最后国家发行的通用票本身也成为粮票中的稀缺品，其价值甚至超过本身的购买力。另一面，这相当于地方粮票的贬值，往往促使地方为了平衡进一步加大本地粮票和粮食的流通性。这就造成地方票越来越多，越来越贬值，流通的次数越多，持有的成本也就越高，最终排斥所有的货币。这种情势越演越烈，到20世纪80年代，地方票的流通性超过货币，中央票的流动性超过地方票，终于形成印制得越快流通率越高的现象，最终制造出一个庞大的粮票时代。

同样，在今天大量发行永久食物券的美国，也伴随着同样的问题，食物券甚至变得徒有虚名。更多的固定食物券被储蓄卡替代，而有着更高的货币购买力者往往更喜欢使用这些食物券，因为在快餐店他们避免了找零的麻烦。

·第四节·

既是“倒儿爷”，又是“板儿爷”

我当时正好在街上，做的就是这样的技术活。我说，这样吧，你把两个软件都给我，我帮你看看。

……我拿到这两个软件以后，很幸运，花了不到两个星期，把问题解决了。解决的方法是，我把王选的系统改了，改完之后又把它移到四通的机器上，成功了……

——王志东

都说IT大王天生有着不一样的直爽，改革之初的市场阳光下，这种素描式的创业经历，也许是价格现象和规律的最好说明方式。

现在看，这一切水到渠成。将两种不兼容的系统，从北大光华转换合并到四通，然后奇迹发生了：中关村电子一条街上，平常习惯经过二手三手，甚至多手，越过重重关节，越洋倒腾电子产品的倒爷，拉着一辆破平板三轮，放着两种乃至三种互不兼容的电子产品的板爷，变成了企业家和商人；中关村这个被外界称为“造假一条街”的小街，也成为中国的硅谷。

严格意义上说，王志东最初做的“技术活”，本身毫无“技术”含量。从冷战开始起，苏联的技术员已经熟谙此道。和当时北大教授王选的激光照排技术原创一比，这一手连技术都很难说得上。可是，对于经济学者来说，这两者本身并无多少差异，最大的区别也只是，王志东的兼容，初次生产出的成品，让他每月赚几百元，而王选的照排则是几千元。

但从长期看，王志东的产品，价廉物美，本小利大，最后和王选专利所得相当。一个没有技术原创的人，可以取得和原创者相类似，甚至更多的收入，并非通过直接创造而来，而是价格机制发挥了作用。这就是所谓经济学意义上的创新，或者说市场的成功作用。

中关村的“倒爷”或者“板儿爷”，大部分今天头上都有企业家的帽子。不过，这终归是一种虚名。以北大经济学眼光看，倒爷和板儿爷的真实价值是这样的：在需求价格下卖东西，直到这个产品达到最低的市场价格。也就是说，板儿爷们和倒爷们越多，通常一款昂贵产品的价格就越可能接近它的真实价值。

当然，倒爷和板儿爷，还是有差别的。有关系或者门路的，掌握渠道，可以大规模买卖产品的，叫作倒爷。而没有关系和门路的，只能接受倒爷们加了部分利润后出价，运一辆平板车到街头，兜售自己的产品的被称作板儿爷。在改革初期，倒爷们北上莫斯科，南下深圳河，东出山海关，西至沙特阿拉伯，凡能够看到潜在商机的地方，他们都去。

王志东做生意的时候，那时候正是改革初年中国人睁眼看世界的时候，但是在国内也同时正是关系生意启蒙，大行其道的开始。有些人天生是官二代，或者有所谓海外关系，总是能够神出鬼没地拿到批文。这其中的门道，到今天都还是中国人口口相传的所谓“传奇”。有些成功人士成功后则立刻给自己洗白，把这段经历一笔带过，或者干脆抹去。

其实多数的倒儿爷和板儿爷是没有关系的“草根”，但能够回到“皇城根”的草根，也不是简单的草根。不少人相对于9亿人口的中国，已经是特殊人群。回城青年大多数面临失业的难题，而效益不太好的国有企业，也给某些想闯荡一番的青年人以别样的激励。

在西方经济学还没有大规模引入中国前，人们没法对这种动机进行描述。事实上，今天看来，这些人正是被市场无形之手牵动的第一批人。其中最有才能，最能够把理想变成现实的人们，就称为企业家了。企业家的利润来自辛苦费，跑关系，拉批文，晒太阳，卖吆喝。

倒爷和板儿爷们的辛苦费，其实就是他们口里常说的利润，或者说所谓“第一桶金”。倒爷和板儿爷本身，其实就是一次交易中最关键的双方。对于缺乏基本市场规则的时代，这两种角色，就是经济学中所谓的市场结构要素。

在市场经济中，倒爷和板儿爷本身也许是最活跃的部分。在不同的市场，有着形形色色的倒爷和板儿爷，例如在金融市场上，除去银行之外的各类金融中介机构，其实质不过是经过包装的高级倒爷和板儿爷。像高盛之类的大投行，本质上和华尔街的多数金融中介性质的公司一样，他们所做的其实就是倒腾和二手买卖。投行的最主要工作是接受银行或者券方的委托承销证券。在 20 世纪 70 年代高盛在期货业还未崛起时，典型的高盛柜台就是街边不起眼的小店。

在欧美经济学界，一般也将华尔街视作是掮客，也就是中国所谓的倒爷和板儿爷。只不过，倒爷们在中关村倒腾的是各种各样看得见的电子产品，而华尔街则是各种各样同质化的金融产品。随着金融业的发展，不少中关村的倒爷后来摇身一变，都成为华尔街在中国的高管和代理人。

当年在中关村做生意的柳传志也做过倒爷，而如今的联想乃至王志东曾经接受招安的方正，都变身资本大鳄。技术流变为各色资本运作，这是倒爷们的另一种归宿或者说蜕变。

其实，随着技术、制度的变迁，现代市场经济体系下，倒爷们的真实价值，还有其更加动态的一面。在各种各样的社会活动中，倒爷更多的是一种市场价格机制的新象征。

20 世纪改革初年小报记者经常报道：“在粮店门外、车站售票窗口、百货商场、剧院霓虹灯下，人们都可以看见粮票贩子的身影出没，听他们低声询问甚至粗声吆喝：收购粮票！本市粮票十斤两元钱！全国粮票十斤三元钱！换鸡蛋喽！十斤粮票换一斤新鲜鸡蛋！”就在这个到处是票贩子的时代，人们发现自己的物质生活日益丰富起来。再到后来，一天没有倒爷和小贩，中国人的生活就似乎无法维持下去。从这一刻开始，倒爷之类的商人和小贩，便同生产效率提高、财富增加完全地连接起来。大多数人确信市场价格机制改革，是中国人财富井喷的原动力。

倒爷和板儿爷的财富创造机制，并非是单个人的微薄利润构成的。大多数人都知道，倒爷们的财富，无非是从张三和李四的钱包里拿出部分弄到自己那里。这在教科书上是一个标准的结论。不过，经济学者所谓创造财富中的“创造”一词，和通常人们理解的并不完全一致。

在经济学上，财富的获得本来就有两种形式，第一种是直接生产，比如农民和工人付出劳动制造出来的新产品。第二种是交换所得，用货币换取产品，这样的财富也被认为是增加了财富。换言之，创造财富，在经济学中，本身就等价于增加财富的数量，至于财富的总量和源泉，和创造并无关系。

而倒爷们的机制就是，将他们的利润无限地不停地从一个地方，有序地流通到另一个地方。他们的范围越大，市场也就越大，价格的影响也越强，自然到最后创造的财富也就越多。在我们曾经的历史上，倒爷和板儿爷合二为一，提高效率，最终才创造了今日中国经济的繁荣。

·第五节·
科尔奈成为北大经济学家的导师

尤其是20世纪80年代中期读了科尔奈的《短缺经济》，使我坚定了改革是唯一出路的思想。

——梁小民

科尔奈是何许人也？

雅诺什·科尔奈，在北大乃至所有中国大学，俨然已经变成一个神话般存在的人物。按照许成钢的介绍：科尔奈听上去，就是战后计划经济荒漠中的“沙漠玫瑰”。

科尔奈，在很多方面都是个传奇人物。

首先，他的背景就让不少人感兴趣。科尔奈是纳粹时期侥幸没有受到排犹影响的犹太人，因为匈牙利是希特勒的盟友。自从东欧犹太后裔萨缪尔森获得诺贝尔经济学奖后，经济学界的主流权威大多数是犹太人。当同样是犹太人的美国经济学家阿罗将他介绍给哈佛学术圈时，学者们十分坦然地接受他的加入。更有意思的是，这个人居然没有受过任何西方正规的经济学教育。顺便指出，到目前为止，他大概都是世界范围内最受欢迎的犹太经济学家。

其次，科尔奈的理论成就，是西方世界“闻所未闻”的。计划经济，到底是怎样运行的，直到科尔奈的“短缺经济学”发表，才通过“预算软约束、资源约束、父子关系、投资饥渴症”等方式统一于新古典经济学。事实上，科尔奈成功地将“计划下的企业”用一般均衡理论重新解释。科尔奈的意思，用另一种更明白的说法是，计划经济只是市场经济一般均衡的一个特例而已。换言之，市场才是经济的常态，改革的最终目标就是资本主义的市场经济体系。科尔奈部分地继承了兰格的观点，计划并非没有价格，实际存在一种影子价格。

1981 年，科尔奈与康托罗维奇对社会主义体制的问题的性质发生争论时，吴敬琏教授是他的支持者。应该说，这其中有中苏意识形态的干扰因素。不过，就学术而言，科尔奈对一般均衡理论的批评，是他在学术上迈出的一大步。但是这种批评，并没有否定阿罗的理论，相反还让后者的理论听上去更加完美。

20 世纪末科尔奈在西方的流行，很大程度上是“计划经济理论短缺”的结果。对于资本主义自由经济的拥趸，科尔奈无疑提供了他们最想要的黑色案例。对于希望了解计划经济、进行各种制度改革的人，科尔奈的观点又是最值得一看的光辉经验。

最后，科尔奈走向了神坛，似乎是冥冥之中的注定。大部分的北大经济学者，比如毕业于北大，后来授教北大的梁小民，就从不掩饰科尔奈冲击。

1985年年初，国家体改委建议世界银行组织一次国际研讨会，科尔奈作为“社会主义中央计划体制问题专家”应邀出席，9月2～9日会议在名为“巴山”的长江游轮上召开。

在那个时代，科尔奈是一个神话一般的专家。“东欧专家们用现代经济分析的方法来剖析社会主义计划经济体制，使这个方法达到一个新高度的是匈牙利经济学家科尔奈。”“更重要的是，东欧改革经济学家向他们的中国同行论证了中央计划体制紊乱的内在根由是体制问题。”

在“巴山轮会议”上，科尔奈也介绍了关于行政协调机制和市场协调机制两种类型的经济协调机制，指出有效的改革应当把由宏观控制的市场协调作为目标模式。科尔奈无疑深深打动了与会的经济学家包括安志文、薛暮桥、马洪、刘国光、童大林、高尚全、吴敬琏、项怀诚、赵人伟、郭树清、楼继伟等人，此后，所谓市场经济体制改革终于以官方定调的方式展开。被认为是关键建议者的科尔奈，则从此成为中国政界和经济学界最受欢迎的权威人物。

1986年，科尔奈的著作第一次被翻译介绍到中国。作为第一个全面进行社会主义市场体制改革试验的国家，匈牙利的经验和学术尤其被看重。高鸿业教授的译作刚一出版，在北大校园乃至整个经济学界，都引发一股强烈的“科尔奈热”。不少人通宵达旦，将这本厚厚的书籍看完。各种各样的讨论小组，清一色谈论体制改革问题　　科尔奈的观点之一是，计划经济最大的问题是“体制”问题。

《短缺经济学》首印10万册后很快脱销，12年后的1998年仍然再版。检索20世纪80年代科研文章的关键词，科尔奈是出现频率最高的。科尔奈的10本专著中，居然有8本都在中国出版。这也创造了外国经济学家著作在华引进的一个高峰。

在北大的青年经济学者中流传着一种说法：马克思对传统的资本主义经济做了深入的解剖，科尔奈则对传统的社会主义经济做了深入的解剖。当然，拜科尔奈的体制论的观点，今天中国经济的所有问题到最后都被归咎于体制。看主流经济学者们的发言，如果不出现“体制”两个词，简直不可想象。这不能不说是科尔奈的重大成就之一。

当然，科尔奈的最大成功，也许根本不是以上的三点。科尔奈在中国受到追捧，有着更加深刻而复杂的原因。

华裔教授费景汉曾经半开玩笑，略带认真地说：科尔奈怎么能和马克思相比呢？最多和我费景汉差不多。客观地说，在大众之外，中国学术界之外，科尔奈当然很有名气，但是这种名气很大程度上是宣传的结果。

科尔奈的学术知名度较高，在哈佛有一个私交甚好的诺贝尔获得者圈，可这不代表他的真实学术地位。在哈佛，科尔奈只是美国政府怀着特殊目的捐助的一个讲座教授。尽管诺贝尔经济学获得者马斯金每年都推选他，问题是直到他退休，正式的更有分量的学术教授职位，哈佛也没有给他。这也是为何在中国，一般都模糊其词地称呼他“哈佛教授”，却很少有人说清他的具体教授名称的。

1989年，匈牙利国内风云突变，科尔奈的另一位匈牙利同事急于回国上位：“今天回国到广场上的人，未来都可以成为部长。”依照美国同行乃至美国政府的意愿，科尔奈本来也应该前往风暴中心的布达佩斯，声援广场事变。不过，科尔奈却留在了美国。自然，他从此之后的待遇永远也就不会再好了。至于他的讲座教授名称，却又很有意思，名为“同盟自由讲座教授”。这是一个战后美国政府专门收留社会主义流亡者或者少数族裔政治学者的联邦政府捐助教职。

在斯坦福大学做客座教授时期，科尔奈承认他的思想和观点深受两个人的影响：哈耶克和兰格。波兰的经济学家兰格相信，只要社会主义下，利用计划和最优运算的筹划，不断检测结果，最终可能得到一个市场上的均衡价格。这样就不需要哈耶克所说的自发市场机制。

据许成钢的观点，后来教授们课堂上最流行的说法是，科尔奈的社会主义体制论，相当于哈耶克的反极权主义思想和兰格的市场社会主义试错论的结合。诡异的是，让哈耶克灰头土脸，在经济界混不下去的正是兰格。将矛盾甚至对立的观点合二为一，基本上就是科尔奈的理论的大致结构。任何人大概阅读他的新书，都能察觉到这一点。

当科尔奈在“巴山”轮会议上侃侃而谈，那时他还谨小慎微地掩饰自己的政治倾向，后来在北大的演讲，则已经完全撕下意识形态的伪装，开始高谈快乐或者痛苦。科尔奈曾经说：中国现在的情况，物质上的福利能这样分配，与个人自由相关的快乐、因自由权利受限而产生的痛苦，都可以进行这样的分配。我无意提供一种能解决所有潜在分配问题的药方，我只是想提醒大家注意我们所面临的选择困境。

此后，苏东国家转轨经济中的艰难，显然让科尔奈的理论说服力光彩褪色。这可能也导致科尔奈更多地依靠意识形态、哈耶克的政治哲学给自身打气。毕竟，曾经的苏联社会主义模式解体，他本人并非是无关者，一些俄罗斯经济学家至今不肯原谅科尔奈的“背叛”。

对于曾经在市场和计划之间徘徊的北大第一代西方经济学者，这个看似矛盾的科尔奈正切合他们当时的处境。和科尔奈的矛盾身份和理论一样，他们更愿意自动地接受科尔奈的观点和思想，这就是所谓的物以类聚。如果要反思总结科尔奈热，这也许是今天我们唯一能够给予的答案。

·第六节·

是个东西就能卖，是个好东西就会抢着卖

我对居民楼一年到头总有人在搞装修深恶痛绝，对市政建设规划不精细、拉链路的频频出现无可奈何，对长官意志造成的马路人行道地砖的反复更换，路旁树木不断更新感到啼笑皆非。我对水资源的担心尤甚，曾经研究过节水马桶的设计和推广，曾因试验两次小便后冲水一次而受到家人批评。

——易纲

1994 年，在印第安纳大学执教数年的易纲回国。遵守北大经济系新锐精英林毅夫、海闻、张维迎之间的君子协定，易纲在新成立的中国经济研究中心担任副主任和博导。和善文雅的易纲，却意外“水土不服”。平

时在课堂上就乐于向学生表达个人学术观点的易纲，将归国后种种不适，最终都巧妙地诉诸笔端。

易纲的这些担忧，并非杞人忧天。1994 年，美国硅谷正沉浸在互联网泡沫破裂的创痛中；中国则刚刚实现了“软着陆”，价格回调，经济从高热开始退热。在整个宏观环境一片降温的气氛下，北大所在的中关村意外地热闹起来。任何一个经济学家，当出现反常现象时，都会下意识地感到不适。这就是所谓的经济直觉。

中关村商业街初步成型，科学家和工程师们雄心勃勃，急于用标志性的建筑展示建设中国硅谷的雄心。海归学生和教授，急于在世界电子产品展会上，挖到自己的第一桶金。而在人来人往的流动中看到谋利机会的北京人和北漂一族，也开始在自家狭小的居民楼改造上打主意。

中关村在易纲回国的前一年破土动工，此时还是一片试验田。上级的批示，只是一个大概的发展规划，详细的城建规划还无从谈起。怎么建，建什么，什么人来建，都是悬疑；管委会的计划指令，也随着建设的风向，时不时左右摇摆。所谓“上梁不正下梁歪”，马路也就成了易教授眼中的折腾路。重复建设和电子产品的集聚，吸引了更多人力和物力，搞装修，私人租赁静悄悄地蔓延到整个北大校园周围。

仅仅在 10 年前，北大的南墙还是一片荒芜。这种打破旧时记忆的乱象，到底是怎么形成的呢？易纲和他的同事们并非没有答案。正是因为知道这一切乱象的根源，他们的担忧在那个时代也就显得格外清醒、富有远见。

到底是什么让人们的心中产生不适症呢？一切还得换一种角度，从头说起。

1993 年 3 月 3 日的《参考消息》发布了一篇重大消息：“国际电脑公司进军中关村”。细一看，果然了得。中关村销售的电脑 98％是美国制造：Compaq、IBM、AST 和 HP。而据凌志军的数据，50％的显示器、80％的复印机、90％的软件、90％的软磁盘、100％的打印机、100％的传真机、100％的硬盘、100％的主机板，都由中关村销售批发。显然，这等于说，整个中国市场基本上都是美国计算机类产品的倾销灾区。当时，美国的大多数电脑巨头都做出了扩张数倍的市场预期。就像16世纪的哥伦布一样，中国市场黄金遍地。

想象10亿人民的庞大市场消费力，高科技巨头们对这块肥肉口水直流。这种贪婪的欲望，同样更快地刺激了日本人、新加坡人，甚至韩国人。外国商家们你拥我往，接踵而至，促销会、展览会、演示会、订货会、招标会眼花缭乱。

最先来中关村的外国人，用本国根本不敢用，甚至早已经过时的手段，招揽生意。日本人喜欢疯狂的广告，美国人则通常像买卖军火一样，给中关村的第一代人上着“资本主义的第一堂速成课”。当然，他们也许并不单纯是看准了中国计算机的市场，更多的也许有刺探和搞技术情报的目的。

然而，中国人的市场神经，或许从来都是发达的。没多久，像模像样的模仿便在中关村一条街展开了。

根据标准的西方经济学定义，所谓卖方市场，就是供给小于需求、商品价格有上涨趋势，卖方在交易上处于有利地位的市场。在这种市场上，即便质次价高的商品，也可以卖得出去。相对于市场上的需求来说，供给太少了。

造成这种卖方市场的，通常就是资源和生产供给约束因素。最简单的看法是，中国人生产不了，或者自己造出来太贵无法满足需要。哪怕是美国大众普及的个人计算机，国内中科院的实验室产品也与其技术水平有15年的代差。更严重的是，美国的计算机已经实现家庭终端和中心的联网分组应用，中国的计算机根本不具备家庭化的任何基础。

这种差距，如同冷兵器和热兵器之间的短兵相接一样。如果中国继续在计划市场下完全隔绝于世界市场，可能不会有短缺。问题是，改革选择了一条打开国门，走世界市场的道路，毫无疑问，短期内供给相对不足是个必然状态。

在利润的刺激下，中国的电脑厂商也开始“师夷长技以制夷”，模仿西方的手段，加强竞争，广告迅速膨胀，1993 年广告费占到公司利润的比例超过了 2%。广告费的增多，又带动了更多的项目支出。

《中国计算机报》把自己的版面从 32 块增加到了 64 块，结果其他媒体也开始登载电脑广告。广告效应的扩大，又刺激更多的厂商青睐广告，刊登广告的企业在门口排着队。

也就是说，在那个卖方市场的时代，几乎每增加微小的供给，只能带来需求和价格的进一步上涨，推动供求进一步不平衡的趋势。换言之，任何影响价格变动的微弱的供给因素，从广告费，甚至到最后，连市场上的谣言，也会进一步加剧这种局面。而卖方市场的结构，沿着价格线，从一个市场逐步传递到下一个市场。

全社会的价格关注都转移到中关村，自然各种资源也全部被吸纳到中关村本地来。货币像流水一样，从一个地方流进中关村。唯一不变的是，中关村的资源存量，几乎还是没有多大变化。这就造成了一种倒逼的机制。中关村越热，北京市其他地方越冷，甚至越发资源缺乏。

也就是从 1993 年的那张报纸开始，中国发生的一切都变得让所有人不适应。要知道，卖方市场上终究是买方不利的一种情形。和大多数人简单的想象不同，这种不利最终也会闯到市场之外的地方来。而这正是西方给北大和所有中国人上的最重要的一课。

·第七节·

北大经济学看海龟潮：你还没回国呀

我向来抱着一种宏愿，要把中国社会的各方面全调查一番，这个调查除了在学术上的趣味以外，还有实际功用。一则可以知道我国社会的好处，例如家庭生活种种事情，婚丧祭祀种种制度，凡是使人民全体生活良善之点，皆应保存；一则可以寻出吾国社会上种种，凡是使人民不得其所，或阻害人民发达之点，当讲求改良的方法。

——陶孟和

和蔡元培时代的多数大师一样，陶孟和也是留学生，而且他两次留学，一次到日本，一次到英国。在兼容并包的时代，陶孟和以善于识人著称，初到英伦，便发现丁西林、李四光和胡适之三人。胡适来北大，写推荐信给蔡元培校长的正是陶孟和。

陶知人善任，在教学之外，竭力襄助北大事务，后来一度为北大教务长。大约从陶孟和开始，民国时代经济学者的回国潮，一发不可收拾。

在20世纪的中国，留学生中大概分为两类派系，一如今日：一类是甲午之后，受日本刺激选择留学东京大学的日本留学生，简称留日派；另一类，则是庚子赔款留学生，大部分选择欧洲和美国大学深造，又称欧美派。到20世纪20年代，留学生出身的教授和讲师，已经占据北大的半壁江山。两派互相抵牾，但在一点上是相同的：在当时的留学生之间，抢着回国十分时髦。胡适还没有获得博士文凭，刚接到推荐信就直接赶回国。刘半农教授更绝，直谱《教我如何不想她》，以解乡愁家国之恋，稀释忧思难忘之情。

以今日之眼光，当年留学归国潮，大概是中国历史上最早的海归潮。民国新立，学有所成者，都希望回国一展才华，报效国家。这是经历了八国联军侵华，种种耻辱的一代学人的普遍愿望和看法。

在那个时代的人眼里，海归主要是因为，他们认为“中国社会需要全面调查、重新被认识，找到所谓改良的方法，最终有功用于国家”。

这种目标明确的看法，到新中国建立初期达到高峰。到1955年11月，由海外回国的留学生多达1536人，其中从美国回来的就有1041人。到20世纪50年代末，回国人数增至2500名。这相当于民国时期留学生人数的一半以上。1950年，数学大师华罗庚说：“我们都在有为之年，如果我们迟早要回去，何不早回去，把我们的精力都用之于有用之所呢？总之，为了抉择真理，我们应当回去，为了国家民族，我们应当回去，为了为人民服务，我们应当回去，就是为了个人出路也应当早日回去，建立我们的工作基础，为了我们伟大的祖国建设和发展而奋斗！”

麦卡锡主义下，一些美国参议员认为，海归们使美国的长期利益严重受损。为了遏制不可逆转的中国学生归国潮，美国不惜重金利诱，威胁著名的华人知识分子。这一趋势，直到改革开放后才得以改变。只不过，这一次，美国人根本不再担心中国海归的去向了。

美国未来学院院长杨·莫里森，曾经同北京大学副校长陈章良谈过人力资源培养问题。此时的北大，再没有了当年海归潮的底气，陈无奈指出：95％在欧美名牌大学攻读博士学位的北大毕业生，拿到学位后都留在了美国。

直到今天，中国报纸上头版头条的重大科技教育类新闻，不是别的，而是这样的格式：某某北大海归，放弃海外优厚的待遇，携某某技术或者专利回国，受到某某领导人隆重接见和某名校欢迎。字里行间，反衬出回国者的罕见。

从20世纪90年代中关村的第一批所谓海归起，中关村不少骤起骤衰的洋海归，假创业，一度让中关村面临生死考验。这也让中关村始终无法转型，同硅谷创新为主的导向大为不同。中关村一直都像是一个大一点儿的技术展览基地。原创性的技术，很少在这里能够占据主流。

在媒体上，人们仍然愿意相信留学生互相问对方“你还没有回国”成为主流，未来并没有那么黯淡。的确，真实的数字，似乎表面上也是支持这一点的。到2012年，中关村和附近的高校，已经接待5万名以上的海归。不少企业将招聘会直接开到西方大学，一部《舌尖上的中国》勾起了不少留学生回国发展的宏愿。

客观地说，以经济学的眼光看，高级知识分子们做海归还是拿绿卡，留学或移民，选择哪一种，终归是一次成本与收益的计算而已。

陶孟和曾主张，教育应该市场化，其实全因彼时教授薪水太低，1927年北平小学教员月薪是38元至50元，年薪大约是500元。当时北京教育界，老师少学生多，僧少粥多，而官方所给的名义薪水并不高。倘若教授到外地兼课或者写文章，则有外快入账。鲁迅曾花750元买下阜成门内西三条的一套四合院。蒋梦麟代理校长，胡适则话中带刺，大吐苦水：北京教育界是一个妓女，有钱就好说话，无钱免开尊口。

到了抗战后期，法币大量贬值，教授们的名义工资进一步下降。费正清后来评价西南联大的教师们说：在我看来，要是美国人也处于同等的待遇，知识分子们早就想法改善生活去了。

那么，如此之多的海归们归国，除去报国的热情外，有没有利益的考量呢？

答案是有的。从他们个人收益最大化的考虑上，这么做是成功的。首先，“五四”前夕，在欧美留学的中国学生多数学历是很低的，比如胡适就没有拿到博士学位。就算投身于学术研究，对他们也是极端不利，甚至一毕业就失业。在欧洲实行的是首席教授制度，这意味着，除非老前辈去世，根本没有他们的机会。以爱因斯坦的名气，都只得暂居专利局。更别说，在当时，民国国际地位甚低，种族主义氛围浓重的欧洲，更排斥一个中国人做教授的。

一旦回国，在国外被视为弱势的大师们地位逆转，身价倍增。在信息和知识见闻上，显然相对于封建的教书先生，更高明些。他们的知识，具有一种稀缺性，任何稀缺的东西，价格必然升高。民国初年，仅北京数年间就建立数十所大学，教师严重不足。自然，大师们也就不得不到处奔走，这就出现了大师喊穷的一种说法。一个人在不同的大学间奔走，已经成为常态现象。

1945 年 10 月，联大教授杨西孟和仉启元为了准备《中国战时的物价问题》到重庆，杨西孟说，今后物价要调整，应该照顾农民的利益。宋子文则曰：“要残忍！”连说 3 遍。二人当了 46 天顾问，回昆明联大。此事一时传为美谈，宋子文其实可能盘算的是，给教授们的工资足够农民十口之家，他们讲照顾农民，纯属虚伪的同情心！

当然，以民国时期的教授工资和普通人的生活、物价水平做比较，显然，教授的平均水平的确是普通人数倍，甚至数十倍。问题是，说到底，大师在一个文盲超过六成的国度，终归是少数中的极少数。也因此，他们的利益最大化，在一个缺乏竞争的市场上，更加容易获得最大化，甚至既可以有名，又可以有利。比如胡适，终其一生，都未尝窘困。

至于当代喊着回国的海归们，除去时间和时代的不同外，在这方面和他们的前辈并没有什么不同。大批曾经选择留学海外的北大毕业生，其实只是因为改革初年比出租车司机还低的工资。等到今天，中国经济增长率远远超过西方，大学里的待遇甚至超过美国学校。这种情况下，回国潮岂止是潮流，根本就是不可逆转的趋势。

再高的门庭，也要考虑生计。这是世界的公理，君不见美国那些本土的诺贝尔奖获得者不也喜欢来中国捞金走秀吗？更别说他们的学生了。

第四章

市场换技术有错吗

·第一节·

没别的本事，玩儿命满足消费者

你可以用比较低成本生产很多很多东西的时候，就会产生一个问题，当你生产效率提高，生产非常多的东西时候，消费者没有需求，或者买不起这些东西，或者不需要这些东西，这样一个状况持续了几十年。

后来什么样的现象或者什么样的技术，或者什么样的经济的变化改变了这一点呢？实际上是一种金融上的创新，以前我兜里有钱才能花钱，现在没钱我可以借钱，你可以搞住房贷款，你可以先消费慢慢挣钱再还，现在一下子把消费者的需求又带动出来了。

——李彦宏

这一段话，如果只看内容，不看说话者到底是谁，十有八九的人会误以为是某资深经济学者所说。实情却是，这是出身计算机信息管理专业的北大毕业生李彦宏所说。

金融危机后，世界市场低迷。作为中国搜索引擎的老大，百度一度顺风顺水。随着苹果崛起，互联网的变化趋势日趋明显。在断言移动互联网目前无法盈利之后，百度的掌门人，李彦宏看似不动心的表面下，实际另有主张。

“制造者驱动的经济持续了 50 年，消费者驱动的经济又持续了大概 50 年左右的时间，那下一个驱动是什么？其实很多人应该能够猜到了，人们认为下一个驱动就是互联网。”

李彦宏当然没有受过全部完整的北大经济学教育，但至少耳濡目染，公开课是听过的。他的观点，实际上，细细一看，并不新鲜。这其实就是绰号“冯五块”的华旗老总冯军的一个观点的加强版。

30 年前，打着“爱国者”大旗的冯五块，还是中关村一条街上头顶烈日，喊着“只赚您五块”的小倒爷。那时候，冯军资本不多，也不攀高枝，更不打算做什么技术创新，他做得很简单：“没别的本事，玩儿命满足消费者。”

冯军没钱，能卖的东西，其实不多。买冯军东西的人其实和他差不多同样没钱。冯军看好的生意，其实很简单，就是那种最廉价的硬盘。那时中国有电脑的人不多，但是在单位工作需要储存个材料的人不少。只要耐用皮实，价格足够低，自然会获得青睐。冯军“只赚您五块”的吆喝，的确每次只赚五块，但是买的人多，资金流动得更快。一来二去，财大气粗的倒爷们没混下去，陆续离开了中关村。如今，唯一还在硬件领域拼搏的中关村第一代人，只剩下冯军。后来，冯军还把手延伸到各种数码产品上。

计算机普及在 30 年前的中国，刚刚推上国家日程表。市场的潜在空间是诱人的，10 亿人民的基数，是任何经济学者都不敢小视的。问题是技术的约束也十分明显：就算美国康柏可以 3 年内给每个中国人生产一部电脑，问题是，以下几道关，就让美国人望而却步。

第一关是，什么人买？康柏公司眼前一抹黑，因为中国市场上关于零售和消费的数据、销售方式等关键要素的信息为零。第二关，多少钱能卖，康柏代表处的人面对这一问题，差不多完全绝望。中国官方统计局的数字说，中国一线城市人均平均年工资 4000 元不到，买不下康柏电脑的一个处理器。第三关，怎么发货拿到钱。中国此时不少地方还在票证的尾巴上挂着，拿不到现金，对于美国人而言，和自杀差不多。

简而言之，在美国人那里，美国有的是技术和产量，中国却没有真实的市场。这个难题，在萨缪尔森那本经济学的教科书，统称为生产约束。

这和冯军这样的倒爷的特点，正好对应，中关村没有资本，没有技术产量，唯独知道卖给谁，开什么价钱。他们的困难是另一类问题，也就是所谓的生产函数问题，也就是有限的资本，可能的最大收益和生产方式。

在经济学的规律中，资源约束对应的一面常常是所谓的生产函数。一个人创业，经常面对复杂的问题，但只要能取得利润，只不过是在两个要素前面腾挪。冯军的短处是资本，可是长处也明显，他吃得了苦，人力占优。这相当于我们在教科书里看见的那个短期生产函数。至于冯先生玩儿命满足消费者，与其说是优秀品质，倒不如说是一种迫不得已的生产手段。

经验证明，大多数厂商，当他们资本匮乏之时，在劳动力上的高投入是一件不可避免的事情。那么李彦宏显然已经走出个人创业的低谷，身为互联网首富，可谓财大气粗。资本已经足够丰裕，他现在是不是脱离了玩命满足消费者的队列呢？

李先生自己承认说："前几年大家说用户制造内容，它即是内容的生产者，又是内容的消费者，现在也是同样，而其实搜索也是同样的，很多人不觉得搜索也是这样子，但其实你以为你在找东西，你就把自己的兴趣贡献出来了，你输入了你的关键字，你告诉了搜索引擎你喜欢什么。现在，这些数据变得非常非常宝贵。"互联网时代数字物品的属性，早已分不清哪一个是属于消费或者生产，这种情况下，增加资本或是人力的数量的选择开始变得模糊，除去让它累积数量，别无他法。

百度从未放弃人力资源的高投入，甚至更进一步，让所有的人变成潜在可能的消费者。这是更高意义上满足消费者和生产者自己。冯军时代，还需要满大街地吆喝，拼命招揽，或许才能获得成功。李彦宏的搜索引擎则更加高明，不论你吆喝与否，你的数据都被忠实记录，然后这些反应都成为百度产品的一种。接下来，你不喜欢或者喜欢的数据制造出来的产品，就成为一个人消费的对象，周而复始，永不停止。以经济学的眼光看，你满足或者不满足，并不仅仅是情绪上的体验，而是生产函数调整的关键。

也正是从这个意义上说，网络时代的产品早已变成另一类玩命满足消费者的所有满意与不满的产品。由于产品和消费的模糊，甚至还出现了另一个更加怪异的事情，产品的规模，同时等于市场的规模。这个时候，技术公司博技术，其实是醉翁之意不在酒，他们真正想做的是拿这些所谓的技术偷偷地换取消费者的数量市场。百度最初的用户规模还不到谷歌的零头，而今天谷歌在中国基本上已经无足轻重，百度成了真正的霸主。

当中关村的时代，进入如今的网络时代，北大课堂里的学生们经常被各种各样的新概念迷惑。比如所谓大数据的概念。好像北大的经济学的课堂里没有这样一种东西，事实上，从人们引入信息经济学的第一天开始，教科书上都写到知识产品具有不可分割和累积的特性，所有的生产或者消费，都围绕这一特征开始。稍加变通，就能得到数据最终将无限扩大，更大范围影响世界的观点。

问题是，这和微观经济学课堂里，比如厉以宁教授所讲的生产论，有什么本质的差异吗？显而易见，没有。更进一步地说，过去是玩命地满足消费者，换取消费者的货币投票，今天还是相同，增加的产量计算单位可以变化，但是生产函数的方式并没有差别。你见过百度放弃成本收益核算的财务报表了吗？

·第二节·
通俗的产权理论，靓女必须先嫁

许多国有资产是冰棍，不用也会自然消失的，只有运作起来才会产生效益。管理层收购国企，实现了产权和管理权合一的效果。即使是“零价格”甚至负价格转让，也不一定吃亏，因为很多国企都有很多的负债和职工负担，这就好比你带着女儿改嫁和你单身一个人改嫁时的谈判能力肯定是不一样的。

——张维迎

这番惊世骇俗的通俗产权理论，被中国网民归纳为所谓“靓女先嫁论”。最先响应靓女先嫁的，正是该词的发源地广东，之后内陆不少地区实行国企改革，也以之为圭臬。后来厉以宁教授进一步归纳为“靓女先嫁，丑女也要嫁”。这大概是中国最为通俗化的北大经济学理论了。20世纪90年代，中国进行国有企业改革，这一套理论以鲜明的通俗化在奉行改革的厂长、经理和企业管理人、政府官员之间广为流传。

最先在广东开始“嫁”出去的企业，至今让人印象深刻。顺德的背景不简单，从来都是中国经济的大户。清末，“十三行”的巨富就为英美商人艳羡。根据1921年民国农工商部的统计，在广东的136家现代工厂中，顺德一县就占了86家（全部是机器缫丝厂），在其中工作的工人有几万人。而广东拥有的蒸汽和电力工厂又占全国的1/3。

改革初年，面向港澳，顺德乃至广东的乡镇企业都再度崛起。1978年8月，全国最早的“三来一补”企业，容奇大进制衣厂建成在顺德投产。“三来一补”指来料加工、来样加工、来件装配和补偿贸易。这是后来顺德发家的最主要手段。而靠这种方式，顺德的一大批企业还引领一批广东先进企业。空调行业大名鼎鼎的华宝集团、格兰仕和美的跃上潮头，广东锻压机床厂名声在外。

到1998年，这些企业，不论效益好坏，以“抓大放小”的名义，开始各种各样的转制。所谓转制，其实在当时就是集体或者国家创办的企业，用谈判或者管理人收购的方式转让。相对于东北严重亏损的大型企业，当时不少顺德企业完全属于优质资产，1993年实现利润2200万元，仅上缴给当时的镇工交办的就有850万元。正是因为这种成功，广东人喊出所谓顺德模式，广东经验。也正是从那时候起，不知不觉间，一种好女先嫁，好企业首先改制的说法，开始在全国流传。最后也就有了北大的“靓女先嫁论”。

问题是，通俗归通俗，并不见得到处可用。改制成功不成功，最终以成败论英雄。实践证明，在“靓女先嫁论”无往不胜数年后，终于走到了尽头。同样在顺德，科龙电器改制最终折戟。同样更让人没想到的事情是，在金融危机后，原本被当作新娘的国有企业，卷土重来，开始在广东经济的转型中唱主角。到2011年，数百家制衣民营企业倒闭。一些曾经嫁出去的好姑娘却家道中落，不少改制后的明星企业如今陷入经营困难的状态。

与此同时，在北大的校园里，一场关于企业的效益和产权属性的讨论，开始兴起。从2008年起，质疑“靓女先嫁论”的声音，不断出现。北大某副教授更是抛出西方经济学理论批判文章，对于将私人产权和企业效益的理论挂钩的说法，条条批判。同年，获得诺贝尔经济学奖的美国经济学大师斯蒂格利茨，用数据质疑所谓“国企天生低效”的说法，而北大聘任的不少名校教授也背书反对管理人收购。于是，人们不禁要问，广东人到底说的对吗？靓女真的该先嫁？

要回答这个问题，还得从北大经济课上的一些基本观点出发。

首先，经济学家口中的效率和老百姓所说的效率，完全是两回事。经济学家的效率是指帕累托最优，也就是指资源分配的一种让各方满意，无法调整的一种稳定的状态。好不好，没法用数字表达，只能说一个比另一个好。而老百姓的效率，其实是投入产出最大化，完全能用数字客观对比。

以顺德的企业来说，明星级别的企业素来不少。类似最早的加工业企业，大多数出于顺德。他们的分配方式，起初也是乡镇集体分配。1975年顺德县二轻电线厂和北滘电器塑料厂（裕华风扇厂的前身）试制台式金属电风扇成功，是顺德小家电业的起步。生产电风扇的美的1981年才开始出头。

东菱凯琴集团的前身于1988年成立，产品95%以上出口到欧洲、澳洲、美国等发达国家，每年有超过4000万消费者成为东菱用户。东菱凯琴的产品在国内市场没有什么名气，先做国际市场，再做国内市场。这个集团之所以如此选择，很大部分原因是他们的出身。

其次，产权的属性和效率到底什么关系，需要数据证明。尽管张维迎断言运作才有效益，可是并不是所有的经济学家都买账。因为这句话，明显漏掉了运作亏损怎么办的情况。根据斯蒂格利茨的观察和统计，要全面地看，这种数据的基本经验观察时间，最少也需要30年。问题是30年里，世界其他国家的观察，根本不支持产权和效率的任何相关关系。

斯蒂格利茨说：“在私有化之前，中国先建立广泛的激励结构并进行

市场改革。同时，中国也清楚地认识到，从长期看，如果要维持投资，产权问题就必须提出来。于是就开始了企业股份合作化的进程。在股份合作制企业中，股份首先由本单位员工分享。一旦现在的这种所有权结构得到明确执行之后，进入‘完全的资本主义’就将是一件较为容易的事。”问题是，他自己最后却说，要知道，这和资本主义的效率之间没有任何关系。“需要做的一切，就是正确地分配产权，这样，效率就有了保证。至于产权如何分配则无关紧要……这种神话是一种危险的神话，因为它已经误导许多处于过渡中的国家把注意力集中在产权问题上，即集中在私有化问题上”。

事实上，粗略计算一下时间，在北大的某些教授为靓女先嫁论站台后数年，靓女们的生活都开始不如意起来，而金融危机更是将这种困境加倍放大。金融危机后，不单单是顺德的不少企业面临严重的经营困难，原来人们认为成功有效的温州和苏南企业，也开始变成了典型的失败企业。

斯蒂格利茨写道：“在经济学中，大概还没有一种神话像产权神话那样影响人们的观点和行动”。但现在的问题是，那些曾经大量卖掉的企业，现在正处在前所未有的困难中。

当然，自金融危机后，斯蒂格利茨的观点逐渐得到北大绝大多数经济学者的认同。也因此，我们可以放心大胆地质疑“靓女先嫁论”，看来广东人说的也未必对。

·第三节·

郑也夫为什么不是后现代贵族

我以为后现代“贵族”，无须出身于豪门家族，任何一个普通的平民百姓均可以成长为后现代“贵族”，只需具备如下的两个条件即可：解决了温饱问题（因而不必考虑钱的问题）；有闲暇时间，可以自由自在享受生活的快乐，精神的升华，而不是堕落。

——郑也夫

如今北大不少大众方面的名气，源于郑也夫教授这样的“知识分子问题”专家。但是，像郑也夫这样从经济角度，市场转换看问题的并不多。他在中华女子学院发表自己对于后现代和贵族的观点，也着实让人大跌眼镜。

郑教授提出后现代贵族的两大条件，其中第一条件，明显是经济基础问题，简单地说，是要有钱。第二个是有精神追求，简单地说就是得有文化。这个后现代贵族的概念，是郑教授的独创，从郑教授的学术看，这观点应该源于他的贵族观。

郑教授本身是“中华人民共和国成立，则贵族灭亡”观点的坚定支持者。显然，以此标准衡量，从前的北大当然是贵族。清末虽然是帝国末世，却总算还有个“贵”字尚存。民国文人没了皇帝，能交得起京师大学堂学费的也非官即绅。当代北大，无父无君（老舍语），显然谈不上贵族。问题是，郑教授认为，北大的知识分子，毕竟不同于平头百姓。作为精英，需要标志出天然差异。郑教授的意思很明显，我们是当代贵族，即后现代贵族。

后现代贵族的概念，北大教授们也并不真的欢迎。甚至，郑也夫教授本人，压根不是什么后现代贵族。更有意思的是，在经济系里，写文章驳斥后现代贵族概念的人，也更加多。

首先，什么叫后现代主义。这种说法，即使在北大经济学内部，看起来也像异端。主流的西方经济学，是没有什么古代、现代、后现代的奇怪提法的。问一个经济系的学生，什么叫后现代主义，十有八九会将他吓得不轻。有些经济学者连历史和时间的存在价值都表达怀疑，认为唯独数学才是精确的工具。后现代主义肯定没法和数学化打交道，自然也进不了法眼。

郑也夫教授爱用经济学的概念表达自己关于后现代社会的观点，“消费社会”是学术著作中一个常见的词语。何谓消费社会？郑也夫教授认为：消费社会就是消费成为人们日常生活中最主要活动的社会。

消费社会，其实在经济学里，又叫丰裕社会。按照加尔布雷斯的观点，美国在1960年电视机的普及率就达到90%，像洗衣机、冰箱等产品也处于同等的拥有水平上。而在金融危机后，光是处理各种各样的杂物和废旧用品，一个二手货处理中心就说这至少需要3年的时间。消费达到空前惊人的地步，这就是丰裕社会或者消费社会的典型特点。

加尔布雷斯说："我们担心什么？我们担心我们的学校，我们担心我们的公共休闲设施，我们担心我们的法律秩序和公共住房，所有这些显示我们的生活质量的因素都处于公共部门的范围内。我们不担心汽车的供应，我们不担心食品的供应，私营部门生产的东西供应充足，而依靠公共部门做的事情却存在广泛的问题。如同我在《丰裕社会》中讲到的，我们生活在一个肮脏的街道和干净的住宅并存、破烂的学校和昂贵的电视同在的世界中。"

可是这些话，讲来讲去和支配没什么关系。支配怎么表达，经济学不知道，数学不清楚。于是，到经济系的先生们那里，他们对于后现代主义这个词直摇头。大部分人听完后，感觉郑教授想说的大概就是市场经济的财富概念。问题是，财富还用得着解释吗？

再看所谓贵族的概念，郑教授对于北大经济系学生们的不开窍自然是很失望的，于是他进一步纠正观点说：后现代"贵族"，与奢华的物质享乐无缘，而是取决于健全而浪漫的心态，取决于对生活超前的想象力和艺术的敏感性！后现代"贵族"，贵在精神，而不在财富！

这下学生们是听明白了，郑教授的意思是，每个人必须在24小时内具有闲暇和娱乐时间，并且能为这种闲暇和娱乐心甘情愿地付出代价。

中华女子学院的美女们听起来更加直观：我很得意……衣服价廉物美（因为是在批发市场买的）……化妆品更是物美价廉（因为是在超市里买的5元钱的儿童润肤霜和普通的口红）……在闲暇时间里我把生活安排得丰富多彩，健康快乐。比如读书，跳舞（跟舞蹈老师学习舞蹈5年了，很过瘾），看电影，听学术讲座（真的很精彩），上网浏览文章，交友等，偶尔涂抹几句，真是不亦乐乎……这不是传说中的小资生活或者中产阶级的标准嘛。

标准不标准，对于经济学来说，空口无凭。衣服、化妆品之类的，在经济学里，属于消费，压根和个人的时间分配没关系。真正和时间分配取舍有关的是，郑教授每天工作的时间和读书跳舞之类时间的不同分配。

郑教授从前连温饱都有困难，从进入大学后，郑教授才有了粮票和工作，有了时间，才可以牺牲一点儿时间，把自己变成一个后现代贵族。

在美国的历史上，比如郑教授留学的丹佛大学，就曾经有过不少制度学派的经济学家，他们就很清楚，做贵族是要付出代价的。落基山地区的西部荒野风景不错，可是除非能够猎到足够的猎物，否则贵族的风雅也会葬身熊口。所以，尽管曾经的制度经济学者康芒斯、凡勃伦对上流社会的富裕和闲暇娱乐生活表达不满，可是他们的工资基本上都是由他们所讥讽的有闲阶级提供的。

事实上，经济学研究表明，即使在中国，人们的闲暇或者说后现代生活的需求，也和郑教授的愿望不相干，而是服从收入和劳动市场的铁律。改革开放前，人们生活贫困，大多数人忙于基本生计，根本谈不上过什么贵族生活。奇怪的是，郑教授也把他们当成是后现代贵族的一部分。

改革初年，收入提高，只要多劳动，就能够获得更多的收入改善生活，结果人们花更多的时间在工作上。这时候，后现代贵族生活彻底被人群抛弃。而郑教授本来主张是新中国成立后就没有了贵族的。单单是音乐和娱乐的种类，其实就比民国时期多得多。

改革中期，人们的收入已经提高到一定程度，劳动力市场上不再需要拧紧发条，人们此时才想起了娱乐和闲暇。这时终于有人愿意过后现代贵族的生活了。可惜，郑教授指出，他们的财富归零，居然被排斥出后现代贵族的圈子里了。

于是，在所有的时代里，后现代都变成一个不识时务的概念，自然也不适合郑教授本人。事实上，脱离中国劳动力市场的真实，而去想当然地套后现代那些生搬硬套的概念，恐怕永远只能取得类似的结果。郑也夫教授还是不要做后现代贵族的好，那样比较符合现实。

·第四节·
从小业主到现代企业家

大多数民营企业家只经历了从小农意识到小业主意识的第一次飞跃，现在必须有第二次飞跃，即从小业主意识转变到现代企业家意识。

——厉以宁

作为全国市场经济和民营经济研究方面的权威，厉以宁教授的总结，对于时下中国的学术界和商界，对于中国经济和企业家的生态，评价入木三分。

首先，在厉以宁教授看来，过去的中国企业成功，很大程度上是经验和小业主经营的成功。北大教授项兵有一种更为激进的观点，在他看来，小业主是最适合中国国情的企业形式。小业主构成的夫妻店、家族企业，更符合中国外向型的市场经济。

纵观世界各国的企业和经济发展史，小业主是最原始但是生命力最顽强的企业形式。老牌资本主义国家，如意大利、西班牙和法国，家族企业至今占据主导地位。例如欧莱雅家族、菲亚特家族和贝卢斯科尼家族企业，都具有极强的国际竞争力。法国奢侈品集团路易·威登集团，更是将家族概念变成企业品牌的另一张身份证。

小企业成功总是和一定的文化环境和经济发展水平高度相关，企业制度的选择必须符合经济的发展水平。家族企业无疑不是世界上唯一的至高无上的好制度，但目前是发展中国家法律不够健全的转型时期最适合的制度。

在中国的创业史上，小企业成功就生动地说明了这一点。厉以宁教授总结说民工潮的不同折射了小企业的文化环境："20 世纪 80 年代中期，出来的都是壮汉，有力气的没文化的，他们出来抬石头，修桥，挑砖，他们出来的目标很简单，赚两个钱回家讨老婆去。1990 年以后珠江三角洲民营企业起来了，大量需要少女，所以第二个民工潮高峰就是少女出来，她们一出来眼光就高了，找对象要找城里人，至少要是和她一样是从农村出来的，有一点儿文化，有一点儿技术，有一点儿发展前途的，所以壮汉回去找不到老婆了。”

在一个剩余劳动力数量庞大的国家，其逻辑是夫妻店这样的小企业，通过较低的人力成本，才可能积累起资本。而这种资本的积累，又必须不断地降低工资才行，工资的降低又必须有更多的劳动力补充才能进行。而中国的经济和文化形态习惯，促成了这一点。

事实上，家族企业的最显著的特点之一，就是资本有限，但是人力资本管理和决策上的调整更快，能够以成本和价格优势，提升其竞争力。事实上，中国小企业的高效率，正是建立在这种国情的基础上的。所谓毛氏管理的流行，本质上是一种特殊劳动市场和企业制度结合的成果。

不过，在经历 30 年的高速发展之后，应当说小企业正面临着转型的困境。而这种困境，某种程度上，也是小业主经济的天然软肋。“经验可能是财富，也可能是包袱。一个搞得好好的企业，为什么突然垮掉？其中原因可能就是完全凭过去的经验，做出了失误的投资和经营决策。”

厉以宁教授在课上讲过一个意味深长的笑话：有一个人去宠物市场买鹦鹉，看到一个鹦鹉，问：多少钱！回答：2000 元钱！他说：“怎么那么贵呢？”答：“它会两种外语”。又问：“那只多少钱？”“4000 元钱！”他说：“难道它会 4 门外语吗？”回答：“不错！它能用 4 门外语说你好！谢谢！它都会！”又走到另一只鹦鹉面前，一打听，这只鹦鹉好几万元钱！他问：“它会那么多门外语呀？”回答：“它不会！”“那它为什么这么贵呢？”“因为那两只鹦鹉管它叫老板！”

小业主的高明在于善当老板，不见得自己去做很多具体业务。特别是，随着企业的规模扩大，涉及具体业务，会衍生得越来越远。这个时候，再坚持小业主的事事亲为，时间和精力、资金分配都捉襟见肘。当老板就要站得高看得远，这就要有现代企业家的意识。

其次，能人在创办企业当中是起作用的，但要成功转型为现代企业，必须做到产权清晰。

所谓产权清晰，必须明确管理和产权的划分，否则会阻碍企业进一步发展。历史上最典型的例子就是太平天国。太平天国从广西桂林金田村起义，打桂林，打长沙，打武汉，打南京，打下南京，半壁江山到手。但是到南京时，洪秀全排斥东王，后来又收拾北王，最后只剩下翼王石达开，带兵出走，全军覆没，剩下天王一人。中国的小企业多数有着某种说不清的封建家族管理的基因文化。

家族企业内部产权不清晰，企业越滚越大，财产纠纷就会越来越多；美国的八大家族财团的解体过程，除去垄断的恣意妄为，导致政府反垄断绞杀外，很大部分是家族内讧导致的。比如福特汽车，基本上和福特家族已经没有多少关系。而标准石油，则和洛克菲勒家族完全脱离关系。建立家族接班人的培养及磨炼机制，是使企业保持发展、持久不衰的重要方法。

厉以宁教授认为在市场准入方面仍遇到“玻璃门”现象：一些垄断行业由于利益关系，不愿意非公有制经济进入，总想拖延；国家面临一些产业的“产能过剩”问题，因此限制非公企业进入；国家还没有出台各行业进入的技术标准。但这些玻璃门存在，本身正是说明，小企业的确还不够大，没有真正建立起足够的技术和经济优势。这也导致一旦外部环境不利时他们会更加脆弱。事实上，单纯寄希望于获取垄断优势来挽救企业自身的现代性困境是不足取的。

北京大学国家发展研究院联合阿里巴巴在深圳发布《珠三角小企业经营与融资现状调研报告》。报告指，利润下滑已成为今年小企业最难迈过的一道坎，珠三角小企业多在吃老本。

小企业“吃老本”现象严重。2011 年年初 72.45％的小企业预计未来 6 个月没有利润或小幅亏损，3.29％的小企业预计未来 6 个月可能大幅亏损或歇业。

温州企业主不断跑路，有人士开始担忧，珠三角小企业主会否跑路。在浙江省内绍兴地区仅有 14％的企业处于半歇产或歇产状态，比例最低，宁波、温州、湖州、杭州的半歇产或歇产比例最高，为22%。更严重的是，多数的企业主不再从自身找原因，千方百计创造条件，而是寄希望于各种各样的国家银行贷款支持。无法获得贷款者，则开始向高利贷伸手，以至于越陷越深。

从长远来看，“国进民退”、“国退民进”都不对，应该是国有资本和民间资本平行发展的趋势。因此，非公有制经济人士要对自身的发展抱有信心。非公有制经济已成为国民经济中不可忽视的力量，70%的下岗职工是由非公有制经济吸收的。这时候，我们更需要企业主逐渐向现代企业家转换。这才是中国企业市场化的正确道路。

·第五节·
蛛网模型让定西农民过宋朝的生活吗

从费孝通主席1984年第一次踏上定西的土地开始，民盟中央就与定西结下了不解之缘。20年间，费老11次去甘肃调研，其中7次去定西做田野调查。他用社会学家的目光，集中全盟的智慧，为定西的发展出主意、想办法、做好事、做实事。

——李重庵

定西，在左宗棠眼中，乃是“陇中苦瘠甲于天下”。甚至在改革开放的数十年里，定西长期是国务院重点扶持的国家级扶贫重点地区。北大几代经济社会学者，为了让定西农民脱贫致富，付出了艰辛的努力。

在第一次考察之后，写有《江村经济》一书的费孝通先生建议，要改变发展思路，根据自然条件和经济规律决定如何利用土地，宜粮则粮，宜草则草，提出“打破经济结构，兴办乡镇工业”的观念和“小城镇，大战略”的原则和发展乡镇企业，建设小城镇的思想。

2008年7月，北大光华管理学院出版《从存活到可持续发展——定西模式研究》一书。此时的定西，则已成为可持续致富发展的典范，承载

2580吨马铃薯淀粉专列启动进津。马铃薯的深加工、精加工、产业化，使马铃薯的身价不断提升，定西农民在2005年人均从马铃薯产业中获得1050元的收入，抢断了全国各大马铃薯系列产品的终端市场。这种走深加工之路，走品牌之路的“定西模式”，是中国市场经济改变区域贫困的一个非常好的样板。

在一个本来不大可能以农兴旺的贫瘠地方，发展起强大的农产品加工业，可以说是一个创举。可以说，这是在资源约束极强的地方，实现经济利益最大化的最典型案例。

定西在古代历史上，特别是宋代前，本是自然地理环境优越的地方。秦与西戎为了争夺这块肥沃的土地，多次战争。汉武帝时期，更是将定西发展成边关重镇，抵御羌人。在边关经济发达的宋代，定西是丝绸之路上的繁华都市。宋代的边关重镇定西城曾经富足一时。不过随着唐与吐蕃的多次战争，宋夏战争的毁灭性打击，宋代的凤城逐渐沦落、荒废，最终因为丝绸之路的中断而变得荒凉不堪。

也正因为如此，不少学者将宋朝的定西看作是陇西地区文明时代的高点。而明代以来的定西，则已经是残阳夕照下的落凤城，200年前的饥荒无意间使马铃薯成为定西的救命粮。在生态学家眼里，马铃薯是维持地区基本生存和苦难的象征。在200年前的饥荒中，爱尔兰的饥荒情形同样可能发生在定西。

事实上，马铃薯和所有的农业粮食作物一样，以一种特殊的经济规律预期滞后的方式让这个地区的经济长期陷入环境贫困的循环中。

这种逻辑通常是这样的：土地贫瘠，自然气候条件恶劣，种植马铃薯太少，则会导致饥荒和收入减少；一旦农民下一年准备种植更多的马铃薯，又会导致沙化严重，从而减少实际的产量，收入减少。即便风调雨顺，由于马铃薯丰收，市场上的马铃薯收购价格降低，收入同样减少。于是，农民被迫再次减少种植量。正如北大的环境学家们考察的结果：定西地区长期徘徊于自然生态约束之下的贫困自我循环之中。

如果不考虑农民的收入问题，就单独看定西农民的生产过程，经济学家很容易得出这是一个动态的蛛网模型。最极端的情况下，马铃薯价格的剧烈波动，可能导致农民破产或者大规模的饥荒事件。仅仅按照可考的文献推算，甘肃地区传统上的饥荒从宋代之后，从未断过。清中期王亶望虚报甘肃饥荒，上下通同作弊，数年后才被揭穿，成为清代历史上的大案。除去王本人的骗术之高外，很重要的一点是，甘肃地区的饥荒频仍造成诸多复杂问题。

经历了200年的风雨沧桑，定西的农业却突然出现了现代化的曙光。更让不少人惊异的是，同样的蛛网模型，现在却是定西农民赖以致富的好工具。

北大的学生调查组实地调研后发现，正是依靠全国范围内的蛛网模型，定西的农产品加工业才做得风生水起。

如果论马铃薯的生产的自然条件，定西的地理区位优势都不明显。整个甘肃地处内陆地区，交通不便。马铃薯多数情况下，需要在半干旱地区生产，问题是甘肃的实际旱地并不多，大多数是灌溉农业，不可能减少小麦来大规模种植马铃薯。这样大多数情况下，甘肃全省年总产不到1000万吨，60％的进入菜市场，10％左右的农户留作自己食用，仅剩30％左右的留给加工企业。

在市场经济条件下，大部分的马铃薯价格要取决于菜市场的供求，而甘肃的马铃薯菜市场物价波动，又和全国马铃薯的供求相关。这就在更大的程度上让薯贱伤农的事情成为事实。不过，定西模式的高明之处在于反预期而行。定西本身的特点是，本地居民的马铃薯种植经常和全国乃至全甘肃的市场预期是相反的。

比如当上一年甘肃全省马铃薯丰收，价格下降，人们都不愿种植马铃薯时，定西当地的加工厂则乘低价大量收购存储，扩张加工设备的产量，同时增加当年产量，务求产量最大化。等到马铃薯开始收获入市，由于市场总供给下降，马铃薯价格开始上升。减产的人无法避免收入下降，可是定西却有大量马铃薯可以入市。下一年等到别人开始增产，定西人却反其道而行，反而减少产量。定西农民都组成了马铃薯协会、花卉协会、养牛协会，因为单个农户和公司打交道，订单农业，公司是强者，单个农民是弱者，弱者斗不过强者，协会是农民的合作组织，生产是一家一户生产，协会指导农民怎么来学习新技术，并且它还有自己的车队，自己搞营销，产业链延长到农户这一步，这完全是一个新的情况。所以，今天的农村不是公司加农户，是公司加协会，协会是农民集体组成的，这样最终大获全胜。

依靠大规模马铃薯加工业，引进先进的设备，定西从无到有，脱贫致富，变成了今日著名的西部薯都，同时原来荒废的自然环境，也逐步得到恢复。未来一个山川秀美的凤城将重新回归。

当然，定西模式，终归有其局限性。倘若不是具有反预期和平抑风险的特征，定西地区也不会成为一个致富的典型。问题是，这种反预期的地区总是以全国市场相反的操作为背景的，长期看来并不能维持下去。这可能是定西面临的下一个严重问题。

第五章

自然垄断不自然

·第一节·

经济学家眼中的走私内幕

这么多年来，我对市场的理解和信仰越来越深，就像一个基督徒对上帝的信仰，从一个懵懂的状态，到理性上越来越相信。

——张维迎

不管经济学者们如何标榜市场信仰的神圣性，哪怕为此殉道，有件事情总是无法规避，那就是，任何经济学者中固执者都会确认，凡是市场的就是最好的。

问题是，这是真的吗？比如走私，大多数情况下是管制的结果，可是同样是受到经济学者指责的。这难道不是自相矛盾吗？

过去的30年里，西方的报纸一直指责中国改革过程中东南沿海地区的走私活动。大部分的西方观察家认为，中英街的劳力士表、廉价玩具的走私生意，本质上是一种原始资本积累过程。

中英街，其实只有205米长，极为狭窄。在改革初期，这里是全国唯一享受免税政策的购物中心。中英街曾经一度辉煌，1997年之前，这里的商店年缴税收超过一个亿，一年游人量达1500万以上，节假日人均游客超过 10 万人，从录像机、照相机、到金首饰、各式服装，甚至力士香皂，没有一样不是抢手货。这一带的村民是最早进入小康和中产阶层的。很多人不仅在香港置业，子女也在香港完成了学业。

地球上拥有中英街的游客数量和产值的地方并不少。不过，它们共同的特点是，有时可能要掺杂某些地下交易，形成经济学家们所说的隐形经济。

写了《地下黑经济》的李林·班·维克尔说：“隐形经济是所有法律、规章及条例所引起的各种各样的社会不安因素的检测器。换句话说，可以把隐形经济看作是健全的制度和法令的奇怪的胎儿。”

中英街 20 年前的走私，其实还只是隐形经济中最原始的一类。因为它从偷税漏税开始。走私行当，大概由来已久。从古希腊时代，海盗们就以干这种非法勾当获利。腓尼基人把这生意发扬光大，成为地中海上的强国。

走私行为，一般而言，经济学家认为是关税存在导致的。正常情况下，如果没有关税，显然会按照市场价格成交。但是关税存在的情况下，卖者的出价，必然要包含关税，由于价格升高，能够买得起正宗进口货的人是有限的，其他收入较低，有需求的人无法满足。此时假如规避关税，就可能获得关税成本大小的超额利润。因此，不少人不惜铤而走险，从事走私生意。

1997 年香港回归自由行开通，回归后的第二年，中英街的游客人数即跌到 800 万人次，到 2002 年就只有区区 128 万人次。至 2005 年，最后一家金融机构——工商银行也撤出中英街。其实，一旦关税取消，中英街进出口差价消失，其利润的吸引力就立刻下降。

也因为如此，在大多数经济学家眼里，走私和法律无关，倒是和价格差有关，和利润有关。和走私相关的一切人事习俗，也都被看成是经济活动的一类。

走私者当然需要避开海关执法人员的检查，必然有伪造证件和贿赂海关官员的行为和资金活动；走私者运输物品，无法获得政府和法律的保护，他们不得不用私人武装。这就造成了黑市军火生意的兴旺。非法交易的金额数量庞大，如果用于正常的投资，可能吸引银行金融的注意，因此，小额多次的现金交易受到垂青，各种各样的餐饮消费、夜总会赌博之类的活动就为洗钱提供绝佳的机会。

由于走私活动中的高额利润才衍生出一系列的地下经济活动，如非法制造证件、军火、色情业、赌博业、毒品行业等。从某种角度说，这几乎就是同一个逻辑下的完美产业链——走私洗钱一条龙的生意。

在历史上，资本主义的所有列强，都依靠这种走私洗钱一条龙的生意获取原始资本。例如，哥伦布、达伽马、麦哲伦的全球航行，完全是出于避开意大利商人和奥斯曼帝国的关税的冒险举动。

直到今天，驻守在阿富汗的美军仍进行走私毒品，然后返销地中海的意大利，经黑手党转移在西方市场获取利润，最后通过伊拉克的妓院合法洗钱的黑色经济活动。不过，在今天，由于政府的涉入，特别是美国军方各类大佬的加入，走私生意、反毒品战役已经具有超越经济学家原有认知的特点。

如今的走私，更大程度上是一种政府高度垄断的另类经济活动。事实上，不少国家和地区的政府，公开或秘密地利用走私活动，达到其政治和经济目的。例如，恐怖分子利用毒品作为经费，某些政府纵容走私毒品来实现某种外交目的。在美国和墨西哥政府之间，长期利用毒品问题调节双方的利益纠纷。

正像北大张维迎教授进一步解释的那样，这是斯蒂格勒发现的所谓管制俘获现象。管制得越多，往往也吸引那些最糟糕、最善于逢迎的骗子贿赂政府人员。政府人员为了获得租金，不惜勾结，抬高甚至进一步提高垄断租金。到最后，就形成了一种越反走私，走私越猖獗的现象。而且，鉴于美国市场管制经济学的经验，毒品的管制尤为明显，基本上成为几乎所有地下经济学的核心内容。

贩卖毒品是毒品犯罪中数量最多，涉及范围最广的一种犯罪，毒品的贩卖是毒品从制造到消费过程的主渠道和中心环节。世界毒品非法贸易的利润已超过石油利润，贩毒已成为全球性问题。目前，世界范围内的贩卖毒品的案件在全部毒品案件中所占比例极高，呈逐年上升趋势。

面对这样的情形，美国为了减轻自身的压力，对吸毒采取完全放任的态度，却要求墨西哥积极打击贩毒行为。在墨西哥政府几乎抱着与敌偕亡的态度拼命和毒枭作战时，美国人还很不仗义地对武器走私漠然置之，墨西哥政府迄今为止已经缴获了8.4万件武器，它们大多来自美国。最使墨西哥总统伤怀的是，墨西哥执法部门在前线流血拼命，美国加州却在立法准备让大麻销售合法化。要知道，大麻可是占了美墨毒品贸易约一半的份额。

美国的开门揖盗、两面三刀固然让墨西哥反毒战争显得十分悲情，但把困境完全归咎于外因也确实有很多解释不通的地方。究竟是什么让这个国家30%的领土掌握在犯罪分子手中？是什么让一个经济成功的政府在安全方面问题严重？扫毒活动已经进行了4年，但毒枭们前仆后继，在战火中建立了一支超过10万人的步兵，要不是因为毒枭武装把内讧当作与政府军作战同样重要的任务，其可动员作战人员数量已经超过了政府军(墨西哥三军共13万人，其中包含大量的后勤保障及文职人员)，所以，53%的民众相信毒枭会赢也就不足为奇了。

常识告诉我们，开放的市场经济对于法制的追求是毫无疑问的。现在，人们熟悉的常识被墨西哥残酷的现实颠覆，只有墨西哥自身的经济与社会现状才能对这种反常识的状况做出应有的解释。而这样的颠簸墨西哥也并不是独自承受的，解铃还须系铃人，美国加入毒品战争，期望会有个良好的结果。

·第二节·

中国为什么没有产生资本主义

由于没有发生西方的科学和工业革命，在西方科技日新月异之后的短短百年时间，曾经拥有辉煌成就的中国，国际经济和政治地位一落千丈，使中国和

西方国际地位的比较出现巨大的逆转。

——林毅夫

直到今天，东西方的经济学者都还在为同一个问题感到十分困惑：为什么18世纪中叶英国工业革命的主要条件，中国早在14世纪的明朝初年就已几乎全部具备，但工业革命竟没有在中国产生？为何孕育了资本主义萌芽的中国，却没有产生资本主义？

这个问题，从20世纪初开始被韦伯提出，后经科技史作家李约瑟宣传，以“李约瑟难题”而闻名于世。

要解释清中国没有资本主义的问题，必须还得按照学术章程，循规蹈矩，条分缕析，因果检验，方能以理服人。

事实上，学者们的解释也是五花八门。其中一种是所谓“高水平均衡陷阱”假说。这群人研究了明清以来中国地方志的人口经济情况，当然大部分的资料还是二手的，先从日本人或者传教士那里翻译后，再由费正清系的汉学家首肯后才获得的。他们通常会认为：中国技术创新的停滞缘自人地比例的失调，“人口的数量已经多到再也不需要任何节约人力的装置了”。

清代人口的较快增长和膨胀使得人均耕地下降，劳动力越来越便宜，对劳动替代型技术的需求随之减少。反观欧洲，因为“节约劳动的需求仍然十分强烈”，大量农业剩余可供积累。所以，中国根本不需要工业革命中的大规模技术创新，也就没有资本主义制度变革的需要。

问题是，这个假说，并不是没有破绽。劳动力相对便宜和人均剩余减少，是以技术不变或进步极端缓慢这个解释变量自身为前提的。问题是，14世纪后中国技术创新并未完全停滞，在14～20世纪初，仍有许多新发明出现。而且，直到20世纪，中国江南地区人力不足，相当严重地制约了地方经济的发展。说没有节约劳动需求的愿望，肯定不适合现实。

林毅夫教授的观点，则是目前被认为最接近完善的假说。他的假说，又被称作是技术发明制度改进的学说。

技术发明的机制其实是“试错和改错”。在18世纪中叶工业革命以前，技术发明主要源于工匠和农民生产中的无意识试错和改错。到了18世纪的工业革命以后，技术发明首先转为发明家有意识地“试错和改错”的实验。

从概率的意义上，一个国家的人口规模越大，各类发明者“试错和改错”的实践经验越多，技术发明和创新的速度越快，经济发展的水平也就越高（西蒙，1986）。中国的人口总量自古以来一直远高于欧洲，自然在经验发明时期长期是超越西方的。但随着技术水平的不断提高，空间越来越小，不可避免地终将趋于停滞。

唐朝早期的科举考试，分别针对不同才能的人才，考以不同的科目，但很快考试的范围就缩小到以“进士”科为主。宋以后则完全局限于四书五经范围之内，读书人无法顾及数学和其他有用的技艺的学习，也无暇进行其他知识的探索，中国明代科学家的人数因而少得可怜。到了清代，如果读书人从事技术工作，则会降低社会地位。甚至以不检点受到申斥。这种对于人才流动的近乎垄断的设计，完全阻碍了技术创新。

欧洲在前现代社会由于人口规模相对中国为小，但是在15、16世纪的科学革命后，实验方法被广泛运用（玛瑟斯，1972），“试错和改错”的次数不再局限于具体的生产实践，因而大大增加。

到了18世纪中叶英国的工业革命以后，技术发明的方式在西方逐渐转变为“为发明而发明”，使得技术发明在碰到瓶颈时可以利用科学来打破瓶颈。不过，18世纪中叶工业革命迎来一段时间的技术发明的速度加速以后也应该会像其他文明一样，技术发明和经济增长的速度渐趋停滞。所以，真正使得中国从长期领先迅速转变为近代的落后的最主要原因是科学革命。

北大中国经济研究中心近来引进自西方的典型制度经济学研究，已经改变了基本的逻辑选择方式。比如有些人已经开始把近代中国，看成是一个同等的欧洲。因为，不管从哪方面来看，相对于庞大的中国来说，任何一个小规模的欧洲国家都无法和中国等量齐观。

英国、法国和荷兰三国在17世纪已经称雄世界，就算加上西班牙和葡萄牙帝国，他们一年的粮食运输规模，还不到清朝江南省漕运粮食的总量一半。而铁产量，直到工业革命10年后，英国才大致赶上数个世纪前中国的水平。此时清王朝已经多次下令禁止采矿，唯一看上去三国占优的，只剩下军火。

也因此，后来心怀不满的一些历史学家相信，也许是武器生产技术的强大，彻底改变了中欧之间的力量对比。而在所有的生产中，唯独毛瑟枪的标准化制造，英国超过了中国。这似乎是另一个难以解释的现象。

说到底，一个国家的某种制度，特别是在技术市场上的制度设计出了问题，那么所谓落后才可能变成事实。从某种角度说，一个国家将人才垄断在某种不合理的地方，正是中国长期落后的根源。

·第三节·
林毅夫的易拉罐真的就没有成本吗

经济全球化的趋势，使许多经济学派的人士认为它是一把“双刃剑”。但从另一方面说，跨国企业进入中国与中国要求扩大开放的步调是一致的，两方实际上也可实现“双赢”的局面。

——林毅夫

2012年，据市场调研公司欧睿的数据，可口可乐的63.8%碳酸饮料产品占中国市场份额27%。可口可乐公司，对自身在中国市场如此受到欢迎，欢喜之情，溢于言表：“消费者对于可口可乐品牌的喜爱度一直在提高，并遥遥领先最大的竞争对手。”

当然，大部分中国人不知道两个事实，包括在中国经济研究中心，拜读并下载过《可口可乐罐装系统对中国经济的影响》的北大经济系学生们：第一，在美国本土市场上，可口可乐的份额只有40%，中国市场从2001年每年都是两位数以上的增长，罐装可口可乐是增长最快的市场；第二个事实是，《可口可乐罐装系统对中国经济的影响》这篇文章，是北大经济学教授林毅夫、平新乔、杨大勇在 2000 年 1 月合写的，在此之前和之后，林毅夫教授从来只研究宏观经济问题，很少或根本不参与企业的课题。

2001 年，这个奇怪的时间点在林毅夫教授“双赢”的高论发表后，就不断遭到同事和经济学界同仁的质疑。林毅夫的可口可乐罐真的对中国经济没有成本影响吗？

事实上，关于这件事的质疑，和通常看到的是差不多的。第一步，是关于研究的客观性问题。经济学家的客观性，还有另一种说法，那就是经济学家是否能够排除意识形态的干扰。所谓意识形态，经常是某种先天预设的立场，但这些立场经常是经济学家们隐晦的，不向外人披露的。其客观地评估意识形态影响的证据，通常是所谓企业课题费问题。

一般来说，学术者的研究当然是应该和资金的提供者的属性是分开的。不过，这只是一般标准。像经济学这类涉及人们的利益的研究，则是另一套标准。这是因为，经济学研究的对象，本身就是意识形态的一部分，学者的研究方法和对象，不可能不受到利益的干扰。

在西方经济学界，接受企业的讲座职位无可厚非。一旦接受他们资助的课题，则不然。因为企业资助的课题，本身就是企业经济活动的一部分，这种生意除去专门服务于企业的问题专家，很少有个人独立从事。因此，企业课题通常被看成是一种教授谋利活动，影响其公信力。

按照林毅夫的介绍，来自北京大学、清华大学和美国南卡罗来纳大学的经济学家，共同研究调查，完成了这份报告：可口可乐在中国每年使中央和地方税收部门直接或间接增加利税 16 亿元人民币，每年创造超过 41 万个就业机会，每年通过乘数效应使中国经济增加 300 亿元人民币的产值——而可口可乐对中国经济的间接影响还要远远大于其对中国经济的直接影响。

林毅夫的研究使用了国际公认的研究方法，是对中国经济中一个庞大企业集团的地方连接进行量化的首次尝试。问题是，这项调查的资金到底从何而来，林毅夫并未说明，人们只能通过北大中国研究中心的资金来源进行评估。这个中心的资金，很大程度上来源于国外企业和基金会的支持。而在该中心建立的早期的确有不明的资金，可能来源于可口可乐相关的企业。这对于这个研究的公信力是个不小的打击。

此外，林毅夫本身身兼国务院发展研究中心要职，其本人长期被传媒视为高层的智囊群成员。林毅夫曾主持进行了有关农村经济、金融、外贸、电信、国企改革及劳动力流动等课题的调查研究。

作为一个政府雇佣的雇员，参与企业的市场课题研究，这本身在西方是不容的行为。如果是公立大学的讲座教授，通常也被禁止参与非公立的企业的活动。在谈到外资进入中国时，林毅夫曾经说："中国'入世'以后，虽然外国公司会对国内企业形成冲击，但按照国际惯例在很多产业都会有一定时间的保护期，在此期间，中国企业所面临的压力并不是很大，反倒是这个时期过去后，真正的竞争才开始。"如果这句话源于一个私立大学的教授，比如林毅夫的合作者，那么受到质疑的声音会小得多。

其次，回到林毅夫的论文本身，这篇文章并不是没有漏洞。文章在结论部分说，"本文研究结果表明，可口可乐系统的直接经济影响约为 94 亿元人民币""为中国创造了总价值为 214 亿元的中间需求""可口可乐罐装生产所单独创造的就业机会约为 466078 个"。这个结论的推导过程，使用的是凯恩斯的乘数理论和里昂惕夫的生产核算方法。

程恩富教授指出：任何有健全智力的学者在考虑外资饮料产业对中国经济的影响时，不可能不考虑它对中国民族产业的"挤出"效应。可口可乐的罐装系统，其实并非一个企业的普通产品制造体系，远非一个易拉罐那么简单。事实上，为了标准化地采用可口可乐的易拉罐，任何引进这条生产线的地方，必须在罐装体系标准上制订新的标准。引进新的生产线，这就带来了一个新的问题。企业改变标准，需要付出成本，政府确认这一标准，同样需要成本。而为了形成产业化，这个罐装系统的最小保本点，要求地方政府必须补贴一定的资金。这其中，任何一个环节出现问题，实际的乘数都会小得多。

显然，使用林毅夫教授等人的调查，并不能准确地估计出这中间的损漏。换言之，林毅夫教授所做出的种种拉动效果，总是高估的，并不是他所谓的低估。要知道可口可乐的产值和其生产环节，从一开始就脱节于中国市场。

可口可乐的进入，使中国本土饮料企业纷纷倒闭，在这之中损失了多少的产值和利税，使多少中国工人下岗，在研究时必须考虑，不能简单得出增加就业和产值的结论。

最后，即便林毅夫的工具和结论推导无误，可以肯定的是，这么一篇指向太过明显的论文，到底多大程度是本国经济需要的，这是更加严重的问题。以学术研究的角度说，这样一篇实验性应用研究论文，其学术原理上的积极贡献是很低的。而应用研究论文，最大的特点在于其实践的有用性。问题是，很明显，可口可乐的垄断性有可能借助中国市场得到加强。加深其垄断性质的前提，也被林毅夫教授的研究有意无意地漏掉了。

林教授最后提到里昂惕夫的投入产出表的动态影响方法论。遗憾的是，连这个方法的创始人里昂惕夫也不知道怎么预测所谓间接影响。也就是说，里昂惕夫的方法只是一种事后的静态描述，根本不具备任何预测的可能性。奇怪的是，林毅夫教授的目的是，通过实证检验，以让更多的地方政府决策层接受这个可口可乐的罐装体系。

在进入中国市场的数年后，六成的市场已经被可口可乐攻占。由于垄断的扩大，可口可乐对于中国市场的福利影响，林毅夫教授几乎只字未提。这样的文章，在一个垄断现实明显的大企业面前，无疑更加缺乏说服力。最具讽刺意义的是，在林毅夫撰写该论文的时候，他刚好认为中国电信产业的垄断亟待破除。而原本一个在美国和教科书上都被确定为典型寡头垄断的企业——可口可乐的市场行为，却丝毫没有影响到林毅夫教授的判断。

·第四节·

中国电信产业分拆了，话费为什么没便宜下来

中国电信市场非常大，从长远看，双寡头的市场结构不足以形成有效竞

争，需要引入更多的竞争者。

——张维迎

数年后，某资深媒体人感慨良多：看看今天电信业的实际情况，我们不能不对张维迎等经济学家的政策影响力表示由衷的赞叹——中国电信的改革在很大程度上就是按照他们的思路进行的。

问题是，改革当然是按照教授们的思路进行的，可是电信行业真的就脱胎换骨了吗？

1998 年电信改革前，中国移动电话网开通以来，一直是双向收费，打出还是接听都付费。在网间付费方面，在互连互通的问题，话费相差更大。广州规定联通要向邮电支付全额话费和地方附加费，邮电呼入联通网的电话，邮电不付费；据统计，1996 年 9 月、10 月两个月，联通付邮电和邮电付联通的网间话费的比例为 98.1∶1.6。到 2012 年，长途电话费从美国打到中国只要 1 元，相反从中国打到美国一分钟就得 8 元了。

张教授主张电信移动分拆，规制所谓垄断，甚至在网络上撰文对中国电信行业的垄断行为进行了抨击："在中国，如果注册公司名称有'网'字，你就需要得到信息产业部门的批准——谁赋予了信息产业部垄断名字的权力？其合法性在哪里？没有人追问。"

但当时，从事电信行业的亚信，聘请张维迎教授作独立董事。尔后中国联通的骨干网络，全部由亚信承建，并且成为第一家成功在纳斯达克上市的中国高科技公司。自 1995 年承建中国第一个商业化互联网骨干网 ChinaNet 起，亚信先后承建了中国 6 大全国性 Internet 骨干网工程、全球最大的 VOIP 网、全球最大的宽带视频会议网以及中国第一个 3G 业务支撑系统等上千项大型网络工程和软件系统。

不过，就是人们真正关心的 2009 年除夕当天，中国移动短信业务量高达 46 亿条，彩信计费量 1.5 亿条；2010 年，仅北京移动的短信发送量就达到约 6.8 亿条；而 2011 年，上海移动的短信发送量更是超过 9 亿条，其中晚上 7 点到 8 点的最高峰值达每小时上亿条。中国移动也是世界上最

大最赚钱的电讯公司。

正是因为体量，才初步成就了中国几个巨无霸性质的电信公司。然而从 12.43 亿资本金壮大成为拥有两千多亿固定资产的世界级电信运营商，中国联通在某种程度上是中国电信业深化改革的一个真实写照。据工信部的数据，到 2013 年 1 月，中国电话用户总数已经超过了 14 亿大关。工信部还透露，其中移动电话用户为 112211.6 万户，占到了电话用户总数的 80.1%，宽带资费水平下降超 30%。

中国这个世界人口最多的发展中国家，拥有世界第一大移动运营商中国移动和第三大移动运营商中国联通，中国电信运营商的通信设备相比发达国家毫不逊色，甚至有过之而无不及。

就在这种成功面前，垄断和低质量的服务却成为中国电信的诅咒。话费贵，恶性竞争问题，不断出现。在大多数人记忆中，似乎几个电信资产达上千亿的国有大型控股企业的合合分分，远比互联互通、网间结算、《电信法》出台、普遍服务基金、资费监管等制度的完善要容易得多。

即便在地域上，比如在一河之隔的中国香港，据说中移动的套餐已经达到惊人的廉价的地步。每个月仅需 55 元人民币就能享受到 1700 分钟通话、10000 条短信以及无限的本地 3G 流量，这种套餐却在我国其他地区很少见到。这种听上去有点儿“价格歧视”的做法，尽管从垄断者的角度说合情合理，但仍然有竞争效率不高的嫌疑。

中国是一个电信大国，但如果一个电信企业职工砍了竞争对手电缆而无须为此负法律责任，那么在这种情况下，移动通信也就成为另一种形式的老虎公司，它们所做的就是靠垄断费用收取不合理的漫游费甚至各种名目的管理费用。自 2010 年 1 月 1 日以来，中国移动已先后 4 次推出国际漫游资费下调方案。美国《纽约时报》称，像中国这么低的漫游费，其他国家很难企及。尽管中国的国际漫游费用越降越低，但国内的漫游费是消费者的一块心病，对比来看，很多国家国内是没有漫游费一说的。

与电信改革相关的是中国互联网接入费用问题。从 1994 年第一轮电信改革开始，ISP（互联网服务提供商）经历了第一个黄金期，2002 年之后宽带市场基本只有中国电信和网通（联通）两家，少数民营宽带最后也仅能依托于广电、小网通勉强维持。截至 2010 年 6 月，在使用有线（固网）接入互联网的群体中，宽带普及率达到 98.1%。但 2010 年 8 月起，中国电信清理流量穿透业务，全面介入电信衍生接入服务。

北京大学信息管理系副主任教授、北京大学文化产业研究院研究员周庆山认为中国没有确立电信领域的法律，市场化程度还不够，价格和收费还是存在很多不合理的地方。

电信行业存在特殊性，不是靠单纯的《反垄断法》、《反不正当竞争法》或者一次罚款就能彻底解决的，需要市场秩序的完善。电信行业已经不仅仅涉及通信的问题，也涉及三网融合的推进问题，包括如何融合内容产业。例如微软是一个行业中的龙头企业，曾经也被诉垄断，但原因是微软捆绑销售，排挤其他企业，导致其他企业破产。所以行业想要健康发展，就需要良性的竞争机制。

和在手机费上的问题一样，高收费、低速度的问题同样尴尬地在中国宽带的接入上发生了。《财富》杂志援引网络流量公司阿卡玛的调查结果报道，韩国以 14Mbps 位居榜首，比全球平均网速 1.9Mbps 快了 7 倍多，其后是中国香港（9.2Mbps）、日本（8.5Mbps），美国以 5Mbps 的速度排名第 12。《第 27 次中国互联网络发展状况统计报告》，截至 2010 年 12 月底，中国平均互联网平均连接速度为 100.9KB/s，也就是 0.81Mbps，远低于全球平均连接速度 230.4KB/s（1.84Mbps）。

除去两家电信公司彼此阻碍对手入网，甚至在小区内开展争夺战外，他们共同的问题是，采用各种各样的低速服务。事实上，中国电信和联通的宽带技术早已经成熟，在实体网络的设备上远远超过日本和韩国、美国，但在网速上远远低于这些国家的正常水平。

电信业深化改革的成果体现在哪里？对于高速发展的中国电信市场来说，是侧重效率还是侧重公平，确实是一个难题，任何一场改革都不可能效率和公平并重。让电信如何真正惠及大众，才是改革的真正方向。

·第五节·

柯达死了，乐凯胶卷还活着

从研发设计与市场的紧密结合、生产制造的外包和高端化，到在商业领域的服务化转型，柯达在中国初步实现了价值链各个环节的转型并完成从传统光感价值链到数码印刷价值链的全面提升。

——柯达

2004年，北大经济法研究所所长盛杰民教授受商务部和国家工商总局重托，对于中国市场上的一些跨国大公司的市场集中程度进行一次大范围的调研。

他在对中国感光材料行业的调查中发现："跨国公司在中国的市场占有率高达80%以上，其中柯达公司超过50%，富士公司超过25%，其他如柯尼卡公司等占8%～9%。目前，国内企业生产感光材料（胶卷）的只有乐凯一家，市场份额15%左右。"尽管中国当时并未出台《反垄断法》，但即便按照柯达的母国美国的垄断的最低市场集中度标准，柯达也是最厉害的垄断者之一了。

柯达公司和富士胶卷的争夺战案例，也被写入北大经济、管理、经济法课程的案例库中。柯达在这些案例中基本上是以正面的领导者企业形象出现的。比如在一个常用的柯达富士案例中，教授们都会绘声绘色地讲述柯达公司的高明手段：

1997年，柯达宣布，未来5年内在中国投入15亿美元，在全球裁员一万，以降低成本；但在中国并不裁员，反而大规模增加投入，以达到最终挤垮乐凯、打败富士的目的。在1997年5月至10月半年之间，富士连续推出两代胶卷新产品，与柯达推出的金胶卷系列全面对抗。同时，针对柯达对专卖店的大规模投入，富士在1997年下半年推出新的影像服务专卖店形象，原来的专卖店全部进行新的装修，形象焕然一新。富士的销售渠道较长，市场后勤管理上稍逊于柯达，而柯达的则分开由3家相关行业的公司负责。推广数码产品和电脑光碟，柯达取得的成绩比富士好得多，特别是电脑光碟，柯达的销售量在广州已排在前几名，而富士的则比较少见。

柯达在同富士胶卷的竞争中，先是发动价格竞争，不惜以低于本国胶卷的倾销价格，同富士和乐凯竞争；尔后，通过广告、专营店销售、甚至资助不少经济学家间接干预政策的非价格手段，实现自身的战略。从1997年开始，柯达在中国市场份额不断上升，很大程度上抵消了柯达其他市场的损失。柯达公司在此后的十几年里，依然能够骄傲地拥有好莱坞电影奥斯卡典礼式的冠名权。

而详细的过程，其实也就是柯达在中国攻城略地，大肆扩张版图，收购中国本土胶卷工厂的过程。直到某一天，当最后一家中国胶卷厂乐凯公司大张旗鼓地反攻柯达质量至上的概念时，柯达的步伐才被迫停下。

1998年3月23日，柯达与汕头公元和厦门福达成立合资公司，柯达占有其中80%的股份；柯达与无锡阿尔梅成立合资公司，柯达占有70%的股份。之后上海感光、天津感光和辽源胶片相继被前两个柯达中国合资公司收购。在这三拳两脚的组合中，柯达不声不响将新中国成立后60年胶片的家底几乎全部纳入囊中。此时的乐凯集团，因部分业务属于军工材料，涉及国家安全拒绝柯达的所谓整合。而此时，中国胶卷生产的85%，已经完全属于柯达，市场销售超过一半属于柯达。

乐凯最终也败下阵来，2003年，柯达以4500万美元现金出资取得了乐凯20%的股权。这样理论上，人们只能得出一个结论：在胶卷大战中，柯达已经取得全胜，而乐凯看上去只能苟延残喘了。

世事难料，9年后，让所有人大跌眼镜的是，柯达破产了。世界上最古老的感光材料制造厂品牌，100多年的光荣历史即将“寿终正寝”。据《华尔街日报》报道，2013年1月依据美国《破产法》第11章柯达正式提出破产保护申请。

柯达董事会主席兼首席执行官（CEO）彭安东试图让柯达远离胶片，

“董事会和整个高级管理团队一致认为，这对柯达的将来而言，是必要且正确的一步。”他最大的计划是试图让柯达重组为一家相机等消费产品的厂商。

就在前一年，柯达公司不得不以低价将乐凯中国的股份转给中国一家民企。而曾经对抗柯达最为激烈的乐凯公司，在技术发展的今天，却在光学材料的制造上有了新的突破。

2005 年，乐凯进行了业务结构调整，投建第一条 TAC 光学薄膜生产线。2008 年，乐凯对不盈利的业务进行了取舍，砍掉了曾经尝试的数码相机等业务板块。

合肥乐凯科技产业有限公司总经理刘军英说：“还有很多发烧友爱玩胶片机，而且胶卷拍摄黑白照片的效果是无法取代的，所以我们还是保留了黑白胶卷生产线。”于是，这就出现了一个极有意思的结局，当著名的柯达公司买断了乐凯的彩色胶卷股份的时候，它也给自己留下了更大的麻烦。

乐凯集团副总经理王英茹说：“一个企业做战略调整是非常艰难的。我一直把乐凯进行的这种调整比作浴火重生。在乐凯过去几十年的发展历程中一直也在进行产品结构的调整，如从电影胶片转到民用胶片，从黑白胶片转到彩色胶片。现在数字化的发展是一场革命，我们在这个过程中也非常震惊和迷茫。”

2011 年，光学薄膜销售收入已占乐凯集团收入的 22%，利润占到 42%。随着平板市场日渐压缩数码相机的份额，光学薄膜日益成为中国制造的核心技术。这意味着，随着改制的成功，未来在平板市场上唯一的赢家可能只剩下乐凯。最关键的一点是，乐凯活了下来。

事实上，人们曾经以市场集中度来判定垄断的程度高低。显然，以销售额和市场占有率为指标计算的结果，柯达、富士乃至乐凯本身，都达到 10%以上的规模。经济学家们认为，由于集中度高，垄断企业生产产量并不在企业的边际成本上，因此常常陷于低效率和不正常的超额利润状态。

柯达公司的利润，的确在其本来早已陷入危机的 20 世纪 90 年代就已经凸显。问题是，在中国市场上的攻城略地，可能以虚浮的利润延缓危机的到来。在数码相机时代来临错误地失去机会的柯达，反复以自以为是的战略麻醉自己，最终换来了市场的惩罚。从某种程度上说，这似乎验证了一种保守的北大经济学的观点，西方的垄断定义并不完全适合中国市场。中国市场上的大量所谓垄断，并不能清楚地套用已有的理论。相反，真实的利润水平，战略和竞争力的高低，才是垄断判断的依据。

·第六节·
国企改革与企业家贡献

如果说国有资产受到严重侵害的话，我们看最严重的情况是什么？不是由于某个人把它偷走了，或者转让的时候价格被低估了，最大的问题是投资的时候就打水漂了。但没有人去关注这个问题。我们应该好好地调查，这几个五年计划期间，所有国家投资的项目效果如何。我所知的内部人跟我讲，至少60%、70%都是浪费性投资。国家投出去1万亿，真正创造效益的只有4000亿、3000亿，甚至更低。这是没有办法靠物权法解决的。

——张维迎

张维迎教授向来以言论大胆犀利闻名，2006年这种观点一度让他走上了风口浪尖。“理性反思改革”，成为全民街谈巷议，网络和报纸热度双重叠加的话题，可谓舆论盛景。

张教授反思的对象，并非只是企业家，而是国企改革。用张教授的话语说，是一种资源很少流动，处于垄断状态的国企。

按照张教授的看法，企业家最大的贡献是改变了中国，而企业家的最大手段就是在国企改革中盘活了所谓资源。

1984年，初出茅庐的张维迎曾经希望国家从“学而优则仕”转到“学而优则商”。至于如何刺激官员们下海，张维迎告诉北大的学子们，国企改革中的企业家利润是导致一切成功转变的关键。

按照张教授的微观经济的观察和杂糅了制度经济学的观点，当官员们进入市场后，大胆和敢于冒体制风险去赚钱是一种利润诱导。“中国的改革常常是走走停停，反反复复。”为此坐牢的企业家和成功者多得数不胜数，福布斯中国财富榜有一段时间也被调侃为“监狱首富榜”。像安徽的傻瓜瓜子，一开始就引起上下各界的过度反应。

“20世纪80年代企业家面临的主要是体制风险。别人不敢干，你敢干，你的收入就高。20世纪90年代成长的企业家开始要面对市场风险。因为这种风险，当时很多成功的企业现在已经死掉；很多当时叱咤风云的企业家，现在默默无闻，甚至连生活都成问题。高风险与不确定性是所有企业家的共同特征，现在成功的企业家也同样如此。”

事实上，这其中马胜利可能是个典型。1984年，马胜利承包石家庄造纸厂时，正赶上《中共中央关于经济体制改革的决定》出台，马胜利成了承包责任制改革的典型。承包第一年，利润140万元。1987年1月，跨20多个省市、近百家企业组成的“中国马胜利纸业集团”诞生。1995年10月，马胜利被主管部门免职。

而当初在中关村里的几位重量级人物，至今还活跃在舞台上的也屈指可数。创造中国不少日用洗护名牌如小护士、两面针、中华、秦池的掌门人，则从优秀企业家的行列中淡出。这大概也是近30年来改革后企业发展的另一个缩影。

总之，在张教授看来，破除某些垄断，权力和经济方面的限制，是企业家和国企改革，改变中国的关键。

首先，所有的国企改革和企业家，都是以垄断的对立面——完全市场经济的模式为模板改革的。所谓垄断，其实很大程度上，讲的是这样一种市场结构：在这个市场上，只有一家企业和组织生产和销售同一种产品。这样的例子，实际上从来就没有存在过。就算是最接近绝对垄断的南非德比尔钻石公司，其钻石交易也是控制在英国公司手中的。

垄断的实例不好找，但它的害处显而易见。在垄断之下，比如计划经济时代的职业分配制度，人们几乎就没有选择和创业的自由。比如，按照1958年制定的户籍管理制度，除去高考、代班和职务升迁，知识分子和普通人，别说选择就业了，基本上到任何地方没有介绍信，都会成为盲流。

计划制度下的商店，同样只供应很少的产品。这些产品的极端情况，经常让经济学家们困惑。比如苏联解体后，人们发现，名义上物资供应匮乏的苏联，大部分的仓库都放满了衣食住行的基本物资——只是因为同样落后的款式，被人们无情地抛弃。选择缺乏多样性，是垄断给人的最大感官上的不舒服。

一旦给人们自由，就会有人去创业。“产品供不应求，价格很高，就会有人想方设法，组织资源，去生产和销售这种产品。这就是企业家。企业家的作用就是通过调配资源使得社会财富增加。”由于竞争者的加入，垄断的利润自然也归属企业家所有。

按照张维迎的看法，国有企业在经济中所占比例不超过10%，才有利于经济发展和企业家精神的培养。当然，这个观点并非来自张所一贯信任的哈耶克。哈耶克是不相信企业家精神的存在的。

其次，张教授认为自由扩大也意味着分配制度和激励制度发生变化，垄断情形下经常以某种价格歧视的行为表现出来。对于不同的人，同一产品，有不同的价格。按照阿科洛夫等人最新的研究看法，身份地位和等级可以看成某种价格。例如坐火车级别不够，坐不了卧铺，坐飞机买不到票。美国南北战争后一直存在的种族隔离制度，实际上也是因为尽管黑人被解放了，可是在资源分配上根本还是由白人垄断大部分的土地和资本。

在国企改革之后，各种各样的市场被建立起来，产品的唯一交易原则则是市场原则。比如国有企业过去盛行的代班机制，实际上已经被新的股东持股制度代替。政府官员能得到的东西，通过做企业照样可以得到。这就鼓励了更多的人通过创业去追求自己的利益。

最后，意识形态上的转变在垄断的破除和建立方面都有重要的影响。大部分的垄断，都会受到各种各样的政治和文化因素的干扰。比如斯密时代的海关，其实一直被看成是盗贼横行、贪污腐败的巢穴。当然，斯密本人就是海关的一位长官。

一般认为，在垄断的市场机制下，寻求利润的非生产逐利活动，经常得不偿失。解决的方法之一就是减少审批。另一方面，中国企业家的成长也依赖于社会观念的改变。

“人类所有的进步都是全人类共同努力的结果，没有国家是独自发展的，都是开放的方式。大可不必担心麦当劳和可口可乐这样的外资品牌(占领中国市场)，交流越多，进步越多。”

在20世纪80年代以前，对于中国人来说，企业家或资本家完全是一个贬义的概念，它对应的是剥削、欺诈、罪恶之类的词汇。这样的观念如果没有改变，中国企业家的成长是不可想象的。

第六章

让科学技术真正成为第一生产力

·第一节·

美国机场里的苹果才是中国生产力吗

创新一定是个社会性的过程。我们说，苹果的伟大，这个过程并不是乔布斯一个人闭门造车出来的，乔布斯自己的伟大不是他想出来这些技术细节，而是他对各种 idea 有各种判断力，然后能把不同的 idea 串在一起，形成一个技术完美结合的产品。

——蔡洪滨

著名经济学家吴敬琏和北大一知名教授在美国机场等回国的班机，给吴老印象最深刻的是，几乎人手一台苹果的各类设备，有听音乐的 iPod，有苹果手机，还有苹果电脑。

蔡洪滨院长刚刚接任光华，乔布斯掀起的这股“苹果热”着实让北大气场也突然滑落。金融危机后，乔布斯成为中美两国共同的新英雄。雄心勃勃的苹果公司，为展示苹果的魔力，加强社会推广效果，也不会忘记自己的老客户——北大。在北大图书馆三楼一角，如今就独具匠心地存在一个苹果产品展示区。当然苹果公司的说法是，这个只能看，不卖！

对于开创了中国硅谷，在中关村上打算和美国高科技一决雌雄的北大人来说，这看上去不像是营销，更像赤裸裸的挑衅。苹果中国的潜台词很明显：瞧，这种新玩意，中国人造不出来。美国制造真的要翻身得解放，似乎打算挑战中国的世界工厂地位。师出有名，身为高科技市值第一大公司的苹果，如今在城下安营扎寨，北大的学者们也心有余悸：中国制造的生产力，会被苹果的气势压倒吗？

压力之下，风言风语自然接踵而来。先有英国《金融时报》2011 年 12 月份评论说：中国是人类文明的发源地之一，但她现在的称号是造假大国和违反知识制度的避风港。《人民日报》则质疑北大是不是在搞商业化，“放着一个好苹果不啃是冒着傻气的清高，而不择手段捂着嘴偷吃，则不只是道德问题”，要求“学生老师除了能体验信息化和苹果产品之外，还要获得实实在在的好处，比如北大图书馆免费更换一批新的苹果牌信息化设施，比如北大贫困生能免费获得一台苹果笔记本电脑，等等”。

事实上，也许我们都错了。也许，苹果才是中国制造的另一个镜像而已。美国机场上的苹果，并不是真的美国制造，美国生产力的体现，恰恰相反，它是一个中国苹果代工厂的背景。

首先，一国的生产力，最明显地体现在工业体系的完整性上。而这种完整性，通常根据收入法统计，会将利润转移到消费国。而中间产品的利润最大部分一般才可以认为是生产它的关键部分。中间品的敏感度和依赖越大，越说明外包或者生产力的专业化水平越高。

华尔街一资深基金管理人指出：“中国市场对苹果公司有多重要？我认为在 18 个月内，中国市场将占苹果公司收入的 1/3；到 2015 年，苹果公司的收入将有近一半来自中国。”理论上说，苹果只是一个贴着美国牌子的中国制造而已。

根据苹果公司 2011 年的财报：在 2011 年前半年，中国市场已经占据苹果产品总收入的 10％份额。这个数字大概等于 2010 年前半年苹果中国收入的 4 倍。苹果公司在中国的 4 家零售专卖店和联通移动的销售代理，实现了 50 亿美元的业绩。

一般来说，用研发费用所占的比例可以找到所谓效率，但是这不等于生产力。美国第二次世界大战后 75%的增长均与技术创新有关。研发只占联邦支出的一小部分，但在促进长期经济增长方面，它却有着极为重要的作用。而另一方面，美国的工业体系按照标准的联合国产业组织的检索，大概其生产力的总体规模，仅仅等于 15 年前中国的水平。

苹果似乎在它的母国深得人心，被美国人喜欢，事实上这是一种误导。即便不考虑生产，苹果公司的实际高端消费者，主要的消费流，还是中国。退一步，只要看一下中国的公交地铁里，商场和商业街，特别是北京、上海、广州这样的大城市，苹果的 iPhone 系列蔚为流行。对于白领、高端商务人士，苹果手机已经成为彰显身份的必备行头。有市场的地方，不，更正确地说，有金钱的地方，对于商人和苹果公司而言，也就是上帝们的居住之地。

其次，美国制造关键还是要体现为一种可见的实物产品。苹果本身是一件硬件占很大因素的高科技产品。2012 年 3 月，《美国生活》和《市场》节目撤销 1 月份播出的一段节目内容。这段内容就富士康糟糕的工作环境批评了苹果公司。因为这些内容实际上是记者捏造的。尽管这名记者的报道不实，可是来自中国富士康工厂的十几名自杀人员的案例，多多少少让苹果十分难堪。

乔布斯“加州设计、中国制造”的口号，正是通过富士康、广达等，分别代工不同的产品，层层降低成本，在深圳设一个采购中心实现有效的整合。而苹果在全世界范围 11 个国家和地区有 330 家体验店，利润非常高，占到总利润的 11%左右。但为了达到这个利润，它只能将生产几乎全部委托给那些看起来收入低的中国代工厂。

苹果公司费用中最大的部分，正是各种各样的财务管理费用，如果这家企业要变成一个制造企业，那么按照现在的财报，足以让苹果立刻因为大量的会计师，全球销售企业的管理费用被拖垮乃至破产。理论上说，如今苹果的财务构造和那些寄生体系的金融业投行类似。它们全部的工作都在虚拟的账务上，对于生产的细节，成本的降低，真刀真枪的技术体验，完全由无数个富士康构成。

苹果的生产体系，在美国不受任何挑战，但在生产该类手机的中国，智能机的生产已经被大规模复制。这意味着，除去财务上继续资本运作，否则在制造业上毫无建树的苹果，将很可能被其对手三星和联想迅速赶下台。

根据美国公平劳动协会的调查，富士康和广达这样的工厂里的工人，在层层降低成本的原则下，每月工资只有220美元。据中国几所著名大学的富士康工厂调查报告显示，富士康工厂的劳动条件极为恶劣。在富士康工厂的制度中，实行的是所谓的休息一天，连续工作13天的制度。根据问卷调查的结果，只要苹果公司的订单增加，这种制度就会以各种各样的方式复活。从某种意义上说，这更说明了苹果非制造业的属性，换言之，它不构成生产力的部分，只是个金融公司。这一点不少北大经济学者暗地里也多次解释过。

一种担忧的观点总说，中国的角色就是一个加工厂的角色，很难说对于美国如此重要。这种看似有理的理论到处传扬，事实上是种糟糕的谎言。

这好像和俄林的思想一样，单纯地强调资源的存量。我们不妨把俄林的思想推到一个极端的类型，假设沙特现在的石油一夜之间都没有了，沙特会变成一片沙漠。但是德国在战争中变成一片瓦砾，但是德国的经济生产和出口大国地位却很快恢复。同样的道理，像中国这样的国家，并不是依靠资源和财富存量体现其财富能力的，而是靠一种生产能力。

从长期看，中国依靠这种经济活动，培养起自己的生产能力，提高人力资本效率，斯彭斯教授认为这种能力代表的是中国实力的增长。至于美国，由于中国商品的竞争优势提升，今天似乎已经变成一个失去真实生产能力的国家。

当奥巴马总统要求乔布斯把中国的工厂搬回美国时，后者毫不犹豫地拒绝了。因为在如今的美国，根本不可能找到同样廉价的美国工人，美国的工人首先想到的问题通常是这份工作能让我休几天假，但中国工人在思考怎么做，做什么。这种人本身的差距已经不可逆转。在世界历史上，我们还从来没有看见过一个国家能够逆转，像大英帝国，自一战后工业衰落之后，就再也没有恢复过来。

·第二节·
靠农民工能撑起工业化的明天吗

有梦，去奋斗，就可以改变命运！北大是全国人民的北大，你们虽然曾经与大学、与北大失之交臂，但是只有不放弃，总会有梦圆的一天。

——周其凤

周校长热情洋溢，欢迎第一批农民工进入北大，实现久违的“北大梦”。问题是，并非所有人都对北大这一创举赞同。有人略带质疑地对北大“泼冷水”：“按照我的理解，他们（大专以上学历、有稳定工作）并不是我印象中的农民工。现在是不是起点太高？门槛太高了点儿？广东更多的是初中、中专学历的农民工，他们才是农民工的主流。”

事实上，在经济学家们内部，轻视农民工的论点早已公开化，标签化。有位教授直言：靠农民工撑不起中国工业化的明天。

汪丁丁教授曾经对“总理为农民工讨薪”大发感慨。他认为，按照经济学简约主义的思路，美国经济学家、1992 年诺贝尔经济学奖得主贝克尔宣称，世界进入了“人力资本的时代”——知识和教育决定一切。言外之意是，农民工的缺点可能是教育不足，素质不高。

其次，汪丁丁还认为，经济学家达成了共识，今后中国经济的增长方式必须转变为“创新驱动的”或“人力资本驱动的”。这一解释的潜台词是，目前农民工的生产效率明显较低，需要人力资本的投资。汪丁丁受聘北大，自然也要将自己的独特个人观点，特别是他个人的经济学观点融合到一幅理想图景中：“社会投入到‘教育部门’里的巨大资源之流，被不断地转化为‘人力资本’；然后，这些人力资本作为‘经济发动机’的资本总存量的增加部分，推动经济持续增长。”

在汪丁丁和不少北大的教授们看来，制造业从东部向中部和西部的扩散导致对“高级蓝领”而不是对“白领”需求的迅速扩张，这并不是一件好事情。不少人将大学生的失业和农民工就业的需求等同，甚至联系起来。所谓新时期的脑体倒挂，就被提出来了。

在北大的经济系学生的论文交流和社会调查中，对于农民工的技术能力的担忧，一度成为最主要的话题和焦点。

问题是，真相也许和这些学术观点是背离的：从珠三角传导到东部沿海，接着蔓延到全国范围的用工荒，证明“农民工的天空正在发生变化”。这两个事实对应的根本性的现象，使得事情正一步步明朗化。

即便统计局的数字存在不小的问题，不过根据北大自己的抽样调查，在过去的30年里，中国普通工人的劳动生产率已经达到发达国家的1/5以上。从指标上看，这种极为显著的劳动生产效率的提升，使得传统认为农民工是“人海战术”的看法已经脱离现实。

就农民工文化技能内涵来说，尽管整体上中国的技术还比较落后，但是中外工人的技术知识基础已经差别不大。在某些出口加工产品的领域上，中国的劳动生产率已经远远高于西方。例如纺织业、玩具、小家电、轻型机电，中国工人的劳动生产率是西方的10倍以上。换言之，中国的农民工已经是世界上最有效率的工人群体之一。

如果劳动效率决定劳动力的替代程度，那么中国农民工的替代弹性是很低的。在世界市场上观察就会发现，一个中国工人的能力绝不是印度工人可以相比的，除非印度工人的供给数量足以抵消劳动力效率下降的损失；在国内同样的道理，除非农民工的数量突然增加或者工资突然上涨到某一水平，不可替代的结果必然是农民工的工资看涨。

此外，北大引进的不少最近的制度经济史研究表明，劳动生产率提高速度缓慢的群体的替代性很强，但是一个迅速变化的群体，几乎没有什么替代性。简单的说法就是，我们总能轻易找到一个没有文化的快递员，不见得总能轻易找到一个快递员没有文化。

比如花旗亚洲首席经济学家北京大学经济学教授黄益平认为，一度低成本劳动力充裕的中国正在迈向“刘易斯拐点”，这种态势可能迫使一些制造商转向印度和越南等劳动力成本更低的国家，集中在中国的全球制造业活动可能转移到其他地方。但世界银行高级经济学家高路易认为，现在断言中国剩余劳动力消失还为时过早，不仅在农村，城市也有剩余劳动力。

最后，从国际经验来看，一国在刘易斯转折过程的初期，避免资本深化的过早发生，应该通过劳动力使用倾向的创新，在经历资本浅化式增长之后，才出现资本深化。这正是日本的成功经验所在。“刘易斯转折点”在中国将表现为一个长期的过程。黄益平认为过去10%的经济增速是一个“奇迹”，所谓“奇迹”就意味着不可能长期持续。在中国经济回落到8%左右的增速，将是未来经济增长的新常态，这就意味着我们现在看到的经济减速，既有周期性原因，也有结构性原因，而结构性原因可能占更大的成分。

北大国家发展研究院和亚洲开发银行联合做的研究认为，中国的经济增长潜力，可能会从2000～2010年间的10.4%下降到2010～2020年间的8%，再进一步下降到2020～2030年间的6%。

资本深化的减慢，会带来经济增长潜力的下降，自然也会降低扩张的内涵。在经济进入转折点后，劳动力资源逐渐变得稀缺，获取和维持必要的劳动力资源成为企业制胜的重要环节，这为提高劳动者地位，形成新的劳资关系提供了有利条件。

由于重化工业阶段特点明显，制造业吸纳劳动力的岗位有限，技术创新带头人和成熟的高素质产业工人才是中国企业最需要的人才，而在当年的产业化过程中，却大量扩招服务业和理论专业的学生，自然也就造成了过多的人才供给和相对不足。

由于劳动力出现短缺，劳动力价格（工资收入）在慢慢提高；在资本市场，影子银行、表外市场、信托产品高速发展，其实也是对过去金融抑制政策的一种反抗，所以有人将其称为变相的利率市场化，实际是资金的成本开始上升。世界经济不景气，导致出口锐减，以及随着刘易斯拐点到来，劳动力市场发生了从过剩到短缺的变化，这些因素共同决定了过去的增长方式很难再持续，“中等收入陷阱”残酷地出现在我们面前。

在新的劳资关系中，企业要想长期拥有自己需要的劳动力资源，就必须善待劳动者。当然，善待劳动者并不是仅仅有利于劳动者。因此，需要给进城农民工以城市公民待遇，以使广大农民工能和城市职工公平竞争，并解决家庭的后顾之忧。

·第三节·

中国小农经济赢不了大农场吗

小农经济是回应中国紧张的人地关系的自然结果。它看似落后的生产关系，却孕育了中国社会对知识的重视，当中国融入当代资本主义体系之后，这个趋势的优势显现出来，成为促成中国经济赶超的重要原因。

——姚洋

在今天的中国，有个历久弥新，专用于指责一个人没有远见、自私狭隘的专有名词——“小农意识”。人们谈起中国的农业生产，也经常性地使用自然经济、小农经济这些名词。像张五常所做的《佃农理论》，也被看成是最深刻地分析中国传统农业社会经济生产方式的文章。

后来追随张五常的理论的共同倾向是认为，小农经济是中国落后的标志，落后的思想的根源。在张五常看来，不管是分租、定租或地主自耕等，土地利用的效率都一样。如果产权弱化，或是政府过度干预资源配置时，将导致资源配置的无效率。总的来说，张相信只有大规模的农地产权归于地主，经济才能得到发展。

张五常甚至提出一种合约和交易费用互为关系的看法。也正因此，张氏的理论可以看成是没有技术创新的理论。也就是说，张五常隐晦地假设农民们的技术水平对于农业的影响微乎其微。

问题是，在北大，有一位经济学家姚洋是不同意这一观点的。在他看来，小农经济未必是低效率的，而且小农经济未必就战胜不了大农业的规模经济。

自张五常特别是斯蒂格利茨之后，现代经济学已经认识到，农业中存在的三种劳动合同关系，雇佣、分租和定租制度的消长是由激励、保险以及测量成本之间的消长所决定的。在雇佣制下，地主承担全部风险，雇工由于拿固定工资而无动力进行生产，地主因此需要付出必要的补偿。问题是，这个体制在东西方，甚至中国的华北和苏南，由于自然地理条件的差异，也彼此不同。

姚洋认为：粗放经营本身就是一个有经济含义的相对概念，问题在于如何确定可供比较的标尺。农户对土地的投入是与其在农业之外的机会收益密切相关的。从农户个体来说，劳动投入低于最佳投入才能说是粗放经营。但是，这样做显然不符合农户的经济逻辑，只有放在农户与农户之间的横向比较之中才有意义，每个农户的适度经营强度都是相对的。

当代浙江绍兴、宁县和乐清三县，当土地规模较小（10 亩左右）时，技术呈现不变规模报酬；之后转为递增规模报酬。到 20～25 亩时，技术又回到不变规模报酬；之后又呈递增规模报酬，直至 35 亩左右回到不变规模报酬。因为递增规模报酬是由于要素的不可分性产生的，上述每一次跳跃均可理解为农户购置不可分性要素（如耕牛、农机等）的结果。换言之，经营规模的扩大是和农户固定资产投资的增加或生产技术的改进（如引进新的生产要素）紧密联系在一起的。所谓适度规模在我们这里就不止一个，而是多个，如 10 亩左右、20～25 亩或 30 亩左右等。

如果只是土地面积增加了，投资却没有跟上，农业效率反倒可能下降。土地市场的发育和乡镇企业的所有制形式有关。1993 年，乐清 40%～60%的农户不同程度地卷入土地租赁活动。村办企业大多数以最大化村民的就业为目标，从而使土地价值在农户之间失去了差距。乐清出现了许多经营上百亩土地、拥有十几二十万元农机资产的大农户。许多地方用行政手段扩大土地经营规模失败，除一些地方干部借扩大土地经营规模之名行增加摊派之实以外，主要是因为包括理论工作者在内的许多人对此没有清醒的认识。

既然在多个场合都不存在规模经济的一个合适的生产要素配置比例，所谓大农场在效率上击败小农经济的观点，也就无从谈起。事实上，我国的国有农场，大多数并未能在效率上超越小农家庭的联产承包体系，在法国小农经济甚至卷土重来，将昔日的欧洲大农庄纷纷击垮。

姚洋根据统计局的农村地区国民生产总值统计数据，结合田野调查分析后认为，中国的小农经济并非想象中的是一种落后的生产力，恰恰相反。在某一区间内，小农经济的效率足以抵抗规模农业。

阿里吉在多处强调，西欧发生了工业革命，东亚特别是中国和日本发生的是“勤劳革命”。亚当·斯密认为，经济发展的动力来自劳动分工。

如同当代企业一样，小农经济的家庭要预测未来的市场行情，制订作物生产计划。吉莉安·哈特《去全球化》比较了南非和中国的工业化过程。她发现，在南非，大量没有土地的黑人离乡背井，当他们变成产业工人的时候，由于没有了土地的保障，要保证他们的生计，工厂就必须支付较高的工资；在中国，由于农民拥有土地，他们对工资的要求就较低，因此中国工业化的成本比较低。

尽管中国也经历了人民公社，问题是，公社本身的生产仍然和西方的大农场有着巨大的差别。中国的人民公社，只是一个生产的计划单位，具体的生产方式过程，仍然保留传统的方式。唯一有点儿规模经济的影子是，它在技术上最早在中国实现了化肥和良种的引入和改进。这可能才是改革之初甚至到如今农业粮食产量提高的原因。

此外，无剥夺的积累使得中国的工业化过程没有像发达国家早期以及当代发展中国家的工业化那样残酷，小农经济对农民的保护也可能是一个重要原因。实际上，以小农经济为主导的东亚各国都没有太多的贫民窟。在小农经济条件下，农民安土重迁，不会轻易放弃他们在乡村所拥有的社会网络，不会随意地把自己撂到陌生的城市中。

如果推行大农业，规模化经营，未必不会产生拉美和南非体系下的贫困化过程。“我自己去过一个南非的小城，你从表面上看这是一个中产阶级的小城，都是独栋的房子，可是那个地方的失业率达 40%，也就是说企业根本没办法经营。中国的这些价廉物美的产品完全就把他们的工业冲垮了，原来那是一个纺织城，现在中国的纺织产品一去，他们根本没有办法跟中国竞争。所以你怎么定义这个人权？你给了少部分人所谓的人权，可能你使得很多人享受不到最起码的生活保障。”事实上，不少实行农业大户和公司加农户的地区，已经出现了农民佃农化和贫困化的过程。换言之，大农场可能无助于解决农业的效率问题，更有可能带来新的农村贫富悬殊的问题。

·第四节·

让科学技术真正成为第一生产力

衡量一种生产关系优越与否的唯一标准，只能是看生产力发展的情况。能否促进生产力发展是衡量一切是非的最高标准、最高原则，其他任何原则都不能和这个原则并列。

——于光远

于光远教授是我国著名的经济学家，是当年“科学技术是第一生产力”论断的撰稿人。于光远教授几乎没在北大上过课，但大部分的时间里，自己的同事都是北大的教授。比如曾经的那一段时间里，“实践是检验真理的唯一标准”探讨过程中，他和北大的教授们几乎是最接近的。

如果从科技是第一生产力这个论断说，真正的受益者其实倒是北大的教授们。事实上，在科技是第一生产力提出之时，北大正是亟待被这个论断解救的重灾区。北大的一位教授指出，改革开放，物价都在涨，唯独教授们的工资只有从前的十分之三四。第一个受到中央关注的高级知识分子，正是中国著名物理学家、中国科学院院士、第三世界科学院院士，北京大学教授，国家最高科学技术奖获得者黄昆。

不过，也许至今都让不少经济学家们困惑的是，怎么让科学技术真的变成生产力，要更加艰难得多。这远不是一句论断那么简单。

大多数科学工作者已经认识到一点，科学技术与经济增长不是单向过程，而是双向回流互动。在美国，工业企业的研究开发工作占到了美国全国研究开发工作的 3/4，工业企业的科研人员亦占美国全国科研人员的 3/4。90 年代初，位居美国工业公司科研经费支出之首的通用汽车公司年度科研经费高达 60 亿美元。日本的民间企业更是其科技发展的主体，民间企业投资科研的经费占日本国家 R&D 总投资的 80%。

1999 年 10 月，以“知本家风暴和风暴中的知本家”为主题的研讨会在北京召开，来自信息产业内外的有识之士就“知识标准”“崛起中的知本家现象”“中关村改制与中国知识经济发展”等问题进行了交流。

2000 年，《知本家风暴》一书引来人们的普遍关注。这个从中关村的创业者中引发出的新名词，是每年汉语中新出现的 800 个新名词里的一个。这个词的基本含义是：中国新兴知识分子——靠知识创新获取财富的一部分人。北大方正的王选、联想当年的总工倪光南是一类；新浪网的王志东、科利华的宋朝弟等算一类。现在的知本家，是以知识为资本的人，这些人共同的特点是知识是他们赖以立足的最大资产。

当不少人重新寻找当年呼风唤雨的人物的时候却突然发现，那个曾经红得发紫的知本家，今天大多数已经让位资本和权力，只剩最后一点儿光线从中国各个角落里散发出来。

2006 年，王选去世，如今的方正集团已经不是技术发明人做董事长的高科技公司，多元化的经营，大规模的资本运作，替代了曾经的技术流路线。王选的技术遗产无人继承，在现今崇尚报表的方正集团，缺乏乔布斯式的潮流领袖，也没有像亚马孙贝索斯那样对前瞻发展有着绝好直觉的领导人，方正式的生意替代了知本家的热情和创造。

联想总工程师倪光南作为联想时代的开创者，仅仅因为向上反映部分公司信息，被解除职务。科利华则在宋朝弟之后走向终结。当年由技术员、工程师教授、科学家树立的联盟，演绎着一个个过河拆桥的故事。大多数中关村的英雄企业，要么在技术创业者离开后另辟新路，要么完全变成金融和经理人运作的大试验场。

总之，这似乎已经完全不是20世纪90年代那个热血澎湃的年代，知本家不再时髦，受到尊敬，相反，他们在今天还要处处受制于资本和权力。甚至从某种角度说，资本对于创新和知本家精神的破坏，远远超出人们的想象。

国内著名财经记者吴晓波的《企业家可以是知识分子吗?》对此的基本结论是，“知识分子与企业家是两种无法兼容的社会角色，前者或后者，你只能择其一。目前中国商业界及知识界很多的困扰，都是因为这两种角色的混淆而产生的”。

在中国的教授下海潮告一段落后，知本家概念开始受到新的严重挑战。

首先，资本对于知识分子和科学渗透商品化，让象牙塔变成废墟的警告开始出现。随着市场经济的发展，社会生活的每个角落都会染上商品的气息，人们动辄以某某教授、某某专家兼某公司的顾问或独立董事，就认为这些专家教授不可能再有知识分子的公正性和学术良心，因而已经丧失作为知识分子的资格。

没有哪一个知识分子不隶属于某一个利益团体，无论是大学教授还是社科院等研究机构的专家，都不同程度地在社会上兼职，或者自己办公司，或者自己炒股票，或者在企业做顾问，五花八门。这直接导致知识分子完全向商人转化，成为徒有虚名的空壳，过度热衷下海，甚至毒化了教育本身。这也导致了教育产业化的理念的盲目执行。

其次，资本和权力的多元色彩扰乱了知本家的定位。除了做企业外，那些企业家们有的在人大、政协兼职，有的成为全国或本地媒体的明星。社会活动的增加和社会影响的扩大，使他们自然也会产生更大的社会责任感，振兴民族工业，创民族的品牌，为国人争光的名义下，不少企业家将原本是知识分子的名誉用商品化的方式移植到自身头上。“虽然我们不能让中国人富起来，但我们要让中国人辛辛苦苦赚的钱更有价值”是这类人的名言。

不管商人们和权力所有者如何打扮，狐狸尾巴总是要露出来的。张瑞敏被称为“儒商”，因为他像哲学家一样思考；李东生被称为“儒商”，因为他“宽容”“厚道”“平易近人”；王石被称为“儒商”，因为他很有文化味道；刘永行被称为“儒商”，因为他爱读书，喜欢思考，有一股儒商的气度。

最后，不论怎么说，知识的生产和财富分配终究是两回事。尽管人们往往将技术人员入股发财致富的事情看作是知本家的典范，但是在世界的其他地方，例如硅谷本身，也是一个不存在的事实。靠一身技术打天下，这是不可能的。在硅谷的所有大富豪里，没有一个核心的创新发明者能够拿到50%的回报。即使是微软和苹果，也只能让它的技术中坚做一个不过问实事的股东。

知本家本身只要选择和资本对话，就必然要让渡自己的资源给资本，从而丧失对技术和发明的控制权，最终也就等于失去了财富的独家分配权。一个知本家和资本权力的合作，总是以自己的所得为成本和代价的。

·第五节·

北大是中国富豪最多的地方

在1999年至2010年之间，北大校友中诞生了79位亿万富豪，连续3年高居内地高校首位。企业家俱乐部的成立及其相关活动的举办将进一步整合北大的企业家校友资源，一方面为企业家校友提供一个交流的高端平台，促进企业家成长，另一方面也要依托北大深厚的人文底蕴，培育中国企业家精神，承担其应有的社会责任。

——周其凤

当然，放眼世界还是同样的结局，哈佛大学、耶鲁大学、剑桥大学、牛津大学几乎同样是它们的国家富豪最多的大学。问题是，这种致富，因为精英大学和政策的高度相关性，让更多的人质疑其合法性。作为中国过往进步民主的旗帜，如今以富豪为荣，很大程度让人们无法心安。

“官员子女安在外，富人子女生在外，原想先富带后富，结果富了都跑路。”这不是老百姓和网络网民的戏谑之语，而是出自《人民日报》的一篇文章。这样的有关先富和后富的现实和不满，实际上在中国已经公开化了。

如经济学家张维迎所说，改革最受损失的是官员。就当时的环境来说，是正确的。在对于联产承包，下海等抵制最早的，的确是官员阶层。

“十七大”锤落音定的时候，企业内人士最为关心的是经济体制改革将如何深化。报告明确提出，未来国民经济须当“又好又快发展”，而且明确了“加快转变经济发展方式、完善社会主义市场经济体制”的基本原则，“提高自主创新能力”列于首位，“加快建立以企业为主体、市场为导向、产学研相结合的技术创新体系”，更要“深化科技管理体制改革，实施知识产权战略，充分利用国际科技资源”。

问题是，经济学的发现是，这批靠科技致富的人群，同样最多的源于北大。而且随着时间的推移，高科技富豪源于北大的比例正在下降。一方面，这可能说明，背景和知识程度在财富和创业中的因素在降低。另一方面也说明，北大的一些富豪的确可能与政策造富，也就是最早的一批官二代、红二代的下海有关。这多少可能让经济学家们感到沮丧。

当然，另外一个数据更让不少经济学者感到汗颜：为了吸引中国人移民，美国政府抬出所谓移民投资优惠利诱，这大概是一个世纪以来从未发生过的事情。能够挤入投资移民行列的最低门槛是数十万美元，加上其他的必要投资，移民的身家应该在千万以上，如果考虑这些人一时半会无法掐断和国内产业的联系，他们的身价有可能在亿万富翁的行列。不少先富的富人们已经开始逃离中国。问题是，这批移民中所谓的精英，不少正是北大出身。

当先富们变得腰包鼓鼓的时候，他们没有想到带动后富。因为中国的穷人，已经是相对世界上最穷的一批人了。就财富的相对分配而言，中国的基尼系数已经超过 0.4，也就是财产的不公平分配的指数已经超越国际

公认的警戒线。中国最贫穷的乡村，至今拥有堪比非洲最穷地区的庞大人群。处于国际贫困线上的中国人数量，绝对规模超过1亿。85%以上的居民财富掌握在不到5%的超级富豪家庭中。

此外，中国的社会流动性，已经从改革初年的高流动性，变成如今的拼爹拼富的固化形态，大多数人失去了再次造富的机会。随着竞争的激烈和各种利益集团的形成，中国社会在财富的积累上也同样变得停滞不前。即便北大的学生，也开始更多地倾向于城市中的精英阶层。这多少是个不良的苗头。

更糟糕的是，北大的富豪，毕竟在北大毕业生里也是极少数。富豪的多数，不代表北大的多数人致富，而是知识分子更加贬值。“拿着清洁工的工资收入，干着精英阶层的工作，吃着地主般的食品，喝着勾兑的好酒。这样的日子，也只有富豪才能过。”这样的调侃，在大学校园的办公室里也开始传扬。至于学生们的反应则更加强烈，高校食堂里各种抗议食堂的风潮，也不是一起两起。

富豪的人数还是敌不过一种文化的羁绊。“争吵是很正常的，只要你不拉帮结派。北大的文化不一样，讲个笑话，清华要盖一栋楼，大家出6个方案，最后统一成1个方案，把楼盖起来了。北大是6个人可能拿出7个方案，还有一个人有两种想法（笑）。自己都跟自己打架，这就是北大的民主文化。校园文化对方正的影响是很大的，我们干脆就拿时间来开‘董事生活会’，统一思想，把不同意见摆到桌面来说，这是没办法的办法。”北大教授，方正总裁魏新开玩笑地指出这一特点。

另外，教授们的工资并没有高到百万富翁的地步，在中国经济发展明显地走向“重化”的阶段，也就是重工业化为主的产业结构时期，这是知识型服务业岗位——基本上属于所谓白领岗位——需求相对不足，对蓝领型岗位却产生了旺盛的需求。换言之，北大富豪多，可能并不是件特别光荣的事情。和美国的情形类似，这意味着更多的白领或者普通的北大学生，可能被抛弃在正常的职业道路上。

在重化工业阶段，除少数高级技工外，金融资本才是最为赚钱的行家。也因此，在中国的500强中，几乎全部是地产金融寡头们的天下，做重型机械的梁稳根家族，跃升中国首富。除非作为这些黑铁一般的机器制造业公司的独立董事，否则难以想象一个教授可以得到哪怕这些高管1/10的工资。不少北大学生抱怨说，父母听到自己的工资只是五六千元的时候，突然会变脸。在父母眼里，北大毕业生就等同于那些富豪们。

显然从这个意义上说，没有公平的机会，没有财富的正常公平流动，中国社会先富带动后富的闸门，已经被一群所谓的利益集团关闭。也因此，人们在这种形势下，不得不感叹中国社会先富带后富已经变成乌托邦。即便已经是富豪的某些北大教授，其实也不认同这种做法，个人财富的大规模集中并不见得是件好事，至少不少有先见之明的人是这么看的。魏新从穷教授变成了百万富翁，他却认为："1978年我读大学第一次游十三陵时，看到那些空空的墓穴忽然有一种顿悟。那些人贵为天子，生前享受，死后还要贪图金银财宝陪葬，结果引来盗墓贼，以致尸骨无存。那次游览几乎改变了我对金钱的看法。"

从这个意义上说，如果改革是先富带后富，那么这个说法并没有错。因为的确每一次改革都有一个先富的人群，后富踩在他们的肩上变富，而科技本身，不自觉地实现了这一历程，这是多数普通人，甚至是经济学家所忽视的真相。很难说，"先富带后富"这句话是错的。可以想见，在大多数人重新成为改革的主要动力，要变富求富的时候，中国社会显然不是在乌托邦中，一切都已经在改革中无形地发生了。从这个意义上说，大家求共富，早已在实践中执行。

·第六节·

中国的大学产业化真的一无是处吗

如果不想办法增加收入自救，仅凭学校发的那点儿工资不能活下去。

——阿忆

资中筠先生说："整个期间经常听到被引用的，是'一二·九'运动时蒋南翔的名言：'华北之大已放不下一张书桌了！'"在那敌寇压境、民族危急存亡的关头……校园内的书桌似乎从未放稳过，投笔从戎者、投笔从政者陆续不断，《可读书》一文说到清华多出大官恐怕也与此有关……当时气氛绝不容我安坐图书馆，埋首故纸堆……一位同学在图书馆见我翻阅那些书，责备说，你还看得下这样的书！"

半个世纪前，中国的民族危亡，革命和建设运动，最具有代表性的现象就是：偌大的中国，居然放不下一张安静的书桌。无休止的战乱和运动，让大批本应该留在课堂里读书学习的学生，在讲台上传道授业的教师，不断地在命运的旋涡中颠沛流离，像资中筠先生这样的还属于幸运者。如今的中国，本不应该出现难以安心读书的问题。然而奇怪的是，眼下却是中国教育乱象最为广大国民诟病的时候：不时曝出学术腐败丑闻，不时有教授痛心疾首。名儒大师都在追问：中国真的放不下一张安静的书桌了吗？

2003年北大开始轰轰烈烈的人事改革，到最后无果而终。从小围绕各种各样的课外补习班，毕业后对前途一片迷茫的大学生更是数不胜数。钱学森去世前，更是向中国教育界提出一个问题："为什么我们的学校总是培养不出杰出人才？"

这种种问题，在不少经济学家和教育专家看来，教育产业化和改革不成功恐怕是根本原因。

由于教育改革不成功，让教改变成了折腾教授。同世界的主流大学不同，中国的教育管理并不是围绕学生和教授为中心的。教育资源，甚至科研项目经费，主要是掌握在行政人员手中。这就是所谓的大学行政化难题。当然，这方面的弊端其实也是有原因的，因为教授们的工资据说实在是太低了。某位北大教授断言，只有教授们开得起豪车，住上别墅才是一件必要的事情。很明显，教学改革有一条是因为教授们的低工资而来的。

媒体经常炒作的大学病，主要是所谓教授当官，干部身份。世界不少名牌大学是存在教授做官员的现象的，比如哈佛大学的经济系，就是一个官员林立的地方，不过，这些大学绝对不会出现官员直接变成教授的情况。类似中国不少地方官员，没有博士文凭和连续的教学经历直接充任教授的做法，是不可接受的。由于现代学术的专业化，没有专业经历的官员，根本没有能力胜任这项工作。另外，学术的资源，例如经费和资源的配置，本身只能由学术圈内部人分配才能最大化。显然外部到来的官员，会让这个体系变得低效率。

实际上，从原则上说，大学教授本身的工资制度，是一种标准的高工资等级制度，类似于官僚制度工资，而不是市场工资。因为，按照经济学的比较优势理论，如果市场上企业的工资超过学校的工资水平，可能导致人才资源向企业过度集中。而这对于需要依靠最优秀的智力资源生产的大学来说，是危险的。花钱在哪一种选择方案上，把钱花在谁的身上。这也是大学经费管理的重要部分。1996 年，高等教育质量保障越来越引起人们的广泛注意。1999 年高校扩招之后，入学人数导致高等学校传统管理模式越来越不能适应现状——怎么花钱，花好都成为大问题。

经济学家们认为，高等教育的顾客主要由“内部顾客”和“外部顾客”两部分组成。内部顾客主要指学生。内部管理、改进课程设置、完善教学环境，以保证教育教学质量的稳步提高的项目花费是主要内容。外部顾客则主要指学生未来的雇主、投资人、学校股东等。随着西方高等教育财政预算的削减，高校教育经费异常紧张，几乎所有的学校都把多渠道争取资金作为一项重要的任务来抓。为了获得更多经费，高等院校不得不对支持其办学的外部顾客的态度和意见予以重视。

高校花钱，也应当出现新的转变，当务之急是将全面质量管理模式引入我国高校并普遍地加以推广。理由如下：

其一，全面质量管理模式是高等教育市场化发展的必然产物。市场经济体制建立后，高等教育竞争变得更加激烈，尤其是高校扩招之后，社会、家庭和个人对高等教育质量提出了更高的要求。但是中国的不少大学还停留在大学花钱就是盖楼的水准之上，一直以来，讽刺中国大学有钱盖楼，无钱科研的事情层出不穷。以吉林大学为例，已经扩大到几乎围绕长春周边均有校区的夸张程度，而大学本身的科研水平并没有同比例地上升。

即使搬出千人计划和长江学者计划的庞大人才引进工程，大多数中国大学只是象征性地将人才引入，并没有起到真正的作用。一些学者在中国的必要教学时间都不能满足，一些学者只是为了沽名钓誉才进入这个计划。而中国本土真正需要经费的人才，却因为财力不足，变成了新的牺牲品。

在金融危机前不久，大批名校学生涌向华尔街，将精力浪费在金融产品设计中，他们也被讥讽为“火箭科学家”。投行和对冲基金都不惜高薪来高校拉拢人才。在金融泡沫破裂后，经济学家和名校都认识到，让学生们盲目流向华尔街是个危险的倾向。

在斯坦福大学，曾经被微软、谷歌鼓吹“越年轻越有价值”的理念，如今正被经济学家看成是创新的敌人。毕竟这些不到25岁的年轻人，放弃了在黄金年龄做学术，将自己的人生托付于商业活动，这本身就导致基础研究的人才资源缺乏，客观上又导致美国大学更加拼命地招揽外来人才，增加其财政负担。

从北大经济学的角度看，教育本身是一种带有公共品性质的知识产品，随着教育投入的增多，外溢效应明显。在外部性的情况下，显然对大家有利，但个体企业不用付出成本。公共教育支出，只有国家才能负担起来。也正是如此，在每个人看起来，他们都是教育不足的呼吁者，却很少为教育本身付出成本。正是这种心态下，大量搭便车的人，一边享受教育的便利，一边却不愿意投资教育产品。这又让教育的短期性和长期的矛盾更加激烈，也就导致中国今天的功利教育更加明显。

不过总的来说，教育产业化制造的教育流水线，的确让升学率得到了大幅度提高。教育部的有关数据显示，与1998年相比，在校大学生达到4倍以上，中国的大学生数量也达到了世界第一，但教师人数还不到同期的两倍。这个数据也可以翻译为，中国大学的升学率提高了400%，而中国教师的人均产出率提高了一倍。

如果你是一个经济学家或者商人，教育是一类大产业，那么教师就是这个产业中的工人，而学生才是产品。显然，产品的数量和质量的评价标准——升学率就是一个最简单、最可靠的数据。对于一个信奉功利主义的人来说，要让教育产业兴旺发达，提高产量，也就是升学率水平，才是最实际的做法。

·第七节·

温州模式打败了深圳？

温州是一个并不开放的城市，从现有建筑物就可以看出……现在要吸引人才和本土的先富者留在温州，政府首先要做的就是加强城市环境的建设……温州企业到外地招聘，与长三角城市不具有竞争性，该如何解决这个问题？

温州的环境注定了在与其他城市竞争上处于先天劣势，因此在人才招聘上，要将温州企业给予人才的特殊待遇体现出来，充分展现温州企业现有的优势。

——海闻

温州，这个浙江小商品经济的中心，在改革开放中迅速崛起，在金融危机前一度成为政界、学界瞩目的中心。温州经济一度成为学者们高度关注的明星地区。

20 世纪 80 年代初，温州还只是偏处浙江沿海的一个不起眼的贫困地区。温州和当时最早开放的深圳相比，看不出有任何优势。

同深圳相比，温州要小得多，甚至穷得多。1992 年深圳成为特区之时，政策的倾斜和扶持，几乎使全国资源都向深圳集聚，此时的温州，非但没有深圳的政策和区位优势，还和其他地方一样，有着各种各样的制度和意识形态障碍。深圳可以设立特区，减税让利，合资办厂，温州却没有深圳的腹地资源，就连办厂也要戴着各种各样的“红帽子”才行。

深圳的模式，是大张旗鼓，公开进行市场经济改革，配套政策制度可以顶风执行。而温州和整个浙江的小企业，却只能偷偷摸摸，做了再说。

后来学者们将这种自发地模仿特区进行制度改革的方式，先是归纳为苏南模式，后来改为浙江模式和温州模式，到最后则称之为诱致性制度变迁。

在1992年，深圳的区位政策优势，一度吸纳了大量的创新和创业人才。许多人把来深圳叫“淘金”。最优秀的人才纷纷投身企业界，真正的现代企业大量出现。

深圳的代表企业，基本上都以自我创新、自成一家为特点。地产业如万科，银行业如招商银行，通讯业如华为、中兴通讯，家电业如创维，IT互联网行业如腾讯。

直到最近，深圳还能争取到国家持续不断的特区红利，在深圳市的规划中，前海新区将开展以跨境人民币业务为重点的金融创新合作，适当降低金融机构在前海新区开展人民币业务的门槛，设立前海银行、商品期货交易所、保险交易所、跨境黄金场外交易市场、银行业金融工具交易中心和国际再担保、再保险交易中心等。

温州这些都没有，温州企业的特点是，家庭工厂和家族企业。在毫无资源倾斜民营经济却像野草般生长的温州，王均金最早创业时，当地的年轻人都跑供销，单位就挂靠在乡、镇、村下面的企业上。它们有着“公有制”的外壳，实质却按照私有制来运行。“红帽子”有效地培育了温州的民间经济，回避了所谓的“路线问题”。

奥康集团董事长王振滔回忆说：“赚到第一桶金以后，由于大家争论比较多，关于温州到底姓资姓社，很多温州商人赚了钱以后就出国，也不再大量地投入生产。”这个情况一直到1992年“南方讲话”后才告一段落。他当时迅速决策，给奥康的前身——永嘉奥林鞋厂投资购进生产线。“这是我们的第一条生产线，也是当时国内比较好的流水线，我们还扩建了厂房。”

1992年到2001年，“南方讲话”到加入WTO期间，温州引领全国民营经济的发展，温州工业生产总值92.4%来自民营经济，形成温州模式。这十年，温州的光芒，随着世界工厂的扩张，盖过了深圳的名气。海外的学者也开始高度关注这些小工厂制造出来的世界奇迹。在他们看来，温州的历史文化传统让温州成为中国改革中计划经济到市场经济转轨中摩擦最小化的经典样本。费孝通教授，更是将温州模式，归纳为以农而商的典型。当 1985 年，温州模式被《解放日报》正式提出后，这个名词一直在中国的经济中占据重大的关键地位。

问题是，温州模式，真的能代替创新为主的深圳模式吗？

温州籍的北大学者当然愿意相信温州模式，甚至以北大曾经的温州学派为例，证明文化传统的战斗力。20 世纪北大学者中就有陈介石、陈怀外、林次公、章献猷、孙诒棫、许璇、马叙伦、陈宝骐、高谊、林公任、黄公起、林涛等共十多位温州人。蔡元培担任北大校长，与国会里的浙江同乡、教育部内的改革派的积极策划不无关系。浙江籍教员占“半壁江山”也没有什么可奇怪的。胡适对蔡元培不满，很大程度上和温州学派们得势，蔡元培为国学和本土的教员靠山有关。

既然过去北大里的温州人，能力和品质鹤立鸡群，称雄民国半个世纪，文化传统和制度的力量，自然也可能让温州占据上风。问题是，相信和信心不代表现实和困境缓解。

如今，“温州模式”从顶峰急速衰落，实体经济低迷不振，民间借贷麻烦缠身，面临转型期的危机。从 2003 年开始，温州的固定资产投资就开始急速下降。低端加工制造业的利润递减，让不少温州企业转而进入金融和房地产领域投机。从 GDP 总量和增长速度来看，温州经济已呈现“空心化”趋势，热衷于资本运作，虚拟经济日隆，实体经济凋零。

高房价、高人工、高税费、低利润、低技术，温州的短板已暴露无遗，没有经济的“护城河”，必然要步入衰退调整的危机中。在经济发展跨过资本原始积累之后，“温州模式”缺乏创新技术、创新人才。温州拥有雄厚的民间资本，良好的民间信用，促使民间借贷异常繁荣而稳定，但由于金融业未能开放进入门槛，导致温州民间资本被阻挡在门外，只能做体外循环。

这一切都表明，说温州模式代替深圳模式，显然是一种错误的乐观。随着金融危机的后遗症体现，温州本身的城镇化不足，也开始暴露弊端。

这和深圳业已转变成技术驱动的发展模式，截然不同。

不过，海闻教授在上述看法之外，还有另一种对温州经济的看法。在他看来，即便加工制造业衰落，民间金融的正式化，仍然给温州的未来以新的希望。“温州现在到一定程度以后，变成了资金运作。其实我觉得长三角比珠三角走得早一点儿。不能说长三角没有技术，只不过到一定程度以后遇到了瓶颈，那些瓶颈我也提到了，技术上的瓶颈。另外它的资金又不是足够大到进入一个新的行业，或者把这个行业提高到一个新的层次，它有钱又没有足够的钱。在这个情况下，确实像温州很多企业，明智的选择或者很自然的选择，就是从最早的制造业，逐渐就变成一个运营资本的企业家。”

在海闻教授看来，资本不足和转型的困难，只不过较为成熟地产生在温州。随着产业阶段的推进，长三角的深圳模式，迟早有一天也会向温州模式转化。从这一点说，温州如能胜利转型，那么无异于在发展的道路上算是打败了所谓深圳模式。

第七章

大有大的难处，小有小的毛病

·第一节·
到底怎么看中石油的教训

看到中石油吉化事故调查组里有国资委的官员，我很想知道这家作为中石油及全部中央国资的“出资人代表”，对一向高举的“做大做强”战略，有没有一点儿反思和自省？

——周其仁

2006年周其仁教授曾经撰文，认为中石油连续发生重庆和吉林两次特大恶性安全事故，与高举“做大做强”垄断体系有关。

“《红楼梦》里的王熙凤说得好，‘大有大的难处’。公司大到难以实现有效管理，究竟还有什么经济意义吗？从传统国企一路走来的中国大型公司，本来就有冗员过多的毛病。像中石油这样的公司经过海外上市，做过减员和瘦身的努力，但人员规模仍然偏大。更重要的是，长期远离市场竞争的压力，怎样实现有效的现代公司管理，尚需时间探索和积累经验。”

两年后，2008年度，中石油净利润1144.31亿元，蝉联亚洲最赚钱企业；可是单凭各种表面的指标进行比照，不联系西方垄断大企业，比如埃克森美孚的事实，你可能会错误地相信，两桶油似乎已经是垄断企业了。应该说中石油的总资产规模，甚至一度超过埃克森美孚，更是将后面的英国石油等彻底抛在后面，从500强的46位以下再跃上前3名。

然而，这只是一种表面现象。如果联系历史，比较分析，两桶油赶不上一个美孚倒是实打实的真相。周其仁教授当年的分析在今天同样是正确的。而且，中石油的安全事故也从未停止。只不过，周教授也许被西方公司的安全蒙蔽了。墨西哥湾的漏油事件，差点儿还让英国石油解体。

此时，周教授的垄断高利润的观点倒是有了新的证据。当垄断企业的高补贴、高收入成为收入分配改革政策的重点“关照”对象时，财政部向部属的6000多家多数亏损的央企收取国有资本收益，以期实现规范和公平。问题是中移动、中石油这类大企业绝非真正意义的“垄断”，其独一无二的特殊身份相当程度上可以左右政策的制定和实施，从而使脱离国企“去行政化”的改革以及任何垄断企业的收入分配改革从一开始就成为一个虚假的命题。

为实现国企三年脱困，国家出台了多项配套措施来剥离国企的负担。1998年，政府向四大国有商业银行注入2700亿元人民币作为准备金，其目的仅在于为这些“老大”状态的国有企业卸掉所谓沉重的包袱。

2003年，国资委成立，这似乎是国企进入另一个全新时代的标志。2008年，在国有企业创造的利润当中，80%都是由央企创造的。

“我们取得了突破性的进展，要知道1998年国有资产全年的利润总额才213亿元，到现在，有时我们一个月的利润就可以突破1000亿元。”央企这些垄断巨无霸的作用“就像传奇人物乔丹，最后一个球一定要传给他，因为他一定能投中三分。”但是多数人不清楚的是，这些巨无霸的华丽变身究竟付出了多少代价。

中国经济体制改革研究会副会长、曾任国家体改委综合规划局局长、国务院经济体制改革方案研讨办公室副主任的杨启先坦承：包括国家的注资、国际国内资本市场的融资、债转股、中央储备金、贴息贷款，国家花了2万多个亿。另加上为扶植国企改革实行的10年的低利率政策对国有企业的补贴，被视为该卸掉的“包袱”——下岗职工和其他所有制职工和农民在强制储蓄时代所做出的默默“奉献”，这个数字恐怕又是前者的数倍多。总的具体数字多少可想而知。

另一方面，更加糟糕的是，有证据表明，占有社会资源60%以上的国有单位，每年对GDP增长的贡献不足30%，吸纳的劳动力不到20%。以央企而言，从总的数额看利润好像增长很快，但实际上央企利润的80%以上来自中石油、中石化、中海油、中联通、中移动、中电信等不到10家垄断企业，绝大多数国有企业要么经营困难，要么产能过剩，要么因为政策因素每年面临大面积的政策性亏损局面。而号称世界最赢利的中移动公司，仅宽带一项其资费水平约相当于韩国的124倍左右，在这里丝毫没有所谓“后发优势”在里面的意思。而中石油在赢利的同时居然可以连年获得巨额补贴，据说是补贴其为石油的“低价格”的亏损的。

一些学者人士甚至声称央企过去的利润暴增相当部分利用了资产化和投机性的成分。清华大学教授崔之元、前国资委监事会主席吴志林都倾向于这种观点。资产化毫无疑问伴随着收入分配的迅速被拉大，因为被强制补贴的储蓄没有相应的机会也从这种资产化的狂潮中分一杯羹，而垄断行业的利润、薪资福利却水涨船高。

最后，最为糟糕的是，在北大教授张维迎看来，金融危机后一切变得更加恶化。从本年度前半年的所有数据看来，占有4万亿一揽子计划九成项目的中央企业和其他国有企业们，从利润的总额到增速出现意外的“双降”局面。而与此同时，国内呼吁垄断行业收入分配改革的声音也越来越大。

总之，撇开官方报告的华丽说法，中央企业或者其代表的国有企业的真实形象不过是个泥足巨人，一个依靠国家政策或百姓强制储蓄的补贴、注资，特别是垄断市场而塑造起来的所谓巨人。国家补贴也好，强制储蓄补贴也好，都是源于其他行业和老百姓的口袋，对此垄断企业们始终三缄其口。之所以各方的矛头指向垄断行业，逻辑很简单：牺牲要付出代价。

·第二节·

沉重的治理矿难的经济分析

矿难和安全事故频频，怎样三令五申还是大案屡出。看起来积重难返，不容易有立竿见影之策。

——周其仁

2012 年国家安全监管总局新闻说，我国煤矿百万吨死亡率由 2002 年的 4.94 降至 2011 年的 0.564，下降 88.6%。百万吨死亡率目前已降到 0.35，但是仍与美国的百万吨死亡率相差 10 倍，中国煤炭行业仍然是一个高风险的行业。

而在数年前，由于频频出现惊人的煤矿死亡人数瞒报漏报问题，在不少地方一度出现，矿主用稍高于法定 20 万赔偿金的数额让矿难家属封口的恶性事件。甚至在矿难事故的会议上，某些地方的安检部门官员出现各种各样的奇谈怪论。比如，众目睽睽之下某官员认为："给 20 万已经够高了!"

这引起安检总局局长的驳斥："这些遇到矿难的矿工们都是年轻人，他们如果还活着的话，今后的生活的道路还很长，他们还应该有二三十年的工作期，所以用当地的居民的平均收入或者平均工资，20 年算一算，最低 20 万，我觉得是有依据的。"

在北大周其仁教授看来，这段话代表了损害赔偿从"直接损失"向"机会损失"准则的转变，是制度进步的开始。对于一个高速增长的经济而言，年轻工人的报酬根本不能用平均薪酬计算。这其中忽略了大量可能的收入。

在周其仁教授看来，由于制度变迁的时间滞后，补偿标准也出现了不公正现象，不同的补偿其实含有制度成本。早在 1983 年，小煤矿的矿难，赔偿数目是参照当时军队阵亡补偿的标准定的。而之所以这么定，显然忽略了资源占用须全面付费的制度。

在制度上无须全额付费（税）就可以占用煤矿资源。煤炭在市场上有高价，煤矿资源的占用却“几乎无须付费”，竞争者争相“出价”获取煤矿资源，直到无利可图为止。只是制度上没有国家库房明收的安排，无非按现制是民营矿主们的“账面暴利”，还要分摊大量的“隐形开支”。

治理矿难的治本之策，是“追加掌控煤矿资源分配权力者以权谋私的成本”。“追加民营煤矿的资源成本、安全成本和劳工保护成本”——因为有那块刚性的制度成本顶着，这些统统加不进去；非要下命令加，民矿只好缩小规模。

国采矿权的分配是问题的经济根源。法律上属于全民，实际由行政部门和官员控制。非法购买矿产资源的寻租行为交易费用很高，维持和保护的成本更高。政府发文限令官员和国企领导退股，种种费用最后还是到账面暴利里划账。对于非国有煤矿来说，获得和保护煤矿资源及开采权是刚性成本。没有公开竞价获得采矿权的体制，人们就暗中出价，收买实际控制采矿权的部门和官员，这就是“官煤勾结”的由来。在经济分析上，其代价一定高于合法公开竞价下获取采矿权的代价。

那么只要铁下心来，罚罚罚、抽抽抽、关关关，搞他一个“倾家荡产”(李毅中语)，应该没有余钱再来搞“官煤勾结”了吧？

问题是在经济思维上，为什么这类开支是成本？业主们“买权”的大把花销，难道不是开矿图利活动无可避免地代价？倘若买不到“采矿权”，设备、人工、技术没有用，市场订单也没有用。

略为不同的，是非法交易难以公开叫价，信息成本要高很多。获取采矿权的竞争越激烈，“官煤勾结”耗费的总资源量就越大；反之则相反。给定竞取采矿权的激烈程度，收买矿权的开支就“均衡”在“最高代价”的水平上——什么意思呢？就是能省的都省了，付出的都是无可避免地最高付出。

“官煤勾结”的各项开支无论多么肮脏，同样服从“成本”规律——

在竞争中无可避免地最高代价。只是由于非法交易，场中人还要“比赛”怎样“使黑钱”又不被曝光、怎样保住非法得到的采矿权。要注意，种种“额外的皮费”——制度成本——也是在竞争中被决定的。

一旦市场需求升温，采矿权的租金立刻就会飙升。这部分非优先开支不可的成本，不但压住了矿业的安全开支，而且常常成为后者的替代。非法开采权只刺激短期行为，没有谁会对缺乏稳定预期的采矿活动进行长期安全投资，正如没有谁用花岗岩盖违章建筑。

要在经济不受重大损失的条件下加大矿业的安全开支和资源补偿水平，只有一个办法，就是在现存矿业成本里找到可减少的地方。我们相信，将“官煤勾结”的开销转为煤矿的安全成本，或者可以解决部分问题。为此，必须釜底抽薪，根本改变开矿权配置的行政垄断，特别是官员的私人独占或寡占。这就是“治不了权和官，矿难不能治本”的由来。

不损害任何一人的利益而至少提高一个人的福利水平，这种想法当然符合经济学家们的愿望，不过这样的帕累托最优是不存在的。这不能不触犯矿权控制者在非法交易中已经并正在得到的巨大利益。

目前的状况，让人担心矿难和安全事故会频频成为一种慢性体制病。非减少在先，否则难以普遍增加。按这个思路看问题，是最有可能通过合法公开竞价过程“省下来”的。不过，遗憾的是，最后的方法却是山西省通过大规模地关停小煤矿实现的，由于小煤矿的彻底关停，交易费用也从此被限制在十分狭小的范围内。中国的矿难也因此戏剧性地大幅下降。当然，比之周其仁教授的建议，这种方法也是先前最不抱希望的。

事实上，周其仁教授的分析，遗漏了这样一种成本。由于矿难的恶劣影响，以及恶性开采煤矿引发的环境污染、地质灾害的问题，矿难地区在招商引资和长期的治理成本上的损失，很快就超过了小煤矿带来的经济收益。大批山西煤老板不得不逃离煤矿，这导致政府不得不决定对矿难的多发地小煤矿痛下杀手。这一点，正是被周教授低估的一点。

·第三节·

一定要把制度费用减下来

选择是教育券的核心。大家都指望着升学，正是目前单一教育体制造成的结果，因为没的选。一旦放开，会出现形形色色的学校，适应人们的各种需求。

——周其仁

2002年6月，在美国时周其仁教授听说中国也有地方使用教育券，回国后第一件事就是赶往浙江长兴："在美国50多年都难以广泛推行的制度，怎么会在中国一个小县城顺利成功了呢？我一定要去看看是怎么回事。"

2000年11月，长兴县教育局长的熊全龙到美国加州考察全民投票表决——"教育券"计划也正在此列。罗斯密学区的一位日裔女领导人的讲话吸引了他："公立学校能不能得到经费，将取决于学生家长是否愿意把学券交给学校……"

回国后，2001年夏天，《长兴县教育局关于教育券使用办法的通知》正式出台了。2002年，长兴县又将教育券的使用范围扩大到贫困生群体。自当年秋季起，小学贫困生有200元的教育券，初中生资助金额为300元。

熊全龙却不知道，美国加州罗斯密学区在离开其4天后的全民投票中，教育券被否决，支持比例还不到30%；时至今日，全美只有少得可怜的几个地方实行了这一制度。

美国新自由主义经济学家弗里德曼第一次提出教育券理论。之所以选择所谓代价券的形式，据弗里德曼的观点，许多人如果直接给现金的话，可能立刻去做别的事情，比如买一张无关紧要的电影票，对于教育这种特殊的产品，被替代的可能性就更加高些。按照弗里德曼的永久收入假说，只有那些确实希望完成学业并且能够做到的人，会对教育本身更加感兴趣，而不是像没有确定意愿的人一样，把任何资金上的支持放到自认为更有意义的地方去。

不过弗里德曼的这个建议并没有得到大学的欢迎，美国联邦政府则欢迎对于高中和技术教育采用此种手段，甚至退伍士兵也是如法炮制。

在现代美国，由于发展中国家的人才面临资金的约束，一般很难得到良好的教育，这时候，采用这种制度可以刺激学生更加勤奋地学习。美国目前一些部门中的人才缺口在不断扩大，美国本土能够培养的人数远远不能满足需求，美国有100万以上的科学家和工程师，但是物理和化学等方面的紧缺人才数量甚至要远远超过这一数字，在这方面，像中国这样的国家，恰好培养了大量这样的专业人才。如果降低奖学金，就像奥巴马现在所做的那样，美国将面临在这些行业竞争力丧失，最终依靠中国技术的局面。事实上在化工领域，中国的申请专利数早已经超过美国。

同样的两个学生，一个富家子弟可以继续完成学业，即使他的成绩不好，那本名誉券仍然可以保证他维持最好的学校教育。而对于穷人来说，毕业就面临失业的问题。在这种情况下，也许我们不得不承认，美国在教育上的不公正制度正在一天天累积，成为新的贫富差距扩大的主要原因。

一个成绩糟糕的人，可以通过继承和制度的不公拥有某种优势，这是封建社会的传统，但是数个世纪以来一直在某些小圈子内保持着，这同美国独立宣言相违背的事情，可能正是美国的生产效率上的真正问题。

半个世纪过去了，弗氏的其他建议——“稳定货币供应的增长”、建立个人养老金账户、废除浮动汇率、“改征兵为志愿兵制”——无不对各国的经济政策发生了重大影响，唯独教育券的命运一波多折。

克利夫兰开始实行一项叫作“加强学生教育选择”的计划，教育券计划便是其中的重要环节。按照收入水平不同，学生家庭可以获得从1875至2250美元不等的补助，选择公立学校的家庭还可以得到最高360美元的辅导津贴。

美国部分公众的看法是：将教育券发给所有人，使富裕学生也得到政府补助，这有碍公平；对于选择私校的人，可以认为他主动放弃了享受国家义务教育的机会，补助显得多此一举；而私立学校的高收费仍使贫困家庭望而却步，客观上并不能帮助贫困生得到更好的教育。如果用教育券体现公平，会不会从某种程度上又妨碍了效率？

周其仁觉得这不值得担心，北大几个学生在北京郊区办了一所专门针对所谓“差生”的学校。学校对症下药，开设了三维电脑设计专业，“招生和就业情况好得不得了”。高学费正是因为没有合理的竞争。重点院校凭着高升学率可以收几万元的赞助费；民办院校，因为没人选择造成教育成本过高。这都不正常。只有通过合理的竞争，才能改变这种漫天要价的现象，从而在教育领域建立一个合理的价格机制。

周其仁认为，对于出色的孩子，全世界都有特例——奖学金。不然，为什么那么多普通中国学生能到美国去上学？而我们还应该看到，鼓励学校间的竞争最终是为了创造多样化的教育局面，那时候受益的就不仅是贫困家庭的孩子。

用弗里德曼的话来总结这种状况会合适一些：公立教育制度在历史上有其不可替代的积极作用——使得国家能够使用统一的语言，使生活在各个阶层的人民都有了受教育的可能，在社会中创造一套统一的社会价值标准。然而，“我们今天的问题不是使人们一致，而是我们受到过多一致性的威胁。我们的问题是扶植多样化，而为了做到这一点，另一种代替的制度会比公立学校制度有效得多。”

在周其仁看来，公立学校制度其实是提高了制度的费用，最后的结果是大锅粥、大锅汤。为什么要用统一的标准制造那么多一样的人？国家放开了，允许私人办餐馆，大餐有人吃，街边的小吃店也没空着，最不好吃最没人去的，肯定是国有饭店。因为办好办坏对他们来说是一样的。国家把钱直接发到公民手中，就是直接地对公民承担责任，这才是义务教育的本质。教育券制度广泛实施，反应将是巨大的：从人事制度上，到教师工资标准上，从学费定价上到政府与学校的关系处理上，“尤其会触动既得利益团体。美国最大的反对力量就来自于全国教师协会。”

但是，我们应该有这个决心——革除一个领域的弊端，必须要依靠其游戏规则的改变，而教育券给了我们这个机会。

·第四节·
教授先生对国际航班服务的感受

遇上延误，航空公司和机场方面对于延误原因不真实告之，对于赔偿则百般推诿；而旅客也时有不冷静的表现，近几年旅客大闹机场、罢机罢乘、辱骂机组乘务人员等过激维权现象屡见不鲜，极大地影响了机场的正常秩序。

——林山君

对于国内航班延误情况了解最深的，经常是北大的教授们。因为，显然以他们的收入和职业特点，航空旅行自然是家常便饭。

而从事保险业务的北大教授，说起来航班延误和服务，更是头头是道。在他们看来西方的航班是很少延误的，这是因为这些国际航班已经在垄断竞争中，依靠廉价航班取得了成功。

自从航空管制放松以来，美国的廉价航空公司就处于一枝独秀的地位。美国民航业低成本运营模式大行其道，令美国廉价航空公司的日子比传统航空公司要好过得多，尤其是以美国西南航空、Jet－Blue 等为首的民营航空廉价运营公司。从旅客的角度出发，廉价航空与大型航空公司的差异主要在机票价格方面，但出游行李数量的限制、进餐的有关规定等服务质量，则难以与大型航空公司作比较。不过，普通消费者对价格的重视程度远高于服务素质，毕竟这只是短短数小时的航程而已。

按每架飞机配备的雇员计算，廉价航空公司尽可能招聘尽量少的人数，如西南航空每架飞机只配备 86 个雇员，而大型公司最少也需 100 多个雇员。

航线方面，廉价航空通常比较倾向经营短途路线，以美国最大的廉价航空公司西南航空为例，在成立之初，便主要经营得克萨斯州内的短途航线，后来才逐步开通美国洲际航班，业务范围扩展到30个州的58个城市。美国西南航空不设头等舱，把顾客定位于中小企业商务旅客及自费旅行人士，大家更关心的是钱而不是一种享受。

美国西南航空并不提供行李转机服务，如果转机则你自已拉着行李就行了，减少了地勤人员数量。航机不提供用餐服务，只提供一些软饮料和花生米，为进一步节省成本，美国西南航空并不设立专门的机场后勤部门，所有飞机维修包给专业机修公司；而且全部近400架客机均为波音737机型，较大批量地采购增强了讨价还价的能力，从而获得较高折扣率。

航空公司打折，也要看对象，对于坐头等舱的人、坐公务舱的或临时买票上飞机的，基本没有折扣。这些人是不可能得到打折票的。折扣大部分是给那些提前买票的人和非商务人士等。飞机票打折意味着坐同一架飞机的人，所付的价格却不同，经济学把这个现象叫“价格歧视”。

垄断者的低价，并不是他们仁慈，要回报社会什么的，而实际上是想剥夺消费者剩余，自已赚更多的钱而已。所以，这才是航空公司廉价票可遇不可求的原因。消费者只能是被动地接受价格，其实根本做不了什么。

打折的结果可能是这样：提前10天订票的，可以打3折；提前8天的4折；提前6天的5折；提前4天6折；3天7折；2天8折；提前1天的9折；当天或者临时起飞前两小时购票的全价。当然，如何打折还要根据具体情况，每家的折扣策略有所不同，但是大致就是这样。

现在看看，打折后的情况又如何，假如最低价是3折，即450元，最高是全价1500元。你想想，那些对坐飞机的评价高于900元的人，本来愿意付出更高的价格，最高可以是1500元，现在只要900就可以了。这些人就获得了消费者剩余，消费者剩余越多，航空公司的利润就越少。

接下来，看一下结果，第一，乘坐飞机的人比不打折时增加了，买3折、4折和5折机票的人，原来是不打算买机票的，现在却买了。第二，那些对乘飞机评价高于900元的人，原来付的价格是900元，即6折，现在可以让他们支付7折到全价。所有的消费者剩余都消失了，变成航空公

司的利润。可能你会觉得，3 折的价格太低，航空公司会不会亏损啊。放心，买的没有卖的精，绝对不会的。除了极端情况，3 折，哪怕 2 折的价格，仍然是高于每个乘客的平均成本的，哪怕 2 折、3 折，航空公司也是赚钱的。

还有电影院，经常对学生实行低价。因为学生的收入低，如果不打折，他们便不会去看，或者很少有人去看，打折后，看电影的人就多了，只要价格高于影院的平均成本，影院的利润就会增加。所谓打折，不过是一个动听的词罢了，有的产品，本来价格就不高，可是为了吸引人，多赚钱，就先拉高价格，然后以打折招揽顾客。其实这个打了折的价格，比原来不打折的还高。

最有代表性的是服务平台提供的“我们‘赔’你等”服务，凡是在“出行易”平台上订机票的旅客，如遇航班延误，落地时间晚于计划到达时间 2 小时及以上，不论是什么原因延误，无须任何材料，即可自动获得 200 元延航关怀金。

有不少保险公司推出类似航班延误险的产品，但是基本上都需要航空公司提供相应的证明材料，理赔程序比较烦琐，有的还把天气、空中管制等不可抗力排除在外，而补偿金只有几百元，很多旅客觉得不划算。一旦航班发生延误将自动启动理赔程序，款项可以直接付至旅客提供的账户。

即便不买保险，根据相关的规定一旦航班延误也应该得到赔偿。这就引出了另外一个问题，如果乘客购买了航空延误险，一旦出现航班延误，乘客获得了保险公司的赔偿，航空公司的赔偿责任就应该免除吗？如果没有免除，那乘客是否应该得到双份的赔偿呢？还是保险公司应当行使代位求偿权，代替乘客向航空公司索要赔偿呢？

不可否认，航班延误险对于在航班延误问题上缓解旅客和航空公司的矛盾方面发挥着重要作用。事实上，航班延误的多种原因往往叠加在一起，很难划分多大程度上是航空公司的原因。需要强调的是，航班延误险的作用不应当只限于此，应该尽快明确航班延误经济赔偿条件和标准，为保险公司与航空公司之间划分责任，为向航空公司索取赔偿提供依据，并以此促进航空业提高运行效率，从根本上减少航班延误。

·第五节·

难得的教材居然在中国

我觉得用一句话可以结束今天的讲座，冯友兰老提一句宋儒的话：为万世开太平。这就是中国人的使命。

——盛洪

按照北大的一干新制度经济学教授们的看法，中国是世界上制度经济学的最大试验场。制度经济学的开创者科斯在他的母国英国和美国，都是少数派，并不受欢迎，但是中国确实是制度学派难得的福地。

为什么如此之多的制度经济学者会将中国看成是他们的宝地呢？

首先，这是因为中国本身的条件，中国是一个悠久历史的独特大国。学界一般认为，从某种意义上讲，中国它本身就是世界，有统计表明在中国古世界人口比例最高时，这个比例达到 40%。中国人没有想过用战争的方式去跟别人打，也就是打些倭寇和荷兰人，直到英国人利炮坚船打来了，林则徐还以为那是些海盗，认为英国国王是很高尚的，不可能支持这种行为，但是他支持了，英国议会投票支持了，它就这种文化，这种天下主义的文化。清政府的倒台有多种原因，一种原因是这种政府形式是不能征更高的税，所以也不能建立一支现代军队，在老百姓可以容忍的税收制度下最大限度地实现富国强兵和国防现代化，所以可以从这个角度来看近代中国的调整。

其次，中国对于西方经济学的引进做得很好，超过其他发展中国家的进度。1998 年，美国德赖登出版社据说开出 250 万美元征集一版经典经济学教科书。有位教授那时候正在赶这样一部稿子，但是还没有完成，不过出版方的热情似乎已经超过作者本身。接下来，这位教授在大名鼎鼎的经济学巨匠萨缪尔森的眼皮底下，创造了两个看似不可能的神话。（也就

是 1998 年，萨缪尔森的那部经典《经济学》刚刚出版第十六版。）第一个神话是，这部书还没有出版，就已经拿到 140 万美元的天价约稿费。要知道萨缪尔森写第一部《经济学》的时候，他还在为自己的吃饭问题担忧。第二个神话是，这本书出版后，仅仅 3 个月就被美国 300 多所大学采用作为教材，其英文版发行量在 1998 年出版当年就高达 20 万册，超过了萨缪尔森的初版记录，成为世界上首版最成功的经济学教材。

实际上，这本书还有第三个神话。因为对从 20 世纪 90 年代才开始大规模引进西方经济学教材的中国来说，这本书前四版的中译本，自 1999 年出版以来也一直是国内选用最多、最受欢迎的经济学教材，其流行的程度可以说达到让人惊讶的程度，书中所提出的“经济学十大原理”，几乎成了国内学生对经济学的标准认识。街谈巷议，市井闲话，冷不丁地就有人会以所谓“十大原理”，表明自己也是个经济学的行家。这种流行之风，让人不得不赞叹的同时，追问为什么一本外国人写的普通教材能如此流行？

解释一个出人意料的创造神话，引爆流行的现象，有必要使用作者曼昆提出的十大原理中的第六个：市场通常是组织经济活动的一种好方法。这个原理虽然排名靠后，可却是最早被人们发现的原理。

“对我的教科书评判最终不是来自我本人，市场反馈才是对此类事情的最佳评判标准”，这是曼昆自己对自己的作品如此流行的解释。

这句话其实说出了两个真相，第一，教科书流行是市场的正常结果，与作者本身的倾向无关。第二，流行与否，决定权在市场，作者曼昆不是决定性的因素。但中国人将经济学教科书看成是获得二手经验的渠道，这一点本身就是世界最大规模的制度经济学试验之一。众所周知，经济学教科书本身就是制度经济学所谓意识形态的一部分。张五常来北大教学前，他的同事都认为他是被派到中国进行一场制度经济学启蒙的最合适人选。

1982 年，张五常接受科斯的建议，回到香港，在香港大学任职。《卖橘者言》曾经在“走向未来丛书”中出版，张五常在北京碰到北京大学中国经济研究中心教授周其仁，周其仁给张五常看两本书，一本是《中国的前途》，一本是《再论中国》，从《信报》原版影印装订，一字不改，内页写着“内部阅读”，“这是北京复制给干部们阅读的。周其仁说各书复制了2000本。”

最后，中国的经济现代化道路本身就是一次制度变迁。张五常说，“在中国，有世界1/4的人口30年来无缘享受现代经济分析的进步，在某种程度上，我们很有可能帮助弥合这一差距。我们也希望通过研究中国的经验大大增加我们自己的知识”。

在20世纪80年代，整个中国理论界和政界，关于体制改革产权理论的全部知识，都来源于张五常。在张五常的影响之下，一大群原本有着浓厚马克思主义经济学背景的学者，改道从事制度经济学的研究。跟随弗里德曼的张五常，很长时间引来学者们的关注。一个能够说中文，同时还是著名经济学家的华人，显然对于学者们的研究导向起着异乎寻常的作用。

北大中国经济研究中心，实际上也就是这些受张五常影响的制度经济学家们组成的。在过去的20年间，中国每一场改革，从价格改革、到最近的财政税收、国有企业改革，所做的贡献有目共睹。从某种角度说，学者们的积极传播和亲自执行，很大程度上扮演了制度变迁中初级或者次级集团的作用。在改革中，正是学者们的声音和力量让中国走上一条市场经济制度改革的大路。

跟踪中国经济改革近30年后，张五常说，“有沙石，但拨去沙石，这是中国历史上最好的经济制度”。事实上，作为他的嫡传弟子的中国经济中心的教授们也是同样的看法。

·第六节·
争议四起的经济原因

人的生命有限，什么享受不好，非要争议不断？为科学问题吵来吵去，也许还可以增加知识。“郎旋风”以来的争议，到底增加了我们哪方面的知识？基于利益的判断分歧难以避免，也值得花费时间和精力，可是国企国资从来不提供公民个人的收益权——国企利润要不要上交才刚刚开始讨论、就是上交与公民个人的关系还有待考察——吵来吵去的，还不如看《无极》。

——周其仁

2006 年 3 月，中国人民大学校长纪宝成披露“至 2005 年底，在海外上市的近 310 多家中国企业的市值已经达到 3700 亿美元……其中 80%都是具有垄断性资源的优质国有企业”，“现实市场经济中，海外上市的企业个别利益与社会利益会背离，简单采取市场自由选择，势必会产生市场失灵的问题。因此，从国家战略利益的高度、从社会长期利益的角度，对大规模盲目海外上市进行干预和约束就是合理的”。

此后，连同工商银行和中国建设银行、中国银行的引入战略合作者的争议，“国有银行海外上市是不是被贱卖”争议等一系列问题，都引起过公开的争议。所有批评集中到一点，国有资产流失也。

2004 年香港中文大学郎咸平高调指控海尔、TCL 和科龙等三家公司的改制和兼并是“瓜分国有财产的盛宴”。吴敬琏、张维迎不同意郎咸平的轻率指控，此后包括周其仁等上海、北京两地一批教授、研究人员或联名发表声明或上书人大或举办研讨会声讨郎咸平。国资委领导人叫停大中型国企的管理层收购，并出台“不得向管理层转让股权”的政策文件。这就是 21 世纪中国影响极大的“郎咸平事件”。

到 2007 年，网络上有北大经济学院某高才生，借金庸小说《射雕英雄传》中华山论剑，极尽讽刺之能事。在一般学生眼中，当年的争议根本看上去像是北大的几位学术大佬摆定擂台，纠合社科院、海派经济学者甚至张五常等人，进行的“挑郎大战”，而郎咸平也因这次规模宏大的学者之争从此名利双收。

如今市场上的畅销书，完全沦为郎氏风格阴谋论的附庸。有经济学家调侃说，“经济学的书都让郎咸平写了”。

作为当时不同意郎咸平的北大教授之一，周其仁痛定思痛，对于这场争议进行了一次新的梳理和研究。在他看来，这是一场没有实际学术意义的立场之争，立场之争的出现根本上是制度变革中的利益使然。

为什么过去没有争议？周其仁认为，这是因为在计划经济时代和改革早期，国资转让向来通过行政指令调拨，过去很多有关国资项目的决策背离经济规律，资产早就贬值，但是“肉烂在锅里”，没有市场价格的显示。

市场资产转让和定价，不同个人的估值差别极大。国资是历史上消灭私产基础上形成的公产，“主人”之间对资产转让的个人估值不同，既没有消除分歧的程序，也无法选择退出，麻烦就大了。举世闻所未闻的“股权分置”或“部分股权不流通”究竟是从哪里来的？答案简单，就是为避免“国资流失”而来。国有股干脆不交易，免去天天跟着股价涨落吵“流失还是不流失”。问题是，小聪明酿成另外一个大问题，到今天还没有解决完。

已发生的不良贷款一旦处置，价值损失就浮到表面，人人可以看见。不处置呢？因为账面资产价值不变，谁能说“资产流失”呢？等到资产管理公司按照国际惯例把不良资产打包重新定价，争议就开始了！

郎咸平公开声明反对国资转让，要求退回“大政府体制”，在逻辑上还有一致性。讲到底，除非天下存在市盈率永远不变的市场，否则怎样做也难逃资产流失的指控。国资不转让有没有代价呢？国资不转让也有代价。明显的代价就是那以万亿人民币计的国有商业银行的坏账和问题贷款，国有企业的经营亏损和资不抵债。从企业的角度看，资本引入的同时带来技术、管理思维和公司治理结构方面的进步，当然是海外上市的重要收益。在权利主体不清楚的限制条件下，一项选择的收益成本难以清楚衡量。

在学理上，也要考虑废止转让权的国资怎样运营。国资不作为经营型资产，甚至不收费，对所有国民开放。另一个稍加变通的模式是不要求国资增值，但可以收取一个营运成本保持资产得到良好管理并为国民提供公共服务。

中国那样大，国资那样多，不能全部到国家一级来解决问题。各种争议是进入转型的国资派生出来的一种经济现象，根源在于国企国资的经济性质。“争议四起”本身已构成国资转让的制度成本。在经历地方国企大

规模改制、中央国企成批海外上市之后，国资转让的步伐在客观上可能减缓，并需要时间来准备进一步完善规范国资转让和定价制度。从长期看，实践不会终止，探索还将继续。

·第七节·

“汉芯”故事另一面

有同学看了“汉芯造假”的报道，找我来讨论。经验说，这样的事情，完全搞清真相有相当难度。诚然，举报人、媒体记者和政府调查组已经付出了艰苦的努力，提供了丰富的资料，有关机构也发布了正式处理的公告，但是要论举一反三，我觉得信息还远不足够。

倒不是说谁在刻意隐瞒什么，而是看世界的角度很多，不向某一特定的方向看，总有一部分“真相”怎样也看不到。

——周其仁

《21世纪经济报道》说：“汉芯一号在问世3年时间内，向国家各部门成功申报项目40多次，累计骗取无偿拨款突破1亿元。”成为中国科研历史上最大的骗局。所谓汉芯一号事件，其实是一个彻头彻尾的科技大骗局而已。

2002年8月，长江学者、上海交通大学教授博导、上海交大微电子学院院长、上海硅知识产权交易中心实际负责人陈进，委托其弟从美国买回10片MOTO－freescale“56800芯片”，用砂纸磨掉芯片的商标后，人工加上汉芯的标志。国内集成电路行业的知名专家，一致鉴定“汉芯一号”是达到国际先进水平的高端大规模集成电路。

英特尔公司的一位工程师评价：“芯片的研发设计时间是很难界定的，但是作为一个尚在组建过程中的设计团队，在这么短的时间，完成了一款高端DSP芯片从源代码设定到流片的全过程。这个速度太惊人了。”而这个骗局，居然一度被广泛传扬，被看成是自主创新，创造“中国芯”的奇迹。直到一年后，这个骗局才被拆穿。最可笑的是，拆穿骗局的还是陈进团队的得力人员。

甚至，当法院的传票下达时，中国大学里的争议还没有停止，坚持不对陈进的“汉芯一号”骗局定性的大有人在。比如周其仁教授就认为，这种事情不能全部是陈的错误，而是一种体系的错误。

“的确，竞争无处不在。大学教授包括本人在内，既不超凡也不脱俗，当然也摆脱不了竞争的压力。我们熟悉的体制和机制，主要特征就是行政权力主控、程序繁杂、权力与责任脱节。在这套限制条件下，资源的利用和收益的分配，既无效率，也不可能公正。改革以来，农业、工业和商业率先摒除了这一套，所以中国经济在世界上开始大有看头。但是高教、科研等领域究竟改了多少？以‘汉芯’为例，上亿财政资金被骗而看不到有谁出来负责，难道这也可以说是‘市场化改革过了头’”？

在周其仁看来，汉芯一号，根本就是一个典型的公地悲剧而已。很早以前，亚里士多德就注意到公共所有权会造成过度使用的问题：“由最大多数人所共用的资源，却只得到最少的照顾……人人都只想到自己，很少考虑公共利益；除非事情与他个人有关。”还有更甚者，面对某一稀缺资源，人人都会出于理性选择消耗它，尽管谁都知道这些决定合在一起将对该资源造成破坏。在这种情况下，虽然政府有管制，恐怕也很难有什么好的收效。

市场上大多数的商品和服务通常都是需要在支付某种费用后才能使用的，所以可以排除不付费乱使用的消费者。但是，公地或公共资源就是因为不具备这种功能才带来了问题。无论是公共财产还是公共资源，由于不用负担任何成本即可使用，所以都会发生“搭便车”的情况。然而在实际上，有时很难对公共财产和公共资源进行区分。例如，不收费的一般公路应该属于哪一方呢？我们在判断时需要根据它的拥挤程度而定，拥挤程度高（需要竞争）的就属于公共资源，相反的就是公共财产。另外，高速公路由于设有收费站，所以可以排除不付费的使用者，因此它既不属于公共财产也不属于公共资源。

生态学家加勒特·哈丁创造了“公地悲剧”这个词，很好地说明了此

类情形。1968 年，他写道："在一个信奉任意享用公有资源的社会，人人都追求自己的最大利益，毁灭是其必然的命运。任意享用公有资源会带来毁灭。"政府管制对公地悲剧起不了作用，那么把"工地"拆分，会有什么成效吗？分掉所有权，能创造出强有力的个人保护动机。

在没有产权安排下，政府沦为冤大头。公共物品的效率低是因为搭便车的人大量存在，由于经济人追求自身利益的最大化，在产权不明晰的状态下，每个人都希望以较小的成本换取较大的收益，最后导致公共物品的低效率。在产权明晰的情况下，个人干个人的活，多干多得少干少得不干不得，所以每个人都希望自己获得更多的收益，干活的效率就会显著地提高。

公用财产需要比私产有更严格的规矩，因为这是他人财产，离开严格的监督不容易真的成为公用，绝无理由轻视"汉芯"故事的另一面。事情不能以"终于抓到一个骗子"而告结束。私有制解决了公地悲剧，私有化打败了政府管制，市场竞争胜过国家控制。但这种简单的对比从根本上误解了所有权的可见形式。公有资源的私有化，或许可以解决过度滥用的悲剧，但也可能在不经意间招来另一种恰好相反的问题，就是反公有资源的未充分利用。

比如像科研经费的问题，如果过度私有，可能又要产生新的麻烦。比如成本问题，大部分的研究如果不产生利润，则很少会吸引有效的经费，这对于科研是致命的。

大部分的科研项目，在今天，多少都具有公共产权的性质，一项科研成果，投入和回报并不完全属于资本所有者，相反，大量的溢出和外部收益，让科研有一种长期的社会价值和社会效益。这就像曾经的灯塔一样，必将回到公有化的老路上，

在 17 世纪初期，领港公会建造了两座灯塔。虽然领港公会有特权建灯塔，向船只征收费用，但公会却不愿意在灯塔上投资。到了 1820 年，英国私营的灯塔只剩 22 个，而由领港公会经营的是 24 个。政府通过法例，要领港公会将其余的私营灯塔逐步全部收购。1842 年之后，英国就

再没有私营的灯塔了。有些人在着急地关注汉芯的追责问题的时候，不可避免地，将公用财产和过度私有财产的问题简单化，这样影响我们解决真问题的能力。这一点，也正是周其仁所担心的，汉芯事件的背后问题。

第八章

遭殃的铁路农田

·第一节·
观察经济大时代

为什么经济学者对这个大时代的转变反应迟钝？这个问题让我想了很久。一个可能的原因是，观察经济大时代，往往有特别的困难。没有深入可靠的观察，分析难有用武之地。

——周其仁

作为一个著名的制度经济学者，周其仁教授以其卓越的洞察力，从细节入手，将制度经济学的精髓融会于经济大局之中。凡事总能以制度的眼光分析，于细微处见真知，可谓周其仁经济学的最大特点。

在周教授看来，如今的世界，以市场经济的涉及范围领域规模来看，乃数千年未见之大变局。这样一个时代，是工业革命以来从未有过的大时代。18世纪英国工业革命，市场经济的范围充其量不过数百万人。法国、美国、德国、日本紧跟英国，走上资本主义道路，到20世纪初，也不过数千万人享受其红利。像中国这样一个十几亿人庞大人口规模的市场经济汇入全球市场，加上印度和俄罗斯的加入，将是人类绝大多数都进入市场经济的空前时代。

这样一个规模宏大，有着远远超越工业革命本身意义的事件，经济学家们对此却缺乏想象力。至今，除去少数经济学家以某一个国家为蓝本进行只言片语的描述外，还没有一本书，对这个大时代进行白描。

周教授认为，经济学家之所以对大时代“失感”，很大程度上是制度经济学所指出的假设性前提存在的结果。

首先，我们生活的这个世界是复杂多变的，充满了不确定性。周遭发生的一切，往往超乎经济学家的知识范围甚至理解能力。环境的多变，也常常以各种各样的情形体现出来。如果这个困难存在，任何人都不是全知全能的上帝，只好安静地等待命运的审判，无法预知一切。

其次，在周教授看来，人们自己的判断能力也常常是低估或者高估的。这最明显的体现在他们以为自己可以计划一切。这种计划经济体系下人们的最优化假设，实际上在当今的所有经济学体系里，客观上都是存在的。比如任何一个动态经济规划里，都隐含地假设存在一个理想的最大最优的值或者最优的选择。这是现代经济学的假设前提。

问题是，这个前提有时候可能未免太过武断。极端的情形是，人们会有意无意地认为自身是中央规划者，因此，他们自认为有权对普通人的选择说三道四。这种超人的自信，也被认为是哈耶克所说的“集体主义”。

在集体主义下，有些人会低估别人在市场中自发的能力。正因为如此，哈耶克认为自发行动之外的说法，都是不可靠的。在20世纪最后几十年里，中国发生的市场经济变革更是突出地表现出这种特点。普通中国人适应市场的能力，仿佛在一夜之间就全部复苏。如今世界市场上约1/5的商品是中国制造。这个规模除去没有超过清代曾经的比例外，已经超过美国保持半个世纪的商品制造第一大国的地位。

2010年时，还有美国经济学家得意扬扬地说，中国在发电量的指标上始终没有超过美国。然而两年后美国的发电量和消费量，只有当时美国的80%左右。而中国这个国家同时还在蔓延缺乏电力的恐慌，如果达到美国同等程度的用电水平，其未来的发电量将是个天文数字。

如果这些经济学家们可以预测未来，他们绝对不会夸下海口。事实上，尽管经济学者可以大致断言中国经济将在未来某一时间段内超过美国，可是谁也没有想过时间会如此临近。周其仁教授认为，这是因为人们收集信息和处理信息能力有限导致的结果。

最后，在这个大时代，我们似乎不可避免地面临一个英国困境的孤立选择。这是一种从未有过的制度变迁中的唯一成功模式。对于今天的中国来说，似乎正处于一个和大英帝国当年类似的同一条线上的危机。中国是个社会主义国家，在政治形态上明显是处于孤立的形式的。在不同的资本主义国家中，矛盾随着欧债危机日益激化。显然美国倾向于在欧洲经济的地盘扩大，但是强劲的德国经济增长，越来越左翼化的法国，已经不甘心接受美国的指示，既无法靠拢俄罗斯和东欧国家，也无法同美国和欧洲的任何一方建立政治上的联盟关系。这一点历史已经证明。

相反，利用这些国家之间的矛盾，在经济上实现中国国家利益的最大化，才是最为明智的选项。如果轻易出头，或者和某一个欧洲国家、美国靠得太近，就可能丧失对外贸易的大好机会。

在新中国成立后，中国的领土疆界基本上已经稳定在亚洲东部。像西方所说的那样，中国又回到千年以来固定均衡的地理结构中。东有大海，西方是高山和动荡的中东和中亚地区，这是个封闭的环境，既没有美国双向的空间，也不像欧洲一样太过开放。而亚洲地区经济联系的扩展和加深，足够建立一个庞大的贸易腹地，而并不要依赖欧洲和美国。

最后，在经济上，由于中国长期执行外向型的经济，因此，海外利益的重要性正一步步地提上日程。最大限度地保护海外利益，避免全面树敌才是根本的战略。像英国维护自己的殖民地的光荣独立政策一样，中国采取相对的孤立是正确的。

而且，以今天中国的总体实力来说，尚难以强大到建立日不落帝国时代的海外军事力量，自然孤立地保守自身利益，也是最明智的做法。

·第二节·
解释中国经济成长

比较而言，验证林毅夫教授预言的难度就小得多了。今年早些时候，林教授在一个国际性研讨会上推断，2030 年中国经济总量就可以超过美国。一时间舆论哗然，网上更是吵得热闹。但是毅夫的预言怎么可能是儿戏：2030 年为时不算太远，他本人和许多现在听他预言的人届时一定健在。学者把自己的名字写上去的预言，外人不应该看轻的吧？

——周其仁

周其仁教授提出一个新的论断：中国现在正处于经济观察的绝好的一个大时代。怎样看经济？对同一个中国经济，判断和看法彼此相左，实在是非常正常。无论怎样看，中国经济在全球舞台上有了一席之地。简化复杂的世界，集中于某些关键变量，就可通过分析限制条件的重大变化推断未来。

首先，周其仁教授从中国经济的状态和发展本质做出这样的描述。中国经济突然在全球竞争中大有看头？一种流行的解释说，“廉价劳动力”是明显的中国特色。就专业程度高的岗位而言，中国人工成本与发达国家的差距在缩小。在开放的早期，“人往高处走”——发达国家的高薪把中国人才都吸引走了。更广泛地观察，中国不但劳力廉价，而且其他要素的成本，比之于发达经济也便宜。从国际范围来看，比中国劳动力还要便宜的地方还有不少，从历史看，早期中国劳动力比今天更要便宜很多，可在那时，中国经济哪里有什么世界影响力？

要素成本之外，还有两个变量也是至关重要的：一个是“制度（组织）成本”，另一个是“要素质量”。三缺一，就不能很好地解释经济增长。如果要素很便宜，但生产的组织成本或制度成本非常昂贵，那么经济还是没有竞争力。另外一种情况，要素价格低，组织和制度成本也不高，

经济也不会有竞争力。

经济学重视生产要素的比例。经济之间究竟开放与否，是一个制度性的限制条件，不能先验地假定。要是经济制度不开放，产品和要素交易的壁垒很高，比较出来的“优势”就被歪曲了。

“制度成本”是阿罗和张五常对科斯的交易费用概念的扩展。改革开放之初的中国，经济要素成本很低，差不多只及发达国家工人的1/100，而经济制度成本却高得离谱。比如外资、合资、个体、民营的市场准入——不但不能干，而且不能想。原子弹可以搞出来，大量普通工业品质量乏善可陈，圆珠笔怎么划也写不出来。

改革开放大幅度降低了制度运行的成本，鼓励了人力资本投资，提升了要素质量。20世纪90年代中期之后，中国的国际竞争力才令人刮目相看。要素价格低廉、制度成本大幅下降以及要素素质显著提升，可以解释中国经济为什么20世纪90年代以来很快在全球舞台上有了一席之地。

但是，仍然用这三个变量看中国经济的现在和将来，却不让我们轻言乐观。最重要的是国际竞争环境大变，中国的成本优势重新面临挑战。

成就的另外一面就是麻烦。中国经济在全球舞台上有了看头，没有谁会真正无动于衷。从转型的角度观察，倘若俄罗斯要扩大开放——然后再促进内部改革，我们应该怎样估量其竞争潜力呢？1991年印度奉行“拉奥革新”以来的“另一条印度道路”，今天再看印度，落后于中国的地方依然举目皆是，但某些领域领先于中国——例如软件出口——却是不争的事实。印度的平均劳动成本比中国低，而其专业人才的质量又绝不在中国之下。

周其仁教授说：“一位去过越南的朋友说，有些在中国行之有效的经济政策在那里差不多照单全收。人家可以宣布‘五十年不变’！如果中国经济的制度成本能继续大幅降低，或要素之质量能继续大幅提升——且两项合并的效果可以抵过要素成本急升——那么中国‘制度’不容易观察。”

熙熙攘攘的市场、井井有条的公司、不时大爆新闻的经济活动，都容易观察。可是，从哪里可以看见“制度”呢？用“不易看见的制度”明明白白解释世事，却乏善可陈。其实，市场是一套制度，企业也是一套制度，恰恰从成本、代价和费用（cost）的角度，市场中的人不难明白，经济活动还有许多其他费用——寻找交易对手，对商品和服务的质、量定价，履行契约，解决纠纷等。即便是学校，也同样如此。

周其仁教授，从北大的经济学的发展历程得出结论说：现代的经济学，已经不是靠一支粉笔和几页文字就打发的。如果说以前想成为一名经济学家得有一本过硬的专著或教科书，那么现在，就得要有几篇叫得响、引用率高的论文。专著有时候被看成是论文的“稀释版”，因此还是以论文为先。这就是所谓专业化和分工的结果。分工和专业化本来是经济学最基础的思想之一，但是往往因为司空见惯，倒不像从前一样找得到特别好的案例。官员们没法混进经济学界，其实倒是个绝妙的例子。

一般来说，政府的官员们也接触经济，也具有部分经济上的经验和认识，但是这些经验并没有什么逻辑性和规律性。教授们的经济学则是说理性强、语言规范、论证严密、可以广而告之的那种指南。而且由于经济领域涉及范围日渐扩大，任何一个官员所能得到的经验都是极小的部分，这样他们的经验的适用范围就进一步减少，结果只有经济学家专门有时间研究这些内容，才能获得更好的认识。长期演化磨合的结果，就是经济学家们形成自己的组织，自己的一套制度和规范，也就是经济学的各种模式。很早以前，官员出身的经济学家是不少的。但现在随着分工的深入，这种可能性几乎下降到零。

分工的扩大，导致专业化，最后排斥非专业人群，这种现象也不稀奇。就像曾经兴旺的手工作坊，现在被大规模的流水线替代一样。只有极个别的手工作坊还能生存下来，倒不是因为专业化出了问题，而是通常非专业人群被排斥，市场也跟着缩小规模，在这个小规模的市场里，一些原来不专业的，也变成专业化人群了。比如在一些哈佛的学院里，能够懂得一些稀有的印第安语言的人，虽然可能不识字，也是专家。

在逻辑上，制度总为节省交易费用而存在，也为节约交易费用而变化。改革越来越困难，降低制度成本、推进经济增长是中国以往经验的基调。问题是，改革开放已经30多年，继续降低制度成本的空间在边际上究竟还有多大?

·第三节·
大路向不能错，卖橘者真言

中国经济体制改革已经走过了20年的路程。最主要的经验，就是大路向不能错。什么是大路向？就是改革开放，就是全面的经济体制改革和其他体制的改革，就是社会主义市场经济的确立。这是20年来看得清楚的路向。只要这个大路向不变，无论多么困难，有多么复杂的问题，中国总有希望。

——周其仁

为了解释方向不能错，周其仁教授来了段学者们十分忌讳的循环逻辑。“为什么大路向不能错？因为中国能够在当今世界经济舞台上占有一席之地，靠的就是改革开放。”

20年前，中国的劳动力更廉价，人工成本差不多是发达国家的1%。要害在于，虽然劳动力非常廉价，但组织起来的成本非常昂贵，难有竞争力。

20年来发展的经验是什么呢？改革开放后变成可以做、可以想。经验证明，中国的大路向走对了，改革开放走对了，市场经济方向选择对了。

我们都知道后发优势，现在中国经济要面对的是后发的后发优势。

纵观天下经济，没有哪个完全没有麻烦。发达国家唯一有利的武器是要素综合素质。不过，创新活动有长波，并不是年年月月日日都有大量的创新。加起来，发达国家面对后发优势以及后发的后发优势，高处不胜寒。中国人的学习能力，还有很大的余地，生产力还有很大的释放空间。发达国家的资本、技术等，还是要向中国转移。印度、俄罗斯、东欧、越南都在开放，都在与中国赛跑。人力素质的提高，会“潜伏”一个时期后突然显示效果。后发的后发优势，竞争力不容低估。

这种导向并非空穴来风，因为在所有大国中，包括在中国人看起来靠进出口经济为生的日本，贸易所占国内生产总值的份额都比我们低得多。如果让我们来解释的话，一个贸易占比太高，生死存亡基于他国的大国，自然更加关心世界的看法。毫无疑问，这样的大国，当然是脆弱的。

仔细剖析一下大国和小民的搭配关系，显然这个关系并不是简单的小大之别。很大程度上，这实际上是另一种经济畸形的表达。

中国经济虽然经历了11%以上的高增长，其实是建立在一个世纪以来国富民穷、一穷二白的历史烂摊子之上的。对于一个在工业化中期增长的国家而言，那些内部的血管和神经还处于十分稚嫩的阶段，自然出现外强中干的那种结构。

外强中干，自然中国人的心态也会出现两种分化。一种像曾经的清朝一样，庞大的GDP堆积起虚幻的强大，自信和自大的情绪空前扩张，在这样的情形下，中国社会民族主义的思潮逐渐强大。最明显的事情是，一切以自我为中心，满足于外国人的甜言蜜语，任何报纸只要夹带赞美之言，就可以受到国民强烈的自豪感的追捧，甚至出现本国人的能力需要外国人证明的怪事。

一种则完全走向了反面，体现的是完全的崇洋媚外，极端自卑。比如外国的月亮比中国圆，全盘西化就是典型。后者显然属于缺乏起码的对经济总量和发展的眼光。在一些经济学家眼里，例如不少发展经济学家那里，后者往往是新帝国主义势力的一种支柱。在非洲最贫穷的地方，几乎每一个经济陷入现代化的陷阱不能自拔的国度，都有这样一群西方背景，自甘堕落的人的影子。

毕竟，正如缪尔达尔的看法一样，“改革的效果、速度甚至改革的方

向对彼此对立的霸权集团来说，都具有政治上的重要性。现在对欠发达国家的问题所进行的研究，经常是出于一个国家或一个集团一时的和狭隘的政治利益或战略利益，而不是为了普遍和永恒的价值……”。

除去大国小民的失衡发展的弊病心态外，大国小民还让中国产生了更为糟糕的“追赶综合征”。几乎所有的报告都义正词严地发表公告说，中国人如今已经是地球上最为勤奋的群体，中国人的劳动时间已经超过习惯于加班加点工作的日本人。在美国人眼里，曾经长辫子的中国人形象，已经被勤劳和机器工人的刻板印象替代。有些人甚至妖魔化中国工人——大多数美国钢铁工人在政客的唆使下，轻信这样的结论，即中国人夺走了他们的岗位。

在日益积累这些捕风捉影的憎恨的同时，中国人自己的确是在超越生理极限。甚至在这类心态之下，超越生理自然可以超越规则，超越规则就可以超越规律，最后凌驾于经济规律的各种迷信无形中在人群中扩散开来。

例如，在中国的不少地方，早先靠 15 个小时的加工作坊，因为提升的劳动力优势，逐渐占据某些行业的主导权，老板们不久就认为，既然可以如此，挑战人权和法律也是在所不惜。这也是中国血汗工厂的群众基础之一。而在官员心中，经济增长给了他们对计划和政府过度扶持的某种信念力量，这也是 4 万亿的恶果得以复发的关键。没有这个数字指挥棒，许多官员一时手足无措，竟然不知道将来会如何考核。

总之到最后，社会学家和经济学家都被推上风口浪尖，他们也很难说清，这到底是一种必然，还是只是一种偶尔的巧合。唯一可以肯定的是，至少现在，我们中的大多数还是要沿着这样一个循环，进行下去。至于结局是否是死循环，那是另一个问题了。

所谓渐进策略，容易改的先改了，留下的都是难改的。20 年前提出的许多问题有些到今天还是没有解决。银行、股市、财税体制、国企国资、行政垄断行业等领域，留下的问题比解决的多很多。由农地转成非农地没有从体制上解决问题，还只好是靠行政手段救急。渐进的改革方略有有利的一面，但也有把问题往后拖的一面。拖来拖去，老问题解决不了，新问题又出来了，社会矛盾显得非常复杂。要认识到现在的全球经济局势，是数十亿廉价劳动力在开放条件下的竞争。能不能在要素价格已经大幅度上升的压力下，加快改革持续降低制度费用和提升人力素质，决定中国在全球竞争中的地位，决定中国人民的未来生活。

·第四节·

信用三源——杭州一席谈

中国选走市场经济之路，突然发现诚信资源之匮乏，似乎比其他自然资源还要厉害。“诚信”者，尽最大努力兑现承诺的行为也。但无数观察表明，国人似乎尽最大努力不守信。到文化里找原因吗？历史上的中国人不是这样的。倒几十年一百年的苦水吗？覆水不可收也，批来批去真的管什么用？可是充耳“打造信用经济”的口号，也不免令人生疑——那是造一座摩天大楼吗？

——周其仁

在杭州，周其仁教授，曾经单独发布关于诚信制度的看法，在社会上特别是浙商群体中产生了极大的反响。这就是他自己所说的“一席谈”。之所以不说是一家之言，这是因为这似乎很大程度上是多国都经历的普遍历程。而对于泱泱大国，又尤为重要。据周其仁教授说，日本小学老师带学生到公共场所捡碎纸片，也见过他们的孩子们排队参观废水和垃圾处理工厂——让公共卫生和环保意识从小扎根。

“好借好还，再借不难”，是对市场信用经验的常识性解读。倘若借人钱财不还，那就再也没有借钱的机会。小孩子不懂，但对有生活经验的成人，一点就通。逻辑很简单，无非将心比心。在很多情况下，市场信用道德就是这么简单。经济含义就是不守信要加付一个心理成本。一旦一方自我的道德约束不起作用，违约背信，对方以“不再借”作为惩罚。

周其仁认为：没有第三方监督，市场交易就无以为继。史家有论中国的幅员和自然资源条件，早该成为工商大国，结果到明清末年，跨省长途贸易的比例还是低得可怜。追究起来，人文制度因素要负很大的责任。中国重走大规模市场之路，必克的一座城池就是重建信用。此事说难极难，说易也极易，就是传统的中华文明智慧外加一个法治。

自我，对方，加上一个第三方的监督，这就是所谓的信用三个源头。不过，这个说法，并不是放之四海而皆准的。

首先一个问题是，西方人真的就讲信用吗？周教授认为在西方，诚信制度依赖于普通法，这是西方的一个先天的优势。问题是罗马帝国灭亡后，只剩下一些中世纪的蛮族小邦使用，连东罗马帝国都不用这个法系。所谓文化传承根本就是漏洞。在拿破仑制定民法典前，德国人最为骄傲的事情之一就是使用大陆法。这种法案和中国的信用体系，并没有什么不同。

事实上，西方的发展历程中，直到 20 世纪初，还是盛行一种强盗资本主义制度。这种制度里，宗教的概念，甚至远比法律的信仰强得多。北欧的一些最勤劳、喜欢技术致富的人们，却是最讨厌法律的族群。正因为法律的严苛，这些人才不得不逃亡新大陆躲避兵役和债务。

甚至，西方市场讲信用源于文化，这种模式都可能是一种谎言。在西方一部分经济学家喜欢不考虑宗教信仰等的模型，只问社会具体是什么样的，比如有多少人需要交税，税收结果如何，不再确定地假设“市场自由就是最好的”，比如哈佛人都坚持的凯恩斯主义观点。一部分经济学家则喜欢另一类模型，在这些模型中，人要受他的信仰和观点支配，好不好要看目标和实际相匹配。这类经济学家部分地保留意见，但同样对早先的奴隶制度和放任自由表示拒绝。福格尔来到哈佛任教前，曾经写了一本名为《十字架上的岁月，美国人黑人奴隶经济学》的书，在这本书的前言里，福格尔毫不犹豫地说出个人对奴隶制度的厌恶。尽管这本书的主要观点是：南方奴隶制度效率高于北方的自由工人的生产效率。

即便西方是讲信用的，现在的西方爆发的种种危机，比如金融诈骗和赖账，已经动摇了这种信仰。信用到底是信心，还是法律呢？

如果是法律，那么何以酿成令人惊悚的次贷危机，而且这些危机，没有哪一个不是数十年积累之功？法律如果有用，为什么不能在事前乃至事后发挥作用？麦道夫这样的骗子，欺骗的手法居然和数十年前的庞齐如出一辙。

近20年来，大概是中国社会诚信危机最严重的时期，2011年7月，《小康》杂志社中国全面小康研究中心联合清华大学媒介调查实验室进行“2011中国人信用大调查”，对全国31个省/市/自治区的公众进行调查，样本的东、中、西部分布为39.0%、29.6%和31.4%，从人际信用、企业信用和政府公信力三个方面来测评中国信用小康状况。得出2010～2011年度中国信用小康指数为62.7分，比上年度提高1分。从2005年至今的走势看，中国信用小康指数始终在低位运行。

其中军人、农民、学生、教师和农民工，被选为2011年度公众心中最讲诚信的五个群体。在诚信行业榜上，中介服务业被评为公众心中诚信形象最差的行业，位列其次的分别是食品行业、广告行业、房地产行业和保健品行业。

实际上，自从房地产中介黑幕、欺骗性广告等问题频频出现后，这些行业的职业信任危机就开始拉响红灯。在食品安全领域，瘦肉精、塑化剂等风波此起彼伏。《小康》调查显示，近五成（48%）受访者不信任中国乳业；且有超过八成（85.9%）的受访者表示，乳业新国标的出台使其对中国乳品质量的信任度有所降低。

总体来看，中国人对于中国自身的信任也相当低，大多数中国人不太认同本国人的诚信品质。在血缘之外，人们对于团队和同乡陌生人的信赖程度，更是降低到历史的冰点。调查中，超九成（95.2%）受访者认为，政府信用需要建设。对新中国成立以来各个年代的社会整体诚信度的评价中，超六成（65.7%）受访者认为，20世纪五六十年代的中国社会整体诚信度比较高，而对最近10年评价较高的，仅占6.2%。

那么是什么造成了中国的社会性的诚信危机呢？

事实上，仔细看一下让人们感到不安的低诚信的行业的共性只有一

个，它们本身都是属于日常生活的必需品服务行业。任何一个人，都有吃穿住行，自然也需要和外界互通有无，交流信息。

从理论上说，同人们接触交流最多的职业，本身获得负面评价的可能性也最大。这就和一个常在河边走的人最容易弄湿鞋子一样，最好的剑客可能死于剑下类似。显然，涉及人们衣食住行的行业，通常也是竞争最多，参与者最频繁变换的行业。自然，一个人遭受不诚信的威胁的可能性相对要高些，但就社会平均而言，实际上，中国的这些行业的不良诚信记录，可能并不特别高。

以食品行业为例，尽管大量的新闻报道暴露出中国食品行业的种种恶劣黑幕，诸如滥用添加剂、以次充好、原料食材污染、卫生问题等，甚至麦当劳在被揭发用过期的牛肉饼之后，在中国麦当劳的生意并没有大幅减少。在公众的心里，其实，他们并不特别地感受到信任危机的彻底丧失。

如果以食品安全的标准来说，中国的标准可能要高于西方。即使以所谓食品问题的发生率来看，也并不比西方高多少。实际上，在西方，中国的五大不受信任行业的排名，也在西方处于黑榜之中。特别是食品行业，这是绿色和平等环保组织高度关注的对象。

在市场经济条件下，人们对于生活必需品等服务的效用通常比别的产品要高些。这也导致了人们的诚信危机观念更大些。

由于健康等概念的涉及，多数人对于关于衣食住行的行业的关注，更倾向于道德层次的批判。事实上，食品危机，更大的责难主要是道德上的。有些食品问题的危害是不可逆转的，这让道德上的谴责就更加明显。而且，由于道德影响商誉，往往造成商家的品牌的价值大幅下降。对于在信息上欺骗的行业和个人，无疑有利用道德风险降低和逆向选择的发生机会。客观上来说，人们也自发地利用这种优势迫使行业做出改变，倒逼诚信社会的到来。

·第五节·

铁路农田交易和刘永好的饲料业

看看我们的餐桌、食品购物单和大街小巷里的餐饮业吧，市场上冒出来的新食品何其多也！在北京城里满街招摇的“加州牛肉面大王”，我在洛杉矶读书6年可是闻所未闻。“康师傅”据说是一家台湾的“乡镇企业”，到了大陆市场，一年的方便面生意就做上百亿。四川刘氏兄弟在饲料市场上直追泰国正大集团的故事，不是改革开放怕永远不能听到。还有那把大城市团团围住的“白色革命”（塑料大棚），所谓的“反季节菜果”赚去了多少钱？

——周其仁

周其仁教授讲述过自己亲历的一件事情：听北京“红磨房”创办人讲他的面粉和面包生意。这位温州出生、在法国打工并进修了一些工商管理课程的人士，对大都市中高档食品市场情有独钟。不料，千难万难生意上了轨道，粮市政策忽然收紧，除了政府的顺价粮，“红磨房”不得自行到市场上收购麦子！

后来四川刘氏饲料公司不断向房地产、高科技“转型”，涉足农业和食品的公司，分布的规则清晰可寻：行政干预越频繁、开关越没准的市场，像模像样的公司越少。

更有意思的是，饲料大王刘永好有自己的苦衷，他指出在美国，如果办厂，根本不需要额外雇人看守饲料的原料。因为没有人会认为这些东西有价钱，盗窃它们根本不值；在国内，饲料公司除了要付出大量的生产成本外，还要雇佣更多的保安，甚至使用警犬来看场地，还得提防有人暗中搞破坏，趁火打劫。

无独有偶，人们发现，中国铁路两边的庄稼在20世纪经历了两种截然不同的遭遇。改革初年，铁路边上的庄稼经常遭受灭顶之灾，一到成熟时节，主人家还没有收获，已经被横扫一空，为此铁路部门不得不给路边的农民部分补偿。这是因为农产品的价格较高，而临时起意盗窃被罚的成本很低；后来铁路旁边的农地产量越来越低，农民干脆不种任何东西，结果是荒草遍野。后来铁路上的物资运输加快，铁路周围盗窃物资的声势越来越大。为此铁路不得不支付更多的钱，要求农民种植粮食作物，甚至专门建铁丝网，帮助农民护地，此后铁路物资丢失才有所缓解。

在周其仁教授看来，一片农地一种原料对于工业、城市的意义，不是肥沃程度，而是——现在房地产商经常讲的——位置、位置、位置。农地主人对土地增值有一项重要贡献，那就是“放弃”农地的使用权。农地的主人本来可以通过使用农地而获得收入，要他放弃使用，他就没有了那笔收入。你不出一个合适的价钱，他横竖不会放弃本来可以有所得的农地使用权的。铁路部门和刘永好，如果不出足够的钱，就没办法保证自己的安全。

比较不容易明白的，是产权的主人只有在他认为“值”的条件下，才接受别人的出价而同意放弃使用权。面对同一个出价，张三说值，李四说不值，他们两个都对。

第二点，一支铅笔 5 角钱，买者认为“值”，高于他为生产这支铅笔的全部所付。一笔生意成交，双方都认为“值”。这是市场经济最令人着迷的“戏法”。

第三点，按照各方认为“值”的原则成交，所谓资源配置才有效率。工业化和城市化要占用农地，仅仅“补偿”农民失去土地的代价是不够的。西欧、北美、日本的工业化和城市化领先全球，土地制度都是清楚的私人所有、自由买卖、按值成交。日本在明治维新以后，工业化城市化大有苗头，难道与废除封建土地制度、法律保障土地交易无关？

在产权的价值基本确定后，还必须有一个执行的制度监督。如果没有监督，就会出现产权和所有者拉锯的问题。比如各种各样的土地制度变换，一度让人们感到头疼。像英美两国为了土地，打过仗还在法律上争论不清。

土地本身的垄断性所有是土地租金成立的原因，不过租金的多少归根结底却要取决于租期的长短、所有者和使用者博弈能力的大小。虽然经典的教科书上告诉人们租金是因为土地需求不断上涨导致的，但是那只是一种不考虑土地税和历史制度现实的说法，1987 年斯坦福大学行为科学研究中心的新经济史学家道格拉斯·诺斯对于西班牙的封建土地和英国、美国的土地制度、地租进行了详尽的制度分析。在他的研究中，他指出，地主尽管醉心收租，掠夺农民的财产，但国王和国家的产权制度才是地租变迁和帝国兴衰的原因。

英军将领查尔顿还收留了大量独立战争期间的美国保皇党人。这都让美国开国元勋们时刻担心英帝国会卷土重来。按照英国的法律，英国所有的土地，包括美国的土地也都是英王的，美国的总统也不能抵制英国国王的土地所有权。按照这个原则，那些独立战争后逃亡加拿大的美国居民，开始要求美国的居民向自己偿付一笔赔偿金，美国新开发的土地同样要同英王扯上关系。

1812 年，美国前总统杰斐逊提议：美国的任务是兼并加拿大，把英国人赶出北美。1815 年，英军最后战败，美国和英国勘定了疆界，宣布废除地主的特权。这笔历史上最大的英国地主和美国佃农的官司才宣告结束。

美国人意识到“地主”是个相当可恨的名词，美国法律规定土地使用者的权利要优先于所有者。如果地主放弃经营一块荒地，接受者耕作一段时间后这块土地就将归属开发者。这种方式相当于降低了土地的租金，更有利于资本主义的发展。美英战争后，英国农民和地主的忠实仆人的反抗不断出现，就像《呼啸山庄》里描述的故事一样。

地租和地价并不仅仅是由供求决定的，甚至很多时候，和供求毫无关系，这是在诺斯等新制度经济学家兴起后人们对于土地的新认识，制度的执行是制度的根本。虽然这个认识在中国还并不太深入，但是在今天，无论英国和美国，还是世界上的绝大多数地方，土地的使用权都实际优先于所有权。

·第六节·

体外国际循环

体外循环这个题目有点儿拗口。其实拆开来并不难懂：一是体制外循环，一是国际化。合并两者，为的是讨论一个观察很久的经济现象——向国际化方向发展的体外循环。

——周其仁

周其仁教授眼中最深刻的体外国际循环现象是：温州的地下金融——1985 年到温州调查，当地介绍民营企业有一个新动向，就是纷纷加入“地下金融”。他实地访问过几家。最妙的一个办法，是一群入伙的企业各存现银若干，约定听从“地下银行家”的调遣，互相调动头寸。

周教授认为，现行经济体制高昂的制度费用，诱发了体外循环。虽然体外经济活动得不到正规法律保护，但是制度费用是如此之高——再加上执法效率又如此之低——以至于体外循环活动有如雨后春笋，到处破土而生。

“2004 年，中国公司在海外上市的融资总量，超过在国内股市融资的总量。上市选了境外市场，相应的投行、会计、律师和其他中介服务，当然也选了境外的。从体制看，不但体外，而且境外。这就是“体外国际循环”。

不过，周教授看到的这类内外差价不同，管制和自由价格不同的现象，远非这么简单。

其实我们通常看到的产品，价格和数量是具有分散性的。有的时候是高价高质，有的时候则正好相反，还有的时候价格和质量平衡。交易成本往往建立在我们价格感觉差异上。苹果手机二手市场上，即使把任何一部 iPhone4S 都摆在小隔间里，然后让买者各自写下自己期望的价格，几乎没有一个人给出的价格是相同的。如果让苹果厂商的每个销售人员也这么做，写出自己卖出的价格，也没有几个人相同，并且每个买者的价格差距也很大。假设买者和卖者都知道对方的感受，全国完全可以只有一个大型超市，明码标价即可，甚至连讨价还价都可以省去，根本不需要二手货市场，甚至连市场都可以用命令代替——计划经济就是这么想的。

生产者知道的信息总是比消费者要多些。这样卖者总是可能隐藏自己的信息，尽量在低价的方面保持优势。问题是这样一来，那些坚持正常质量曲线的产品就会被淘汰出市场，市场上只剩下大量的次品。这就是所谓的逆向选择。

真实的世界里，并不是所有的中国廉价产品都是次品。大量中国产品的平均质量高于美国本土制造，才能赢得大量美国顾客的信赖。这种正常的价格和质量一致的现象产生，主要是因为质量并不能无限制地下降到零，这个世界上废物和废品是无法买卖或者交易的。因此，任何产品的质量底线，肯定不是完全丧失使用的价值。而且，随着价格的下降，消费者剩余逐渐降低，这意味着生产者可能获取的利润也在下降。

诺贝尔经济学奖得主奥利弗·威廉姆森给这种经典现象起了一个形象化的说法：生产者统治。他认为：如果默认这类国别信息歧视，结果就是消费者被生产商控制，出现“被人卖掉还替人数钱”的怪现象。不可否认，有些所谓体外循环是心理操纵作祟。

至于高利贷，则又是另一番景象。由于正规虚拟市场的欠发达，埋藏在中国东南沿海各地的地下资金已经达到令人惊异的数量。地上和地下市场正在空前加速分离，以私人借贷为主要形式的资本活动正在迅速放大，由于不能通过正常渠道进行运作，依靠地域、行业、血缘、商业诚信关系的高利贷活动十分盛行。从房产、收藏、股票、基金、期货、外汇、黄金、白银到中长期贷款均有涉足，追求“短、平、快”，放弃实体的地上市场的正常经营活动已经成为一种潮流。

银行的这种态度并非服务和低效表面化，关键是这种态度源于银行的不自觉反复增加利息成本的惯性行为。由于从过去大银行遗传的天生嫌贫

爱富和垄断政策，最终在外面人们对于融资难的所有愤怒也就变成对银行服务本身的愤怒。

在效率上无法与地下钱庄比拼，在信誉上又歧视中小企业，最终村镇银行多数实际只是换了牌子的大型商业银行而已。

可见，中小企业的融资难，只是一种相对的资金流动不畅而已，从根本上说这只是种资金流动方式而已。民间企业遭到迎头冲击，通过出口、出口退税、金融信贷建立起来的，以出口金融代替国内融资的营运方式受到致命的打击。在我们官方的出口导向战略下，对于任何一个出口导向的经济群体，只要出口金融信贷的价值直接高于本地融资出口或者内销的价值的时候，是没有人关心这套模式的后遗症问题的。

官方的模式是，只要出口就退税，退税多的给信贷支持。企业的模式是，只要得到信贷支持就加大出口，凡事一切绕着出口转，一来二去，出口信贷的利率风险被人为降低了，换言之我们的出口中小企业在享受长时间的出口金融“低息”的优惠。一旦出事，市场的实际风险出来了，自然是灰头土脸。当然在这个问题上，还有更加复杂的一面，例如热钱问题，多数的热钱就是通过金融信贷的方式，比如拿预付款当作加塞的托入境，一方面缓解了出口企业的资金饥渴的问题，一方面通过短时间的高利贷之类的活动迅速逃离，这就是外管局眼中的“洗黑钱和热钱”问题的由来。

总体而言，这类国际循环，本身是中国过度依赖外向经济的结果。换言之，这可不是不发达的制度导致的，恰恰相反，而是中国机制太发达的结果。

也因此，我们很难说周教授是不是真的理解，各种体外循环现象的本质。也许，制度经济学并不能包治百病。这才是一种真相。

· 第七节 ·

市场中人的理念

回来向国内读者介绍访问心得，我以为关键是撒切尔夫人的理念。这个理念简单，那就是“放松管制能够刺激经济长期增长”。为此我写了如下感受：理念不是虚无缥缈的东西，而是行动的前导和实践的重要组成部分。从长远看，理念有着重要的价值。

——周其仁

不少象牙塔内的人士，以为在熙熙攘攘的市场里，人们被卑微的赚钱动机驱使，随波逐流，哪里谈得到什么理念？

周其仁教授的一位做鞋的朋友说：“只要市场里无人出价 31 元，30 元就是最高出价。”简而言之，在他看来，所谓定价的基本原则，就是市场中人的理念。人的理念就是市场的理念。再扩张一点儿，撒切尔夫人的新自由主义，美国的资本主义下的方式，也是人的理念。

在中国有一种经济学家推崇的所谓主流民意，大意是中国是跟着美国走，才成为全球化的赢家。比如，一些经济学家在不同的场合中，就干脆大言不惭地将中国经济的扩张归功于美国的支持。由于“金融化”“去工业化”“美国梦”载体的中产阶层不断萎缩，不少经济学家，特别是亚洲的中国人仍然坚持，过去美国也遇到大的危机，但后来都克服了，美国确实有复原能力。

事实上，如果说中国的现在都是学习美国的结果，那么中国的代价的确有点儿高。至少在经济、政治、文化、军事、社会方面，中国如今的困境都并不比自己的榜样美国少。甚至，在不少人的观察结论里，中国已经变成一个四分五裂，被各种经济、政治势力撕裂的碎片化社会。

清华大学教授孙立平提出一个关于中国社会加速溃败化的观点。在他看来中国社会正在多方面分化为失败的国家。而孙教授的观点，也是中国

目前的社会经济思潮中最为典型的一类。按照他们的观点，中国所有的问题都是中国自己产生的，而好处却是美国赐予的。这是真的吗？

按照孙立平的说法：一个国家 13 亿人口，大灾小难也总是免不了的。如果总是刻意寻找不稳定因素，当然会找得到的，更何况失控的权力还会不断制造出“群体性事件”。世界上哪个国家像我们这样刻意地去寻找不稳定因素，都是找得出来的，但只有我们有稳定压倒一切，有“维稳办”这样的机构。其实，孙教授完全是抱怨错了，这种压倒一切的观点，在美国社会中早已经是常态，中国高级官员们的训练主要是来源于哈佛大学的社会管理指南：

作为世界上犯罪率最高的国家，美国的经济和犯罪率的高度相关性，自然也产生了最庞大的安保维稳力量。

吴思先生有很好的分析：社会底线失守，道德沦丧；强势利益集团已经肆无忌惮，对社会公平正义造成严重侵蚀；职业操守和职业道德的丧失是相当普遍的现象。“村骗乡，乡骗县，一直骗到国务院”，几乎可以说是比官方统计数据还可靠的现实。事实上，中国的统计制度，全部是美国老师 1993 年手把手帮助建立的。而且，更要命的是，美国老师的数据建立过程和历史，远比中国现在的基础糟糕得多。

社会认同和社会向心力在急剧流失。美国社会按照多元思想倡导的原则，就是没有社会向心力的。资本主义的美国方式，不需要这一套虚情假意。因为只要钱说话，一切都是摆设。这一点，可以请孙教授看一下熊彼特对美国的分析，托克维尔给美国人的定义。

社会失去进行长远思维的能力，在权贵资本主义上形成的既得利益集团又过于注重眼前，既无古代帝王对子孙后代的责任，又无贵族的超脱和超越精神。邯郸 10 年换了 7 任市长，全国市长任期平均 1.7 年。新班子上马前半段是被“扶上马，送一程”，后半段则是寻找培养接班人。孙教授这一点有点儿冤枉人，美国商会做出的调查结果是，他们认为中国的政党是排在上帝之后最有信用和长远思维能力的组织。至于美国政府，几乎可以被定义为朝秦暮楚。

造成社会衰败的根本原因是权贵资本主义的形成。在2002年的时候，孙教授曾经提出“断裂社会”的概念；权贵资本主义下的既得利益集团会形成一种“我们”与“他们”的区分或区隔。孙教授显然忘记了美国社会中心照不宣的精英和大众的区别。甚至，在美国社会中，还有一个远比中国人数众多，势力更为雄厚的贵族白人精英阶层。

中国的改革其实并不是始于“国民经济到了崩溃的边缘”，改革的启动是几股力量合在一起的结果。这当中有民众改善经济状况的现实要求，有知识分子改变现状的理想，但其实更有力量的，是失势者重归权力中心的要求。孙教授也许没有读过美国历史，美国自从民权运动兴起后，就再也没能找到改革和增长的稳定力量。据说，这也是美国经济最终走向金融危机的根源。

如果说，美国社会是中国的榜样，看来的确是一件悲哀的事情，因为正是在这个榜样的力量下，中国才有了今天的困境。

第九章

光华魔鬼经济学

·第一节·

从“朝三暮四”说参照系

商务部这一举措很有创意，在国外大众媒体上做广告，可以快速改变外国普通消费者对中国产品认知上的偏差。

——武常岐

2009年年末商务部曾经花费巨资，在美国有线新闻网CNN等国外媒体为“中国制造”投放广告，从“Made in China”到“Made with China”理念升级，广告语中文翻译为“中国制造、世界合作”。武常岐认为，整个广告是一种无声的表达，表明中国已经是全球价值链中的一个环节，中国制造的附加值包括上游、终端等国外研发、设计等。

这样一个广告，无疑的中心意义是塑造一个中国产品，是高端产品，高技术制造的国度。但是，这个广告面临的受众，却意外地尴尬。其效果，更是让人啼笑皆非：直到今天，要在美国雅虎的评论栏里，找到哪怕一点儿将中国产品看成是高科技的人并不多。尽管中国给世界大多数国家的产品基本上都是本国设计，本国制造，结论还是一样。

在不少华人社区，人们对于中国的基本看法，还是用纺织和玩具加工

业来概括。但事实上，论工业生产总值，中国才是世界第一大国。而且早在10年前，这个状态已经如此。纺织和衣服之类的产品总值，其实只有2500亿美元的规模，就中国的庞大产业规模来说，实在算不得什么。自然，对于从不看美国以外国家的报纸，从不关注世界银行的统计数据的美国普通人来说，这些事实根本是不存在的。

日本在20世纪进入美国时期，实际上其尼桑产品的质量，完全超越美国汽车。但在一般美国人的心里，无论日本人怎么做广告，谈论到本国产品的质量时，美国人仍然坚持自己的产品最好。这直接导致丰田在底特律生产汽车计划的流产。

事实上，北大的教授们在看待商务部的广告的时候，可能忘记了参照系心理偏差。这类偏差，总是设定一个基线，或者历史和时间上的虚假标准，让人们通常总是先入为主地假设，比如人们会认为智商或者能力不足的人才会作弊，钻空子，但事实常和我们预设的相反。

事实上，根据行为经济学的实验发现，人们对现状和过去的心理账户，通常和未来是不同的。而碰到新事物的时候，通常会将过去的心理账户看成是一个参照系。

行为经济学奠基人阿莫斯和卡尼曼认为，人对于风险和收入的看法是不同的，损失的负面影响比收益大。“益智游戏”的损失太大，教授们拿到作弊证据的可能性为零，在这种情况下，聪明的学生比重视考试的笨学生更加喜欢作弊。对笨学生而言，做简单的题目已经很困难了，自然认为收获更大些，反倒更加认真，主动作弊概率反倒比较低。

糟糕的是，这种先入为主的假设经常自己把自己拐到阴沟里。商务部人们的广告，显然，当你把真正的事实，用广告展示给一个宗教情绪甚为浓厚的国度，比如一向自诩是高科技是第一的国家，很可能会起到反作用。显然，任何技术思想的引入，都可能加大他们的逆反心理。这就像是班门弄斧一样，自然获取不到什么新成果。

当奥巴马在自己的国情咨文中引用美国商务部的数据，将中国描述为世界上最大的清洁能源生产国时，台下几乎没有几个议员愿意相信这个事

实。按照他们的一贯看法，中国应该是一个对化石能源高度依赖的国家。其实大多数人犯了一个致命的错误，美国才是地球上最大的石油进口国，同时还是最大的生产国之一，而中国的能源其实还是煤为主。

为什么这些选民们选出的这些受过高等教育的人，会做出这种可笑的判断？

行为经济学家们认为，美国人习惯于用上帝代言人的态度看待一切，自然任何可能对这种代言有威胁的事实和言论，一概会得到负面的评价。因为这对美国人的效用是负的。人类心理上的弱点，总是在利益面前表现得最直接。但这个观点并不到此结束。

美国参议院的投票法案统计，大多数美国议员们很少参与对华绝对优势的贸易产品，比如对玩具和衣服产品的倾销指控。只有在奥运会上，这种人才会临时为了政治上位，赌上一把，拉中国陪绑贸易威胁。一旦他们地位巩固，则可能下一次彻底关掉本土的服装工厂。当负面的评价太高，比如说九成失败的时候，总是希望赌上一把，这也是美国政客的特色。

此外，美国是个宗教信仰普遍的国家，普通美国人从慈善中得到的精神慰藉要更大些，九成以上的美国穷人相信某种宗教，穷人担心上帝的惩罚并不比法律影响小，而现代新贵们许多是无神论者，慈善不过是他们不错的作弊幌子。在法律和慈善的信仰权衡中，富人显然在慈善上诚信上越差，收益越高，欺骗的伎俩也越高明；穷人则多数深有自知之明，反倒接近真实可靠的水平。如同我们开头的实验结果一样，统计证据也表明，美国穷人的捐献比比尔·盖茨之类的富人更可靠和更诚信。

无论人们现在信与不信，美国过去的无神论者所占的比例都比现在高。地产富商王石自认为是宗教维系了美国市场经济秩序的稳定性，但数年前根据巴罗等人的经济学实证发现，两者根本不存在任何关系。而其他经济学家和历史学者的研究更加惊人，他们发现，美国从网络经济泡沫破裂后，经济持续下滑，宗教信仰者却高速增长。

当然，还有更加极端的案例说明，我们的历史错觉有时和中国古典时代朝三暮四的猴子一样短视。大多数中国人，都相信为富不仁，可是一旦换成一个外国商业报纸包装起来的伪善名人，立刻就丧失了判断力。卡内基是美国历史上开创企业家慈善事业先河的大人物，人们至今都在津津乐道这个人在美国各地的各种善举，不过真相是尽管这个苏格兰移民在童年受尽苦头，在他的一生中，他最关注的慈善地从来不是美国，而是英国和加拿大。

大多数中国人可以肯定办学校是善举，不过，人们并不知道的是，在19世纪的美国，设立学校是一种国策。执行这项国策的人，会被授予某种教育上的管理特权，纵观西方的历史，办学是获得政治特权的候选办法之一。可是在中国历朝历代，从来不会有办学者能借此获得名位的可能性。孔夫子曾经游学，开办私学，但他没法靠办学在诸侯那讨到半点儿便宜。

在卡内基奉行慈善的时候，和英国的财富相比，美国只不过是个刚刚有点儿钱的暴发户而已。可见在这一点上，东西方的暴发户都有共同的文化传统。这不是一个简单的经济解释能说明的。顺便说一下，一直以来卡内基并不受他的母国欢迎。

·第二节·
谁动了我的奶酪

你可能已经意识到，人们对于任何自己认为是属于现状的东西，都比那些被认为是不属于现状的东西有更高的评价。

——董志勇

都说中国人动辄得咎，有位北大的留学生开玩笑说，我们出去的时候只有在上厕所的时候，承认自己是中国人。结果在西方人看来，中国人需要特别指导，于是在机场附近贴上了中文的各种标识牌。

这本来无可厚非，问题是，对于从来没有在西方生活过的人，没有接触过拉美裔和印度裔居民，或者没有在纽约的繁华区段生活过的中国人来说，这和歧视中文没差别。于是，有种观点就开始形成了，中国的强大迫使西方开始形成不太正常的变形心理。我们动了西方的奶酪。

正如美国大战略家如基辛格和布热津斯基等人的自白，最可靠的方式就是用别的更巧妙的方式，比如培养一群热爱美国观念的人，然后把这些人作为消费者，将中国人赚走的钱拿回来。我们动没动西方的奶酪，要看的经常是，西方文化的毒奶酪，比如好莱坞电影中的意识形态，流进了中国多少。

为什么会是这个样子呢？答案是，这是一种心理上的现状偏见。在一个文化制度环境下熏陶的人，更容易认同自己的周围环境。而一旦超出这个环境，他们就会有意识地给对方贴标签。他们用从前的环境中的标准，对新事物指手画脚，出价评议。

这种笑话，在传教士第一天到达美洲就开始了，比如西班牙传教士认为印第安人是失踪的犹太人。在观看印加人的太阳庙后，他们仍然坚持这是埃及法老的美洲领土。后来，当他们决定屠杀印第安人的时候，则完全按照西方对于黑人的看法，将印第安人分为可以做奴隶的和不可以做奴隶的人群。

在传教士们的探险活动开始时，海上风险主要就是海难，此时宗教的纽带和在此基础上的保险多少给了他们最大的安慰。而奥斯曼帝国的打劫，让这些传教士相信，在地球上的某一地方，应该有上帝的忠诚信仰者或者后裔，和他们同道。这种传说也被他们嫁接到了美洲。

正因为最初将印第安人看成是失落的犹太人，传教士们才得以轻松地受到土著人的欢迎。可是当土著人的表现，和传教士们的心理有落差的时候，他们认为后者所有的做法都是背弃教义的野蛮行径。于是，屠杀和疯狂的报复也就开始了。

在中国的课堂上，行为经济学家们，即便是写了《思考快与慢》的凯尼曼，大概也惊叹如此之大的一个国家，居然可以听任隐秘的含有政治和意识形态暗示的美国电影的渗透。在这些电影中，充斥对中国社会的种种误解和固化，比如印第安人和黑人永远是仆人般的角色。而中国人，则总是被当作配角和装饰，甚至在波兰斯基的电影中，华人成为罪恶的一种象征。奇怪的是，这些明显会在法国、意大利受到禁止和不欢迎的电影，总是能在亚太市场上获取高额的票房。

有些美国电影，以戏谑的手法攻击中国为所谓的“盗版和知识产权侵犯国家”，问题是，真相是，当经济学家的国际知识产权的经济统计显示，世界上最大的盗版和伪造知识产权国是美国，在好莱坞文化影响下的中国年轻人，居然有半数认为这是“五毛”伪造的数据。这多少让不少经济学家不得不承认，意识形态和好莱坞文化的确存在关系。

在这些堂而皇之地保护主义外衣下的，同样是糟糕的和平演变的图谋。只不过，如今这笔大生意，已经成为美国全球化战略的一部分。正如中情局披露的文件所显示的那样，好莱坞电影更多的是中情局授意下的某种宣传美国式文化和意识形态的道具。从 1942 年好莱坞充当战时新闻宣传局的打手开始，这一点从来就没有变过。

正如维基解密上的文件披露的那样，好莱坞演员和编导文化公司在中情局的特殊地位，如今随着电影外销到世界各地，成为一种更深层次的传教士式文化侵略工具。这也正是多数权威的美国经济学家在谈论好莱坞电影的时候，都不假思索地给其套上意识形态标签的根本原因。问题是，这一点北大的教授们不清楚吗？

北大教授焦国标曾有首很著名的诗《致美国兵》：“假如今生注定死于战火，就做美国精确制导炸弹下的亡灵。”我们唯一能说的也许是，好吧，如今只要焦先生申请到美国绿卡，并且声言加入基地组织，您就可以得偿所愿——前提是不要拉上不愿做亡灵的大多数中国人。

·第三节·

人们为何“破财免灾”

中国有句俗话叫破财免灾，实际上是把损失看作“免灾”的成本，而不是一种纯粹的损失，这无非是人们在用不同的“框架”为自己寻求心理安慰。

——董志勇

董志勇教授按照传统的行为经济学的课本做过一个实验：假设某一个地区一种突然爆发的疾病可以杀死600人，而现在可以提供两种对付这种疾病的计划。

描述方式1：如果采用A计划，那么可以救活200人。如果采用B计划，则600人将有1/3的可能全部救活，而另外2/3的可能则是一个人也救不活。

描述方式2：如果采用C计划，那么将会有400人死亡。如果采用D计划，则有1/3的可能没有人会死，另外2/3的可能是所有人都会死。

案例分析：在第一种描述下，71%的参与者选择了A计划，而在第二种描述下，77%的参与者选择了D计划。两次叙述框架所选的参照点是不同的，第一次的叙述方式是以600人全部死亡为基准，治疗计划的风险前景是“获得”，这时候人们是厌恶风险的；第二次的叙述方式是以600人全部救活为基准，治疗计划的风险前景是“损失”，这时候人们是风险性爱好者，宁可赌一把。

死马当作活马医，甚至病急乱投医，寻求某个框框，假装自己的成功更高些，这样的行为并不少见。有些严重的恐慌事件都与此有关。

事实上，即使让学生们亲自试验一下，连他们自己都不相信会做出完全和理性计算相反的行为出现了。人们在数字的比较中总是喜欢大数，而这个大数之所以被人多次利用，很多时候，只是为了找一个新的框架让自己心里感到安慰而已。

问题是，这种安慰也经常被经济学者们作为研究的证据。比如宏观经济学，因为北大某教授的宣传，成为中国出镜率最高的经济学分支。可是大多数人不知道的是，如今广为流行的新古典宏观经济学，其实是建立在以下让人难以接受的基础之上的。

大多数中国人，如果能够真正听懂普雷斯科特这样大人物的经济学课程，抛弃掉那些装神弄鬼的名词后，实验经济学家可以肯定大部分人有种被欺骗的感觉。

在细微之处，人们也不清楚，自己其实也不大理解这些理论经济学者大费周章这么做的真实意图。就像战后最著名的经济学批评者所说的那样，经济学不少时候是为了愚民和捉弄大众。

比如，如果你某天出去在街上走，可能从天而降一个拳头大的冰雹，因而意外地给你个人带来不幸。或者，另一天，你突然中了彩票，然后成为百万富翁，又或者发生意想不到的巧合。理论上说这两者的概率差不多。可是大多数人是宁愿相信后者成真，也不愿意相信前者。

20 世纪中东石油战争发生后，美国的经济出现了历史上最大规模的通胀。到现在，经济学家们认为：这是一种突然的冲击导致的恶性通货膨胀事件。

至于里面的原因，一般是这样解释的：由于石油是美国经济的基本资源，石油涨价，带动工业品、生活品特别是汽车等必需品涨价，整个经济又受原料涨价影响，放缓速度，所以导致社会财富增长停滞，人们收入减少；又由于原料涨价带来的生活必需品和工业品涨价，导致通货膨胀，而通货膨胀后人们有某种物价上涨的预期，要求增加工资的冲动，这样企业成本就会进一步上升，经济因为成本上升增长再次减速，接着带来加速的通胀。这就是所谓“滞胀”和“通胀预期”的关系。

其实，石油危机发生的时候，美国大多数油田的产量当年早就超出产量预期。即使是卡特琳娜风暴后，墨西哥湾的石油减产，全国的总量却是持续增加的。人们还是为了争抢汽油争相排队。这种排队，也传染了更多的人。到最后，这一切便不可避免地像骨牌一样传递下去。

把我们上面那两个虚构的故事连起来，就是假设你没有被砸到要害，却从天而降一张百万彩票，然后你因为过度兴奋导致伤口恶化，之后……

这就是经济学家对于战后一切严重的通胀的解释办法的通俗版本，虽然这种描述可能科学性要多一点儿，但是也不见得多多少。

那些从来都对核泄漏知识了解甚少的人，立刻就开始听信使用碘盐可以减少放射影响的主张。他们开始迅速地奔向食盐，不到几天，就在整个中国激起了浩浩荡荡的抢盐高潮，以至于日本本土的人还对核辐射并不担心之时，中国的防辐射产品已经被销售一空。

另一类对核辐射有一半科普知识，但是迷信日本的技术安全性的人，则认为，日本的辐射公开透明，不会超过切尔诺贝利事件。按照他们的说法，只有封闭的体系才会造成可怕的核污染事件。事实上，东京电力不但瞒报事故，而且东京的核污染水平远远超过了切尔诺贝利。直到今天，日本周围海域的鱼类，仍然有着极高的核辐射水平。

在中国，这类框架版本的恐慌，更是让人称奇。2011 年日本福岛地震后，人群中就出现了两类极端的行为经济学的案例。

过去的几年里，中国的专家们解释历次通胀的基本原因，现在多数归结为一些偶然性事件，最奇怪的是这些解释，却都有人不断听信。例如 1998 年的通胀可以归结为洪水，2003 可以归结为非典，2008 年可以归结为金融危机和地震，2010 年可以归结为西南干旱……

如果通胀真的是完全出于偶然的外部事件，那么可以肯定地认为通胀是人为无法控制的类型。政府的政策和承诺，相当程度上是一种赌上政治前途的保证，所谓管理“通胀预期”，实际是重在“管理”。

尽管通胀是不可预料的，而政府所做的是在强制力和政治信任的前提下，保证不推波助澜和减少错误。这就是所谓管理预期的方法的全部意义。我们可以毫不犹豫地说，这才是最大意义的经济“维稳”。在这里信心的确很重要，主要的是人民对政府的能力的信任，这也是一种心理预期，其中的重点是把对通胀的预期转移到对政府承诺的预期上。

一个人出门远行如何能预料到自己会出现意外呢，特别是在你的潜意识里所有与行动无关的东西被认为是意外的时候？如何坚持下来呢？信念而已。

·第四节·

让我欢喜让我忧——偏好理论

人们厌恶任何形式的损失，并尽量使这种损失不再发生。在作决策的过程中，赋予损失的权重要明显地大于赋予获得的权重，即等量的损失要比等量的获得对人们的感觉产生更大的影响。当然在这里我们要对“损失”做一个清晰的界定，在行为经济学中，损失一般是指那些本来是用于使用而非用于交易的物品的减少。

——董志勇

人类有什么天然的偏好？

当然，好逸恶劳是肯定的。但这不是一般规律，有些人似乎天生就比别人勤奋。行为经济学家们发现，人类的一些偏好可能更加彻底，具有标志性。比如说，损失厌恶就是上述董教授所说的那类行为。

现代北大行为经济学的课程，可能谈及偏好理论的时候，总给人一种新鲜有趣的表象，其实不然。200 多年前亚当·斯密就说：“痛苦，几乎所有时候都比相对应的快乐情感要尖锐得多。它给正常幸福状态带来的沮丧，几乎总是要比相反情绪激起的愉悦大得多。”亚当·斯密同时还注意到“相比实际支出的成本，人们倾向于低估机会成本”，“因此，损坏财产，比如偷窃或抢劫，将我们拥有的东西抢走，相比破坏契约，只损害我们预期得到的价值，是更严重的犯罪”。

美国那些资深流浪汉的共同特点是：只要政府的救济金发到手里，第一时间花掉。这笔救济金本来足够他们按照普通的营养标准度过一周。在实验室里做代币的猴子们，如果在食物相同，给多余代币的情况下，它们会一次性地撒掉这些天上掉下来的“馅饼”。

大概有 1/3 以上的北大学生公派留学后，会想到去拿绿卡，之后在若干年的入籍时间内好好表现。有的北大的班级，被讥讽为美国预科班，其实这多少也算作一种偏好。甚至最极端的情况是，如果你说你在北大上学，却没有留美留英，有时候都不好意思和别人说你是北大毕业的。不过最为滑稽的事情是，多数这类北大留学生选择的专业，其实压根不需要学习什么先进经验。很难说类似于绘画、中文这类的专业，出国留学会比国内更好。

对于习惯非理性生活的人，会同样选择初始的状态，即使有条件改变也不会立刻发生。很难说我们这个世界上存在脱离生物本性的理性，有些泡沫就是这种糟糕的东西的杂烩反映。我们的动物精神总是在不经意间被发掘出来。

亚当·斯密认为“人们通常对自己的能力过分自信”，这种评判模式对风险选择的偏好有影响。在亚当·斯密看来，每个人或多或少都高估了获利的概率，而大多低估了损失的可能性，汶川地震后，范美忠因为抛弃学生，居然在北大受到追捧。这听上去在现代任何其他社会都是不可思议的。

传统的经济学者当然可以说这是符合其理性人的做法的，现代的实验经济学家们可能是否定这种观点的。一个普通的欧洲人是否情愿“牺牲数以百万计同胞的生命”，也不愿自己受到少许损失，亚当·斯密得出的答案是“不愿意”，“人类天性对这种想法感到震惊不已，世界再怎么堕落失德，也不会有拿这种事情开玩笑的恶棍。”公正的旁观者意识到，“我们仅仅是万千普通民众中的一员，绝不比任何人优越多少”。

像实验室里的北大学生，多数还是选择舍生取义的。因为，在狭小的偏好市场里，有些选择是众生唯一的道德的抉择。至于范跑跑的案例，很大程度上是不符合现代经济学的认知的。

亚当·斯密论证说，自然的同情心往往不足。他注意到，一个欧洲居民对惨遭地震袭击导致大量人员伤亡的中国，很可能明显缺乏同情。虽然现代媒体可以将远方受灾的悲惨画面传送到人们家中（比如2004年的印尼海啸），缩短了社会距离，但这些影像资料高度选择性的呈现方式，只能加剧人们的忧虑感。录像带博取了公众的同情心，但很少能够激起人们的同情行动。

另一个经济学家肯尼斯·阿罗看到信任是人们互换交易的润滑剂，在信息沟通中起着重要作用。在亚当·斯密看来，正是对公平感的复杂心态（担心受到公正旁观者的负面评价）和利他主义，在市场交互中扮演了至关重要的角色，这也使信任、重复交易和物质收益从此成为可能。“在一个由猎人组成的国度里，某人恰巧比邻人更擅长制作弓箭，一开始他将把这些弓箭作为礼物送给邻人，邻人则以其他礼物作为回赠。继续类似的交

往，这个猎人的生活将大大改善，他再也不用事事都自己操心准备，因为他自己的劳动剩余已能更有效率地做好这些事情。”

俄罗斯、美国以及非洲东部地区的实验都表明，许多相信别人的人并不期望赚钱，他们的投资行为是由温情式利他主义驱动的。

亚当·斯密的《道德情操论》不仅有许多预示现代行为经济学发展的远见，同时还有不少有希望的研究思路有待进一步挖掘。黛安娜王妃和约翰·肯尼迪意外身亡引发的潮水般的悲伤，像《美国人物》这样的流行杂志以及类似的高收视率电视秀，到处充斥着运动明星在哪儿购物，吃什么穿什么，情事起起伏伏之类的故事。对名人的迷恋，通过把他们用做市场营销推广的工具，对经济产生直接影响。

亚当·斯密认为，这种对富人的同情都是道德风险。同时，这也给社会稳定提供了一个重要的解释。亚当·斯密是这样描述道德风险的：“财富和权势地位往往容易得到，原本只有智慧和美德才能有尊敬和钦佩。而那种只宜对罪恶和愚蠢表示的轻视，却经常极不适当地落到贫困和软弱头上。这是历代道德学家们一直抱怨的现象。”

“倾向于羡慕或甚至崇拜富人和大人物，贬低或至少忽略状况不佳的穷人，是最重要又最普遍的道德情操败坏的根源。”然而，亚当·斯密也认为这种同情心“对建立和维护社会分层秩序都极为必要”。对富人的同情可能有助于理解一些资本主义社会难题：奉行多数民主规则的社会，无法对最有钱的人征收极高的税收。用亚当·斯密的视角来看，这就意味着，人们不愿征收富人的税，可能是因为一般公民不愿损毁自己内心营造的令人神往的富人境况！

·第五节·

中庸之道与极端逆转

某次刚刚下课，一位年轻学人问我：“你怎么理解中国人很中庸的说法？”我毫不犹豫地回答：“那只是一种价值建构。而建构只是表达一种愿望，激发

建构者形成这种愿望的社会现实可能与这个愿望恰恰相反。”

——摩罗

著名学者易中天曾经不满地说：在我们这个社会唱高调太多的结果，就是出现更多的突破道德底线的行为。如果不坚守中庸之道，只能有这个结果。问题是，中庸本身是不是也是一种极端类型呢？

如果看一下西方也同样存在的，所谓言行不一，甚至完全让人崩溃的局面，这一点也许就更能让人理解。人们经常会在网络和现实的对比中发现，有些人天生是两面派。在网络上这个人可能是个呼风唤雨的达人高手，在虚拟世界里口吐莲花，耀武扬威，才华横溢，可是现实中，这样的人大概属于最没有风采的普通人。一个中庸保守者，在网络上可能是变态和激进分子的代表词。

这种行为并不是说不可解释，让人十分恐怖。其实根据现代行为经济学的研究，这是完全合法合理的。因为根据行为经济学的说法，人们的非理性行为具有普遍性和一贯性的特点。特别是在风险极高的条件下，出现极端赌博行为的人会更多。

《纽约时报》有名的年轻写手史蒂芬·列维特成了《纽约时报》评出的最畅销图书榜桂冠，他至今获得的最大成就还包括2003年的克拉克奖，《堕胎合法化在犯罪问题上的效应》的“火药味”论文。这说明不了什么问题，事实上我们在这里打算揭开列维特之类著作的伪装。

阿莫斯·特沃斯基尽管直到去世前还是斯坦福大学校方顾问委员会的主要人物、行为科学中心的主要调查员，并且还是行为经济学绝对的奠基人，不过没有几个美国人知道这个人。许多美国人一听到这个人是计量经济学会会员，就感到他是个数字怪物，于是敬而远之。这证明了经济学家通常也是一群不讲理性的人。

莱维特、都博纳、艾瑞里这些目前炙手可热的畅销书经济学家，与早逝的特沃斯基相比，只能说是小字辈，特沃斯基比他们早出生40年，他要比他们更加年轻有为。在他们现在这个年龄，他已经是美国心理学会的特别贡献奖获得者，已经完成行为经济学的奠基性实验，如锚定实验、预期实验、基数偏差实验等。

莱维特写书后引来了一场诽谤案，2006 年另一个经济学家约翰·罗特认为莱维特引用他的《枪支越多，犯罪越少》论文时说“该文没有获得实证”属于诽谤。列维特则声称罗特向芝加哥大学出版社行贿，让反对的论文无法发表。罗特败诉，因为法官和学术界对此的看法类同：他们并不把列维特写的东西看作经济学。

更有意思的事情是，莱维特在书中描述的堕胎合法化导致犯罪率下降，严格来说倒是招致许多反对，比如美联储波士顿分行的两位经济学家就指出，莱维特和都博纳的数据取舍统计研究发生了技术错误，这两者根本没有什么正相关性。而且有位经济学家还指出，血铅的影响要比莱维特的研究更加靠谱。

这也可以解释，为什么许多经济学家对于魔鬼经济学几乎不发表任何意见的原因。除了《纽约时报》捧场，鲜有经济学家对莱维特的著作进行支持。

而且，莱维特的大部分畅销文字，都是谈到大量的实验如何，但是在学术上，他不承认实验经济学，尽管北大和不少中国的一流大学引用他的经济学著作。莱维特在专栏上写的文字也有另外一面，根本不相信实验室内容的莱维特却在谈实验室的行为经济学。看来，魔鬼经济学家们也有一层更厚的表面，而他们的著作可能是为了给他们企图解释的世界加上更厚的伪装。如果说这些著作能从根本上彻底改变人们看待这个世界的方式，不要忘了，这本书的作者和内容也有一个未知的世界。

行为经济学的一个基本概念就是非理性行为是人们的常态，按照这个逻辑，打破常态并不利于人们的生活。举个另类的验证方式就是，尽管行为经济学深入人心，从莱维特的专栏开始，美国人的生活不是变得更好而是更坏，如果按照莱维特的研究思路将他的畅销书和美国人的生活质量联系一下，也许我们得出的结论是这样魔鬼经济学的畅销导致美国人民生活水平数年来的不断下降。因为银行家从中学会了理性地从事非理性的诈骗，注意，我们保证在数据取舍上不会犯都博纳和莱维特的低级错误。

这也许是跟魔鬼经济学开的最大的黑色玩笑。每一次美国人在危机中都要想念哈耶克，然而危机过去，他们会立刻把哈耶克永远送进胡佛所的档案研究室里。

中国的北大主流经济学似乎和莱维特一样犯着同样“魔鬼”的毛病，这边听到股份制和私有化如何提高国有企业的效率，那边却在大规模地制造企业效率下降。一些著名的经济大案，居然让所有的经济学家彻底失去发言权。在金融危机前后，大量的中国主流经济学者们依旧旁若无人地鼓吹新自由主义经济学，尽管这个经济学主张，在全世界，包括其母国美国都灰头土脸。在中国，这种经济学却可能有着我们所知道的最大受众。

大多数的中国经济学者其实未必相信什么新自由主义，或者哈耶克之流的观点，他们真正的目的，也许是醉翁之意不在酒。撇开其他不谈，哈耶克的文章没有逻辑，但是长于叙述，似是而非，便于普通人学习。这一点大多数现代经济数学是无法与之抗衡的。对于习惯于偷懒的经济学者来说，这么做的目的很显然。如果你知道良药苦口，小孩子不愿喝，那么最好给瓶蜂蜜或者糖衣，仅此而已。

也许是因为类似莱维特等人更了解同行们，所以他倾向于反向操作，事实上，就像阿西加玛普罗斯的农场主一样，这也是预期下的生存之道。

·第六节·

从打土豪分田地说公平

地主和佃农的说法都有道理，没有佃农的劳动力投入，地里长不出谷子；但是没有地主的地，佃农就是有再多的本事也不能“无土栽培”。其实地主和佃农的矛盾就是一个典型的“公平”问题。

——董志勇

董志勇讲述过一个经典的公平的故事：地主把自己家的佃农叫到家里，对他说：“今年的农活又要开始了，你好好干，收成还是按老样子，你拿一半。”佃农“得令”回家，开始了又一年的辛苦劳作。到了收获时节，佃农愤慨道：“我辛辛苦苦干了一年的活儿，到头来收下的谷子自己才只能拿一半；而那地主老财整天待在家里玩，却平白无故拿我一半的收成！”于是，愤愤不平的他去找地主理论。没想到地主却说：“你别在这儿没数了，你也不想想，我要不把地租给你，你连这一半收成都没有！所以，要我说的话，我觉得收成里我拿的份儿才少了呢！”

怎么解决农民的问题呢？这显然不公平，方法也有，也全部实验过。比如当年的“打土豪、分田地”。确实，在改革开放之前，秉持着“公平优先”的原则，我国经济中的不公平现象较现在来说确实要少得多。但是，干活的不如不干活的，缺乏激励，使我国的经济发展长期滞后。这种解决方式，结果变成养懒汉的制度，长期成为中国经济的阻碍因素。

后来人们开始搞包干制度，效率优先。谁有力气，谁动作快，就会分得多些。问题是，这样一来，人们之间的悬殊再次拉大。老问题重新归来，还被放到纸面上。

后来行为经济学家开始用行为实验来探讨这个问题的解决之道。“魔鬼经济学家”史蒂芬·列维特写的一篇“强文”名字叫《当猴子们学会用钱》。这个在《纽约客》专栏上推出魔鬼系列经济学的人在文中断言，僧帽猴实验证明“经济学中最基本的法则不仅适用于人类，而且同样对猴子有效”“需求曲线必定向下”。

“一天，实验室里最奇怪的一幕发生了：费利克斯疾速跑进实验室，但它没有拾起托盘上的12枚硬币去买食物，相反，它将整盘硬币扔回它们的公共生活区，接着逃离实验室，冲进公共生活区去找硬币——打劫银行，然后越狱逃跑！

“公共生活区多出12枚硬币，7个猴子抢个不停，整个大笼子混乱不堪。另一个观察人员陈教授进入笼子，试图拿回硬币，但猴子拒不交钱——它们已意识到硬币是有价值的。陈只好靠“行贿”要回钱：给猴子提供食物。这给猴子上了一堂意义非凡的课：犯罪不用付出代价，反而有利可图！

“随后，异乎寻常的事情发生了：一只公猴没有将抢到的钱换吃的，反而向一只母猴走去，把钱给了它。这是“利他主义精神”感召下的自觉的金钱捐赠行为吗？不！在抚摸母猴几秒钟后，那两只猴子竟然发生了关系，而且一待好事结束，拿到硬币的母猴立即将硬币交给陈，买到了一些吃的。这根本就不是什么利他主义，而是科学史上的首例猴子“卖淫”行为！这一幕让陈百思不得其解。

“一旦猴子们手里有了钱，它们就会迫不及待地去“嫖娼”，同样也可以料想，猴子谋杀者、猴子恐怖主义者、引发全球变暖的猴子污染者肯定会充斥世界。毫无疑问，下几代的猴子就会出场，替它们的先辈收拾残局……”

而在人民大学的学生们那里，实验结果却显示，那些极端不公平的分配方案，比如“9∶1”或者“8∶2”极少被同意，而成交的分配方案则集中在“6∶4”左右。在现实经济生活中，人们并非像传统经济学中所说的那样是“绝对理性”的；公平和效率之间并不是简单的取舍关系，有时候也是共生关系，即过度的不公平同样会导致效率下降。

后来董志勇教授将这个案例同样用在北大的学生那里，他发现，不可思议的是，北大的学生，似乎5∶5的比例更多些。这说明，公平不但在人群中出现，而且在不同的教育习惯下，公平的分配比例也是不同的。

用一个新的解释是，文化教育越高的群体，可能追寻越高的公平水平。“按劳分配，各取所需”，被标志为社会主义公有制形态的分配原则。事实上，对于今天的中国人来说，这已经是十分模糊的印象了。

除去像华西村、南街村、大邱庄、大寨村外，大部分中国已经执行家庭联产承包制度，集体生活和集体制度，依照一些经济学家的观察，多数接近有名无实。如果像今天的农民提及建立集体经济的合作社，有时候也会遭受更大的疑问：难道又要开始吃大锅饭了吗？

事实上，就在中国不得不重新执行集体农业经营制度，以抵消家庭联产承包制度分散和资本投入约束的风险时，大多数人对于家庭承包恋恋不舍。而以色列的基部兹成员，则正在开始讨论那些破坏按劳分配原则的不良行为。一些激进的成员，甚至要求彻底退出那些有雇佣和工资的组织。对比看上去十分相像的集体农业经济制度，人们不得不思考一个问题：基部兹和华西村有什么差别吗？

实际上，比较一下基部兹和华西村的历史，也许我们就能看出其中的问题，得到自己想要的答案。

基布兹最早产生于1910年，经历了克武查、工人营和基布兹联合体三个阶段。它本质上并不是社会主义运动的合作社，而是古老的犹太教教义和犹太社区糅合的典型产物。它的原则体现着犹太人的平等宗教思想，如自己劳动，反对雇主，反对剥削，政治上、经济上以及两性关系上人人平等。劳动和生活完全合作化，各尽所能，按劳分配；基布兹内实行无货币的分配原则，没有个人财产，没有贫富差别。基部兹的存在，并不是作为马克思主义的公社，因为社会主义要求这些公社存在的唯一价值是：这是一种公有制表现形式，专门用以抵消资本主义的剥削，解放社会生产力，里面不带有任何的宗教感情。

“人民公社”曾经也是以共产主义的美好生活为理想，令人憧憬，但是华西村的公社体制，很大程度上是以最现实的生产制度，最现实的经济条件执行的。华西村之所以维持公社，很大程度上是因为地少人多，家庭联产承包反倒会降低经济效益。采取公社的分配方法，有利于提高华西村的资本积累，也让他们能够集中更大的财力、人力、物力，完成生产。这是一种公有制度办大事的微型版本。

第十章

从北大才子的一封情书谈信息

·第一节·
从一封北大情书谈起

这是一个缺少情书的年代。

——夏学銮

这个时代北大这个文科才子汇聚的地方，真的缺情书吗？当然不是，既然能够出版《两地书》，让鲁迅先生和夫人许广平的爱情见证在校园里流传，可见，情书在这个时代已经完全公开化了。夏教授所指的是，像纸质情书这样的情书，现在越来越少了。

的确，也许正如不少出版人谈到的那样，也许知识分子的情书，自从王小波和李银河之后，就很少被人提及了。如今人们谈到情感的中介，不是物质就是赤裸裸的其他表现，这多少有点儿煞风景。至少以北大浓厚的人文历史气氛而言，没有一封像样的情书，的确很让当今的才子们没有面子。

然而民国文人的情书集，正在恢复，更多的人开始对这个大学的情书表现出与以往不同的兴趣。

“……凤凰引火自焚，然后有一个新生。我也是自己捡起柴木，煽动火焰，开始焚烧我自己，但愿我能把以往烧成灰，重新开始新的生活……”梁实秋是至性之人。此公的高明是，拿得起放得下，爱得彻彻底底轰轰烈烈。然后，他给新情人写情书。梁实秋与亡妻程季淑有过 50 年相濡以沫，写完据说直逼《雁秋词》水平的《槐园梦忆》半个月后，与韩菁清的情书就出现了这样的文字。

我们不妨做个假设。情书的质量，应该不取决于荷尔蒙，大概取决于情人之间的信息差异。大概就是，如果一方和另一方的感情纠葛越深，可能情书也就越多，也就越是文采飞扬。

这话并不是空穴来风。在经济学家这里，似乎情书应该是一种信号传递的工具。这个工具作用越强的时候，通常可能就是市场上滥竽充数最多的时候。

一个不能预算的企业永远不会成为一个好企业，一个不能预算的爱情永远不会成为牢靠的爱情，恋爱双方都需要学会对自己的爱情做好预算。只有在两个人的爱情预算能够基本达成一致的情况下，才能减少甚至消除婚后一些不必要的磕磕碰碰，使自己的爱情幸福美满。

爱情的预算恋爱中的男女关系，类似于投资者与拟投资对象之间的关系，相互间眉来眼去，传递的是你有柔情，我有蜜意。即使在某些问题上难以达成--致的意见，也都能够相互谦让，彬彬有礼，所以总是情人眼里出西施。

可是，这只是说的两情相悦，万一只是偶尔相见，或者根本不了解对方，急于碰瓷的，另当别论。

徐志摩压根没有见过陆小曼几面，结果就去给人家献上那些浓得化不开的情诗。当然才子的事情，肯定与一般人不同。对于普通人来说，显然既没有徐志摩的才气和胆量，也没有足够的消息打探清楚。怎么办呢？显然写点儿文字，透漏自己的个把信息，投石问路就成为一个好方法。

我们不妨做个假设，恋爱中的双方，都处于选择和被选择之中，双方的机会是平等的。而恋爱中的任何一方，大概都想着对方能是白马王子或者白雪公主。唯一的难题是，双方的真实属性是模糊不清的，任何一方都不掌握全部信息。

在20世纪，美国人对于婚姻的看法经历了三个阶段。第一个阶段是所谓“正统化”阶段，包括第二次世界大战前的数十年，那时候的婚姻基本上被视为是经济上的联姻。这些人在经历过中年的危机后，会因为经济的改善离婚。这好像是一场买卖，本来就建立在利益之上，一旦有新的机会，自然是要分手的。

20世纪50年代至60年代，进入“伴侣式”阶段，那时候的成功婚姻是指那些结婚的伴侣们能够很好地完成各自角色的婚姻。丈夫成功与否取决于他作为家庭经济支柱的能力大小，妻子好与不好则取决于她处理家务以及相夫教子水平的高低。这种婚姻，在经济学家看起来，似乎是分工的一类。

显然，买卖的好坏，完全取决于一个人对于商品的信息的掌握情况。这个时候，一份情书，包括数量和质量，就不同程度地反映了这个商品的部分信息。

假如情书的质量不错，那么可能透漏出对方的个人才能不错，通常而言，人文语言水平部分反映一个人的志趣能力和背景谈吐。一个官员中的老油条，是不大会有山盟海誓的，倒是有黄段子的可能性更大些。一个农民的情书，也许只是家长里短。文科教授的情书，可能华而不实。理工青年的情书，可能言简意赅。

情书的速度，也可能含有当事人对情感的价格定位。廉价的感情，可能来得快，去得也快。比如有点儿始乱终弃嫌疑的某北大教授，其情书整理，恐怕让人都觉得是个力气活——多情必滥。另一类可能是缺乏耐性，也许在被对方拒绝后，就已经明白了自己的定位。要价太高，很可能让潜力股丢失。

事实上，因为情书写得不好，最后姻缘不成，遗憾终生者并不少。当然，如今的时代，这种咄咄怪事，已经很少见了。像清代李渔那些错认才子的闹剧早就没有上演的可能。

随着信息技术的发展，情感的宣泄和个人品质的判断，更多以直接交往的形式出现。这种方式，明显提高了信息收集的速度和质量，双方之间的误判也大大减少。久而久之，礼物和短信，直接交流，代替了情书。也正因为如此，情书的工具性能越来越低了。

·第二节·
剩女剩男时代的情书包装艺术

“需要情书吗，来一份!”

——在北大、清华、人大等校园内推销情书小伙的广告

这个年代，人们无法直视的一个现实是：情书，也需要人们代写。几乎每年的情人节前夕，都有个河北来的小伙子在北京的名校网络上发帖。这个小伙子的生意经是，可以替那些不善雅文，口齿不敏的爱情困难户们写情书，包装情书。

在如今这个到处宣扬“剩”的时代，情书包装，起死回生，居然变成一种新的产业。我们不妨称之为“情书创意产业”。

事实上，既然过去和现在，送定情礼物的风俗一直延续，用礼物见证爱情，百试不爽，商家找到这个机会，发展出各种各样的工艺品产业，是水到渠成的。现在，只需要把情书同样看成是一种商品，那么很简单，这种包装产业和过去的产业一样，有着生存的天然基础。

人类永远有男欢女爱。这个假设，是生物学家告诉我们的，最迟到马尔萨斯时代，这个表述就已经定型。人类历史上几乎所有伟大的作品，都是和爱情相关的。那些著名的情书也就成了著名的著作。

“写情书，有时候很有成就感的。”而从事情书代写的人，最得意的是自己在两年内给女朋友写了 463 封情书，其中最多一次寄出 125 封情书，重达 1250 克。1250 克的意思是，这些情书的实际付出的成本是极高的。很显然，哪怕以一封信一元计算，上百封情书，一次的花费也有上百元。加上写作的辛苦，这种情书的付出劳动可以说是惊人的。

理论上说，付出的成本总会受到回报和重视。自然在这种情况下，我们很容易就看到了一种潜藏的机制，那就是谈恋爱，哪怕写情书，其实是有不菲的金钱和物质成本的。

在一般人的印象中，这些成本，因为是自己亲自操刀，也就无形中变成了隐形的成本。热恋中的人，不会关心：你写情书的时候太投入，可能忘记了充电的电池已满，开水好多天都没有打，许多课程都已经被你两耳不闻。你写情书的时候，也不会在意周遭的人，可能正在有别的事情要做。你写情书的时候，可能前思后想每一句话，结果临到考试，却毫无准备……

不过，这些都还不是最关键的。关键是这些成本，一旦情书被退回，才会发现真正的成本包袱现形了。比如电池爆炸了，没水喝了，课程听不懂了，考试挂科了。最后满脸的憔悴，暗自心伤，左思右想，却不知道，其实情书从来就没有寄出去，因为地址写错了。

事实上，由于经验不够老练，文笔、成本等因素，一个人写的情书总是纰漏不断。自然，如果能把这个成本，也用商业化的方式外包出去，比如像打包的段子短信一样，那么这岂不是一件好事。

利用包装技术，降低成本，让每个人都有个合格的情书，大概也是情书包装者的初衷。

恋爱时期的如胶似漆，不只取决于新鲜感（边际效应总是从最高值开始递减），更出于竞争的需要。作为“卖方”，你得具备“待价而沽”的资本，“保值升值”的潜力，以及其他“卖家”所没有的差异化服务。你也深知，“买方”的选择余地很大，不存在“只此一家，别无分店”的霸权。所以，你会小心翼翼，谨慎以待，掂量所说的每一句话，斟酌每一次行动，因为它们很可能决定整个交易的成败。

为了让自己备受青睐，或者能够在众多觊觎者中拥有心仪的那个人，人们会充分提高自己的质量，增强自身的竞争力，也会千方百计讨好“买主”，或者不计成本和情敌“血拼”。咖啡私语、烛光晚餐、浪漫之旅、钻石倾情种种促销和 PK 手段全部用上，最终买主在物有所值的诱惑下，卖主在备受宠爱的欣喜中，“交易”完美落幕。洋溢着幸福和满足，两个人告别爱情的自由市场，牵手共赴婚姻的垄断围城。

当然，这不意味着竞争的彻底消失，婚姻是一种介于完全竞争和完全垄断之间的垄断竞争。也就是说，你不是唯一的“霸主”，其他人也参与竞争，他们能够提供不同质的产品或服务，消费者（配偶）也有其他选择。只是，这种竞争并不是平等的，有壁垒的障碍结婚证保护你对婚姻的各项权利和收益，也限制其他竞争者“准入”；这种消费也不是自由的情感，自由市场的大门已经关闭，贸易保护的坏处，是供求双方都要为此支付高昂代价。垄断竞争的弊端一目了然：资源无法得到合理配置，质次价高。

表面上看，情书的质量传递是男女私事，他们有权选择和决定“自己的生活”。但事实上，婚姻更是一种社会行为，它所具有的社会性，决定了婚姻制度的设计，要以增加（而非减少）社会福利为前提。对于单个婚姻而言，鼓励竞争消除壁垒，可以换来低成本和好服务。但是，当所有的婚姻都敞开大门欢迎自由竞争之后，结果恐怕不是所有人（社会）都拥有自由与幸福。

别忘了，市场不是万能的。市场失灵的一个重要表现，就是其无法控制负的外部性。打破婚姻的垄断，其可能带给社会的负外部性显而易见。它导致家庭和社会的动荡不安，产生子女抚养、原配偶（往往是竞争中的失败者，居于弱势地位）再婚难等一系列问题。而这些无法量化的代价和后果，并不完全由离婚行为的始作俑者承担。这种情况下，一个包装优秀的情书，显然可能减少那种外部性。至少代写的情书，都是同样的质量。

以婚外情为例，它可以看作自由竞争式婚姻的一个范例，其负的外部性毋庸多言，不仅使婚姻中另一方的利益受损，而且具有不良的示范作用，“诱导”更多的人进行情感走私。当然，我们不能说会出现价格高者的情书更加优秀，可能更受欢迎的问题。不过，情书的好坏，终究不能决定是否能讨对方的欢心。道义的谴责、财产的损失，以及时间、精力、情感等沉没成本的付出，都是情书上代写必须承担的代价。这也可以看作是对婚姻垄断的保护，以及对反垄断的负激励。

·第三节·
花花公子品牌与情色文化

尽管中国奥组委相关部门已出面澄清，称没听说在奥运期间要在中国解禁《花花公子》，但这里的《花花公子》，其实在公众看来已经超出了杂志本身，而是成了一种与“性”或“情色文化”的表征相关的文化象征性符号。这次讨论表明中国公众面对“情色”文化时的态度，仍然相当复杂和相当矛盾。

——张颐武

休·赫夫纳是美国著名男性杂志《花花公子》的创办人，在过去的50多年里，他不仅使《花花公子》杂志成为美国和全世界范围内销量最好的男性杂志，成为世界色情杂志的代表，而且不断涉足图书出版、广播电视、网络服务及商标授权、娱乐业等领域，建立起了庞大的出版帝国。1991年，这家公司破天荒地要求对它的作品，也就是那些全裸或者半裸的杂志画册，提起著作权申诉。

这大概是人类历史上第一次为黄色画片打官司，而且打得还是著作权的官司。在赫夫纳的嘴里，他宣扬的不是什么色情，儿童不宜，而是据说所谓健康的情色文化。

当然，经济学家有道德的职业规范要求，应该正视这个奇怪的出版社的建议。在奥运会举行之前，中国的《环球时报》，也曾经对“中国是否放开《花花公子》出版”进热烈讨论，当然，这个讨论自然是无益处的。因为像美国本土的某些州一样，这种成人杂志是不合法律要求的。

问题是，撇开法律不谈，成人杂志和情色文化，是不是有某种合理性呢？

经济学家看问题的方式是利益当头，实事求是。在经历对以往的历史中婚姻和家庭关系的回顾和讨论后，大多数经济学家认为，这种杂志应该存在，但必须限制其负面效应。它们本身和鸦片一样，是一种容易带给人们和社会负效用的东西。

古人说，庖曦制俪皮之礼。俪皮就是成对的鹿皮，古人以皮为货币，所以俪皮之礼实际就是以俪皮换取妻子，那自然属于买卖婚姻的形式。《仪礼》记载："纳征、玄纁、束帛、俪皮，如纳吉礼。"古代称"夫妻"为"伉俪"也就是源于此。

可是买卖婚姻的基础是财产占有的不平等，自然也就会造成人为的男女比例失调问题。一个男人可能有多个妻子，多数男人可能只能变成鳏夫。这种占有上的不公，也经常带来暴乱和反抗、掠夺，维京海盗在欧洲，基本上就是奔着女人而来的。

这种情况下，很显然，女性变成稀缺的物品，在供求的作用下，高价者得，于是就有了越来越高的财产要求。同时，少数女人就可能变成性服务的提供者——妓女就是这么产生的。在原始社会中，这客观上是一种解决之道。

很大程度上，我们看到的各种情色文化，是个不正常的婚姻社会结构的产物。尽管人类的全球性别比例是 1∶1，但是大多数的社会，是供求自然不平衡，也就造成大量的情色文化的需要。

随着中国市场经济的步伐不断加深推进，我们越来越清晰地感觉到当代婚姻的现实与婚前婚后男女关系的市场化。这好比男人们知道娶美女的代价等于自己奋斗 10 年的代价，所以有能力的男人不在乎女人爱他们的钱，他们拿钱娶年轻漂亮的女人完全是一种等价交换，对于女人和自己而言不存在公平或者不公平，也只有没能力的男人才会口口声声愤世嫉俗地说世上的女人都是钱做出来的，这也怪不得女人现实，就好比男人知道女人卖的是青春与矜持，女人们都知道男人卖的是资本与资历一样。

用经济学眼光看，婚姻是一种交易。从找对象到结婚的过程就是寻找目标市场、考察双方需求、认同商品交换条件直到签订交换契约的过程。

作为男女双方当事人，大家都别抱怨当今男女在择偶方面的现实与不可思议，婚姻本质就是一场交易：稳定性关系的交易，长期战略合作伙伴的交易，相互需求依赖的交易。

当女人期待男人婚前的海誓山盟成为一生的誓言与承诺的时候，当男人期待女人无论到哪个年纪都可以保持优雅苗条年轻漂亮的时候，当岁月的痕迹与生活的磨砺开始让婚姻中的男女饱受折磨与痛苦的时候，婚姻中的一切美好都伴着柴米油盐的生活而变得有些难以琢磨。

问题是另一方面，情色文化的泛滥却和我们所谓婚姻供求并无直接关系。因为，和婚姻的交易不同，情色文化的产品总是少数人生产的。更重要的是，这种产品是用来谋利的。

这就相当于婚姻带动了情色产品的生产，但是情色产品不一定有同等的功效。情色产品的增加，经常以散布一些有害的影响为结果。比如为了情节和销量，渲染违背道德的画面，再比如，大量的人习染于此，长期降低了他们的健康程度。到最后，这种影响以犯罪率升高和男性智商下降为结果，造成社会财富的巨大损失。

从这个角度说，情色文化产品越是泛滥，其社会的负面影响也越大。而禁止有可能导致这类产品价格升高，增加生产的利润，刺激生产商和资本的涌入。《花花公子》的繁荣，很大程度上和这类禁止有关。

历史证明，过分压制和过分放纵都会对人类生活造成损害。许多“被禁”的历史事件，事后都被证明过分管制会伤害艺术的自由表达，中国人在这一方面的尺度已经有了更多的宽容。另一方面，现实的状况也引发了争议和分歧。

此外，情色文化产业由于虚高的利润，经常是各种地下经济的洗钱路径。其泛滥之极，更可能带来的是对社会发展有害的方向。东欧不少国家，例如波兰、捷克在苏联解体后，都成为这类产业的重灾区。直到如今，这些地方的经济还在挣扎之中。

·第四节·

挨光计：你为什么天生不是情圣

高达117∶1的出生性别比仍是相当离谱的，没有任何理由沾沾自喜。

——穆光宗

人口学教授也关心起婚姻和犯罪问题，大概不是第一次。只不过在校园内外，穆先生忘记了一点，在一个据说到处是宣扬“恋爱”秘籍的时代，可能更多的人变成了光棍。因为简单的供求常识告诉我们，正是因为情人们找不到真爱，这种指导书才可能脱销。

英国某数学教师，根据自己的计算公式得出这样的结论：之所以自己找不到女朋友，可能完全与自己无关。根据这位学者的看法，要随便找到一个情投意合的女朋友，其概率之低，已经低于我们能知道的概率以下。

英国教师彼得·巴克斯利用了一个名为“德雷克方程”的著名公式：“$N=R^{*}\times F_{p}\times N_{e}\times Fl\times Fi\times Fc\times L$”。

等式左边的．表示银河系中地外文明的数量，右边7个因数分别表示：每年银河系中新生恒星速度、其中恒星有行星围绕的概率、其中可能支持生命存在的行星数、其中实际有生命迹象的概率、其中演化出智慧生命的概率、该智慧生命能进行太空通讯的可能性和这一通讯信号在太空中传递的时间长度。

这个寂寞的英国教师认为，对英国单身男性而言，24岁至34岁之间、居住在伦敦的单身女性，全英国3000万名女性中只有26人可能成为他的女朋友。“因此在某一天晚上我能遇见这几位‘特殊’女性之一的概率只有0.0000034％，也就是约28.5万分之一。情况看来不妙”。

“数学的算法研究结果对那些寻找真爱的人来说可能是个打击，”他说，“但它同时告诉单身汉们：单身也许不是你的错!”

问题是，这种计算方式和结论也许并不可靠，至少对于经济学家们来说，一个人是无法判断出未来的意中人到底喜不喜欢自己的。喜欢这种东西，在经济学者们眼里，是一种主观效用评价。这并不是一个足够硬的可比较的指标，甚至极端的看法是，经济学者们也许更相信生物学家们的观点，所谓情圣，可能是生物学因素更占便宜的人。

择偶乃至人际交往，男人对异性的相貌、身材似乎更为看重，女人虽然也喜欢英俊小生，但对他的才华、学识、身份地位以及经济状况更加挑剔。古往今来，男人一直在进化，但好色的老毛病一直改不了，也不想改，走到大街上，哪怕遇到一个素不相识的美女，也会心猿意马、左顾右盼。男人就是这副德行，视觉上的贪婪决定了他们总是难挡青春美貌的诱惑。

男人看美女，靠的是视觉；男人娶老婆，重的是感觉。有的美女，只有视觉上的耀眼，但缺乏感觉上的愉悦；有的美女，外表爽心悦目，内里却空空如也。对于这种纯粹的视觉系美女，男人只会短线交易，不会做长线投资，因为女人的美丽只是一份附加的资产，而非全部的资本。

这么做的原因，很大程度上是因为经济学者们看到，大部分的人们其实更关注的是生物学上的自然选择内容，诸如身材，可能暗示适合哺乳。声音和皮肤，可能暗示健康，对于下一代的成长至关重要。

但是，怎么解释最后有些情圣看上去并不符合人们的自然选择呢？

答案也许是因为，这里面有着赤裸裸的经济计算。人除去动物基因外，可能更明显的是能够以经济的手法看待自己的效用高低。

客观地说，一个女人对一个男人而言，首先是一笔投资，甚至说双方可能都是投资，这一点大概已经被不少从事家庭经济学的北大学者向学生暗中宣告。近半个世纪的美国历届第一夫人，她们的人生都远比她们的长相更加轰轰烈烈。英国王储查尔斯舍美丽的戴安娜而就老丑的卡米拉，就是智慧女人打败美貌女人的有力佐证。后者虽然被人嘲笑“年龄是戴妃的一倍，美丽却不足戴妃的一半”，查尔斯却在她身上找到“温暖、理解和他一直渴望却从未在其他人身上找到的坚定性”。

某些男人只看重美女，就跟一个吝啬鬼千方百计想得到金钱一样，想想钱到了葛朗台这样的男人手里会是什么感觉？除了虚荣心和占有欲，什么都没有。如果一个男人只把眼光瞄准美女，他的心态是不够健康甚至扭曲的。一个女人跟了这种男人，就等于跟了一个十足的赌徒，准保输个精光。所以，当女人碰上一个特别好色的男人追求时，她得打起十二分精神。

喜新厌旧是男人的本性，再美的女人男人也会有审美疲劳的时候，而且越是成功的男人受到的诱惑越多，男人跟你春风一度是一回事，下决心娶你又是另一回事。要想长久地吸引住男人，靠的不是美貌，而是智慧，因为美丽的女人只会让男人风光一时，但智慧的女人会让男人受用一世。

“一入侯门深似海”，但男人娶个太漂亮的美女回家，也怕“满园春色关不住，一枝红杏出墙来”。所以，大多数男人虽很好色，却很理智，他们深知美女可以喜欢，但不能爱，更不敢娶回家。

倘若把人生比喻成一笔投资，某些美女只把年轻貌美当作唯一的资本，总想一本万利——她们生怕上天辜负了自己的花容月貌，可是投资总有风险，一本万利的美事不是人人都可以遇上，结果往往“似这般良辰美景都付与了断壁颓垣”。何况美貌是有时效性的，迟暮的美人就像旧年的日历牌，看着让人心酸，因为它只会让人想起如风的往事。

20世纪北大经济学者中光棍不少，比如著名的陈岱孙先生。对于一个理智到底的男人来说，很可能选择独身，这不是什么生物学的原因，只是经济社会的选择。除去多愁善感的艺术家们，在经济学者眼里，大多数人成为情圣的概率很低。

时间是女人最大的敌人，再美若天仙的女人也会被时间打败，而且女人越看中自身的外表，在时间面前会输得越惨。花瓶式美女和智慧型女人就像龟兔赛跑，一开始前者领先，最后准保是后者获胜。而绝大多数的人大概和那个一口气写下数百行哀怨情诗的北大中文系才子差不多，只能等着做光棍。熬过光棍的生活也许也是人生中的一种历练。

·第五节·

爱情证书：写好情书也是种本能

2011年7月25日，某网友转帖爆料："55岁的某著名经济学家娶25岁娇妻！该教授已婚5次，依旧花心不改啊！"此后该网友上传了多张绯闻女主角的照片。在网络上，一种据说是传统文化复兴的"三行情书体"开始走红。而据后来女主角披露，所谓三行情书，本来是应日本某协会收集全国活动的偶然之作。

"我想如果可以/我希望下辈子你是我的女儿/让我来照顾你"。这是一个女儿送给母亲的"情书"，手写版"三行情书"，被很多网友收集成册，频频转载，一时风靡网络。

浙大学子们推出的"三行情书大赛"也成了热议话题，吸引了数万点击量。有些人在评论中即兴写下自己的"三行情书"。在鸿雁传书几乎销声匿迹的时代里，人们在"三行情书"里找到了共鸣，"原来爱，也可以很简单。"

从某种角度说，网络情书的复活，是一种本能的经济学活动。这种情书，许多人都将其看作是一种婚姻和爱情的保证或者保鲜的证据。问题是，在这个动荡的时代，爱情的保证书也无法保险。

在我们这个年代，一本情书的价值，不仅仅在于内容，更在于时间。如果时间上无法保证，再好的情书可能也只是废纸一张，徒有虚名。正因为如此，能够写好情书的下半部分，那才是真正的爱情证书。能写好的人，才是胜利者。

20世纪徐志摩以写情书而闻名，但以情书和感情的完整程度说，徐志摩并不算得一个能写好情书的人。为了各种爱情，徐志摩不惜抛弃有孕在身的妻子，临了一代诗圣，殒命空难，连起码的善后事宜都要靠被抛弃的妻子完成。

某至今未婚的北大经济学者有言，自从中国开始从计划经济走入市场经济，国人一下子从原先的分配婚姻制度中醒悟过来婚姻根本就是一场交易，同理人生何尝不是一场交易？

可是，在一个新的时代里，由于各种原因，网络情书的好坏，的确可能对于爱情的保证有种莫名其妙的定向作用。这一点还被经济学者们广泛接受。我们在交易情感交换生活的同时也在向别人与他人推销着自己，自己再怎么愤世嫉俗与清高又如何只能证明你不够努力抗压力不够，这世界从来就没公平过，就好比婚姻一样，女的可以找年纪比自己大很多也有资历的男人结婚成就自己的事业，男的也可以找年纪比自己小很多的女人满足自己对青春时光的追求，这里面不存在公平或者不公平，大家觉得没异议就成交，然后组织家庭生活，生活得不好也可以离婚。

20 世纪 90 年代末的国企改革，无疑是离婚潮的导火索。中国最高时期的离婚率一度接近美国，成为货真价实的离婚大国。由于改革带来的短暂经济困难，特别是大量男性劳动力的失业，他们养家糊口能力下降，直接导致婚姻家庭矛盾上升，各种婚外出轨事件也在这一时期十分集中。

如果重新浏览一下 20 世纪翻拍的社会家庭电视剧，以离婚和下岗、家庭矛盾的题材最为集中，著名的“中国婚姻三部曲”几乎就是这个时代最典型的体现。

即使无数人依旧对爱情有诸多憧憬与向往坚守到最后回归婚姻，走到最后依旧不得不承认婚姻本质就是一场交易：相互需求依赖习惯性的交易，虽然话有些不好听，但在经济市场化的今天，你可以要求男女之间的情感圣洁与神圣化么？活在现实的世界明白这个世界的游戏规则与明白婚姻规则是一个道理，这好比一场赌博输赢不在于你交易量的多少，而在于与你等价交换的那个人是否值得让你下婚姻的赌注，让你心甘情愿地做彼此交易的牺牲品，也只有这样你才会心甘情愿地交易与被交易。

只有这个时候，会写好情书的人，才能算得上成功者，因为你成功地降低了交易中的各种变量的风险。总之，婚姻是一种交易行为，而任何交易都是存在风险的。投资理论认为，“不能把所有的鸡蛋放在一个篮子里”，但婚姻的制度约束及婚姻的性质决定了婚姻只允许有唯一的赌注，一招不慎，满盘皆输。由于女性的折旧率高于男性，因此女性的婚恋风险也较男性大得多。婚姻的风险来自多种复杂的因素，为了规避风险，人们在选择对象时，总是陷入周密的计算与考虑之中，房子、票子、车子、对方的职业、健康等非纯粹爱情因素成为婚姻是否安全的重要考量指标，婚前财产公证、家庭开支AA制等各种杂音乘虚而入，使原本应是两情相悦的爱情婚姻蜕变成对数量的计算与追逐，使得爱情的领地越来越小，这种理性牢笼成为现代人婚恋中的不能承受之重。

人类社会在进步，离婚数字也在不断提高，难道婚姻给我们带来的不再是梦想中的幸福和甜蜜，究竟是些什么人的婚姻城堡在摇摇欲坠，容易踏上离婚之路？

在婚姻中，有一个边际效用递减，那什么是边际效用递减规律呢？通俗地讲，当你极度口渴的时候十分需要喝水，你喝下的第一杯水是最解燃眉之急、最畅快的，但随着口渴程度降低，你对下一杯水的渴望值也不断减少，当你喝到完全不渴的时候即是边际，这时候再喝下去甚至会感到不适，再继续喝下去会越来越感到不适（负效用）。

在婚姻爱情上，很多夫妻都会有这样的感觉：时间久了，就没了当初的那种激情，就慢慢地淡了，因为爱情的效用已经开始递减了。这时就是考验他们的时候，很多夫妻都是这时分道扬镳的。

·第六节·

从美人鱼到美女蛇

卷在一条长长的地毯里，克娄巴特拉被偷偷运到了罗马执政官恺撒面前。为了争夺王权，这位埃及女王正遭遇弟弟（按照王室的规定，他同时是她的丈夫，共同的掌权人）的追杀，她必须征服恺撒，以获得强有力的倚靠。

计谋获得了成功。毯子缓缓打开，突然出现的艳丽女郎肯定让恺撒吃了一惊，他最终拜倒在她的石榴裙下，不仅仅是情侣，更是亲密战友。恺撒为克娄巴特拉夺到了王权，她则成为他最坚定的支持者，以埃及取之不竭的财富，成就他称霸天下的野心。

后来，她同样征服了安东尼——罗马的下一任执政官。作为最富争议的女王，“艳后”这样一个称谓，多少可见人们对克娄巴特拉的褒贬。不过，也正是拜好莱坞电影所赐，人们尽管不了解这位叱咤风云的尼罗河女王，却知道了“埃及艳后”。伊丽莎白·泰勒（好莱坞影片《埃及艳后》的主演）的形象深入人心，至于女王的真实形象，从来都是众说纷纭。爱之深亦恨之切，在古罗马史上，她仿佛是“英雄美人”中的祸水；而在传记名家路德维希满怀热情的笔下，她有着不可抗拒的魅力和钢铁意志，不仅是情人，更是母亲、战士和女王。

不管怎样，埃及女王的地位及其与两任罗马最高官的亲密关系，都决定了克娄巴特拉终将影响历史。用法国史学家帕斯卡尔的话说：倘若克娄巴特拉的鼻子稍短一些，世界的面貌也许会是另外一个样子。

对历史的种种探究和揣测中，总不免偶然决定必然的感喟。而缩小为个人际遇，则可以演变为偏好选择决定情感轨迹和人生路径。如果是帝王将相，比如恺撒—克娄巴特拉，吴三桂—陈圆圆，顺治—董小婉，那将成为国家历史；如果是凡俗之辈，那就是无法更改的个人命运。

为了便于分析，我们不妨先选用“偏好决定选择，选择决定命运”这样一个删繁就简的公式。然后，撇开历史进程、王权争斗不管，作为单纯的爱情故事，来看这一场英雄美女的情仇中，偏好如果选择和决定情感路径。

从恺撒和安东尼身上，我们大约可以看出克娄巴特拉的偏好。他们都是强权人物，掌控着罗马的大局，更能操纵别人（包括女王自己）的命运，权力、英雄气质、野心被埃及女王所偏爱，所以，她抛弃了自己的弟弟，那个懦弱的小丈夫及其支持者，成为两任罗马最高长官事实上的妻子。

人们以“埃及艳后”来形容克娄巴特拉，暗藏她以迷人魅力“蛊惑”两位罗马英雄的意味，但是忽略了这种偏好选择中的风险与成本。其中包括，借助罗马人夺位失败后的杀身之祸，与整个罗马为敌（包括两位长官的妻子在内的罗马人，都对尼罗河边的这位异族女王心存芥蒂），被人遗弃（类似恺撒这样的英雄，永远不乏红颜爱慕），身陷政治漩涡的危机……

这样的偏好选择需要实力、手段、计谋，更需要不计成本承担风险的勇气。女王如愿以偿，这是偏好选择的必然；同时，也付出代价，在与屋大维的争斗中，安东尼战败，死在克娄巴特拉怀中，而她最后服毒自杀。

你肯定会觉得，这样一场宏大叙事根本不适合你我的日常生活。不过这里要说的是，虽然无足轻重，个人情史却和国家历史一样，难逃偏好选择所带来的必然结局。由于很多人将偏好视为偶然，所以，一方面人们对这种偶然导致的必然心不甘情不愿；另一方面，又对它寄予厚望。女人们时常会想，如果嫁了另外的人，生活会怎样。如果配偶不同，一个人也许会有完全不同的生活，并且可能成为截然不同的人。

实际上，根据在北大商学院的案例课程内容来说：最后的选择并不单纯由偏好决定。我们需要充分估计其间的风险和代价，并适时做出调整，那么，最后的决定一定是掺杂了其他种种因素之后，不断纠偏的结果。偶然与必然的关系，由此也就变得微妙而复杂。

比如，你选择了捐款，可能是因为你有爱心，也可能是你怕受指责，它不必然得出你热爱慈善的偏好。同样，你之所以嫁给一个相貌平常、庸碌无为的人，也并不意味着你缺乏对帅哥才俊的喜爱。很少有人能彻底抛弃自己的喜好做出情感选择——但是多半会考虑这种偏好会承担怎样的风险，以及现实可行性。据说，50 岁男人择偶的理想年龄是小他 10～20 岁，可实际上，老夫少妻并非婚姻的标准范式，并且通常也只是小概率事件。

婚姻从来都不是你想爱谁就爱谁，它是融合了各种因素之后的折中方案。我们在修正偏好之后，得出符合现实情况的选择，却因为妥协和不完美而耿耿于怀。现在所要面对的问题，不是如果换一个人，生活会做出怎样的改变，而是为什么做出这样的选择，在既定选择的情况下，哪一种是让自己幸福的最佳方式。

至于帕斯卡尔有关女王鼻子的说法，不过是夸大了偶然因素的作用。要知道，恺撒或者安东尼之所以被克娄巴特拉“蛊惑”，不是因为女王有坚挺的迷人鼻子，而是因为他们的个人偏好，以及对偏好的不断修正。于历史，这是偶然；于自身，命中注定。

第十一章

世事胜棋局，经济在燕园

·第一节·

90平方米的房子可以盖多高

到底可以推多高？请教过几位工程师：一位说，“层高6米没问题”；另一位说“9米也可以”；最后一位一定读过经济学，回应说“要是不怕花成本，再高点儿也无妨”。不难算，90平方米的房子隔两层就是180平方米，三层就是270平方米。更不难想象，一个代客隔楼的新兴产业由此可能兴旺发达！

——周其仁

在关于中国建设保障房规格的确定时，有过一个激烈的90平方米争论。多少房子盖得超过90平方米，多少等于或小于90平方米。这个问题之所以提出，据说是开发商通过市场观察得出的结果，超过90平方米和小平方米的房子，总是需求很少，等客上门的楼盘还有不少。

在周其仁看来，房屋面积的大小，表面上看起来很简单，实际深不可测。这就像是一个饭店究竟怎样决定大桌小桌的比例，向来靠市场智慧解决。

大户型房子的总售价动辄百万、千万，工薪族无力问津，这样可能造就住房困难问题。问题是，当政府大手干预市场之际，要不要对市场智慧有一点儿起码的认识和重视？具体问，房地产需求的70％一定就是90平方米以下中小户型的房子？事实的真相完全是另一回事。

周其仁担心的是：一刀切出来的“铁率”，万一不对，甚至离题很远，又是个什么结局？

干预市场也不可以完全漠视市场智慧，漠视了，要受罚的。

不管怎么说，房子到底该建多大，到底怎么计算，这个问题到现在的确还没有得出答案。真正要得出这个答案或许得从政府的住房销售数据的统计方法中开始，毕竟一切的基础还是起源于此。这是所有住房问题讨论的原点。

2006年，国家九部委有关房地产调控“十五条”中规定，“除购买自住住房且套型建筑面积90平方米以下的仍执行首付款比例20％外，其余情况下，个人住房按揭贷款首付款比例不得低于30％”。建筑面积90平方米以内的商品住房，也就此被定义为所谓“自住房”。

事实上，首先我们可以确定的是，这个90平方米住房的数据，应该并非普查数据。因为自从房改以来，中国始终不存在一种对全民的住房情况进行基本统计的住房普查统计。这就是说，经济学者可以推断说，鉴于住房普查数据的不完整，90平方米的数据获得只可能是一种抽样调查的结果。

在西方，对于住房普查一直有所谓普查的习惯。这种数据往往和严格的人均收入、人口调查在一块儿。如果碰到无法直接调查的数据，那么就通过间接的手段来获取数据。比如在美国利用水电读数，是一个普遍的方法。

在中国因为缺乏数据，其实是参照其他地区经验。据说日本的住房面积，基本上是中国的自住房的参考。问题是日本毕竟不是中国，何况日本的住房，与其本国的历史有着深刻的联系。显然，当人们指责黑灯数据的不靠谱时，这个所谓的自住房数据也并不怎么靠谱。如果是以土地利用的综合考虑出发，耕地面积的大小并不能和住房面积建立任何关系。

其次，90 平方米的住房面积数据，本身是一种制度限制的结果。20 世纪 80 年代中期，上海外滩有段矮墙，这段矮墙有种奇景：每到夜晚，年轻男女非常有序地脸对脸、背靠背，一个挨一个保证严丝合缝，无空可钻。历史从大学教授的嘴里说出来，别有风味。但是对于不少吃尽房子苦头，经历过上世纪中国房地产风风雨雨的中国人而言，却是另外一番滋味。

豪宅，像地产商人在潮白河上建“东方夏威夷”，这已经不是一般的住房需求，而是奢侈和炫富。介于豪宅和改善型需求之间，拿房子做资本套利的，就是投机性住房需求。“房改”改掉了旧制度之后，人们才陆续发现拆迁与被动需求的关系、投机性需求对房价的影响、房地产业对国民经济的支柱作用、资产价格与货币政策的内在联系等多方面的新问题。

如果按照收入和房价挂钩的方式研究，开发商们显然会成为众矢之的。因为他们的收入和房价比是最低的，甚至比本身盖房的建筑商的这个比例还要低得多。

根据胡润富豪榜的数据，中国的富豪绝对多数属于地产商。这意味着他们的收入和房价存在某种神秘的关联。按照胡润榜的分析来看，最近不少的财富缩水和增加幅度看，房价和富豪的财富的相关性最高。

换言之，房价高，房价涨，地产商的腰包也跟着涨。

按照托马斯·索维尔教授的研究，美国 20 世纪初的大规模移民潮，推动半个世纪的美国房地产的种种问题，高房价、住房难、租房难、歧视、房价管制、住房贷款和福利、土地管制等都沿着这个线索跟进。

北大的产业经济学家们认为，房地产行业的波动，是和人们的收入需求弹性有关的。收入越高的行业，集中的资源越大，自然价格也就越高。如果房地产从业人员属于这种情况，房地产本身就是房价的最大推手。这个例子最好的说明是这样的。一个承包商靠建房赚钱，然后选择在某一低档社区买房，可能抬高了当地的房价，而下一批新进入的人可能继续推高房价，也就形成了越涨价越买的怪圈。

实际上，当房地产商打广告的时候，同样利用了这种心理，结果就造成今天中国的高价。从短期看，是投机性需求导致了高房价，长期看反倒是高房价导致了投机性需求。

·第二节·
限高政策管用乎

问题是，政府不是免费机关，查房子的体积又谈何容易？买卖双方都乐意的事情，体积少算、价格不亏不就得了？这样的事情，脱离了民举的官究，成本不用说也是天价。

——周其仁

周其仁教授因为发表对90平方米的自住房的议论中有质疑政府对于限制房屋高度的执行力的一段，结果引发热烈讨论。

事实上，限制高度的政策，在全世界都在执行，比如美国不但有房屋总高度，还有单位高度。不过，这种限制基本上是徒劳，像美国的富人区，总是有各种办法，让这些法律形同废纸。在美国，加州艾维茵是治安最好的地区，这里曾是橙子种植园。橙子园老板们以艾维茵公司为核心决定发展房地产，为把黑人穷人赶出这一区域，在城市规划时，不建超市，不发展公共交通，甚至不装路灯。生活成本非常高，穷人黑人被迫迁出，结果艾维茵成为富人居住天堂，至今当地政府幕后老板仍是艾维茵公司。这一区域的生活环境非常好，警察都是双份工资，因此工作很卖力，治安也非常好。

美国自从“9·11事件”以后，对安全问题抓得非常紧。但安全并不是从那时候才开始的，它是一个世界性的问题，也是一个历史性的问题。自从国家建立以来，就必须高度重视安全。这里的安全不仅仅是人身安全，更多包含的是经济安全、政治安全。

任何一个地区的发展，甚至世界的运转都是需求拉动的，因此，如何限制一个地区的发展，其基本思路应该是通过管制的方法进行调节。对于一个地区来说，如何吸引住户，需要社区具有必要的硬件设备。往往对于一个小区来说，开发商总期望越多人来住越好，因为可以帮助自己实现经济利益的最大化。但是这个也是要具体问题具体对待的。

就拿艾维茵社区来说，这里的硬件设施很好，足以吸引很多的住户。可一旦住户过多，对于住房的需求量增加，达到供不应求的状况，那么本身让开发商欢喜的事情又变成忧愁事了。这时候，开发商就通过提高门槛对小区住户进行管制，从而一方面肃清小区内住户，另一方面提高了小区的整体档次。再加上小区内安全的重视，使得艾维茵社区成为全美最安全的社区。

经验证明，不但商品房无法保值，超越通胀，普通住房更是不断贬值。如果建筑成本不断上升，最终的结果就是房产商肯定不会愿意替所有人，特别是穷人盖房。这样只有政府才能担当建设廉租房的责任。

政府担负责任，这种结论当然很容易做出。不过，政府不是生产机构，没有任何建筑工具和生产设备。因此，最终的保障住房，还是分摊给个人和地产商来做，于是新的问题出现了。到底是选择个人自建房屋还是承包给地产商呢？

初看这好像不是个问题，房子都是一样的，个人找个施工队，挑选材料，设计监工并不见得比开发商的建筑队差。但是这只是表面的看法而已。实际上，自建房还是开发商建设房屋，因为中间的环节不同，廉租房的性质和质量，在经济学的角度，其实都发生巨大的变化。

要明白这一点，不妨让我们回忆一下没有开发商的日子。那时候全中国所有的住房都是由建筑队建设完工，国家验收分配给个人，采用标准化的门窗，标准化的设计，甚至连卫生间都是标准划一的。在建筑队之外，农民的宅基地上则是个人和乡里乡亲的家庭建设，最多设计会找专人。当然最后的质量和效果也是明显有差异的，国家建设的标准住房，往往出现偷工减料的事情。而个人自建房却是用最好的材料，最好的设计完成，就连保暖和水电都比一次性的公用建设房质量好得多。而且最后的结果还可能是，后者的成本要高于前者，自建房的效率和质量都高于承包的建筑队。

于是，当廉租房重新由政府负责的时候，采用何种形式，也是个重要的问题。这体现的不仅是质量和效率问题，更是政府的形象问题和考验执行能力问题。

实际上，在廉租房建设的问题上，如果将资金筹措、资格审核、土地价格评估、验收、物业监督、税收和运营等所有环节通盘考虑，谁来建廉租房，怎么建都是一个大问题，甚至比廉租房本身还要重要。

首先从资金筹措渠道来看，如果采取个人自建房的办法，那么政府的住房补贴就可以通过现金和专门的保障房低息贷款来完成。美国的两房提供的不少住房优惠贷款就是这样的。这种方式的好处是，可以运用金融手段，有效筹措资金，补充国家财政支出的不足。如果采用开发商模式，那么政府只能通过给予开发商一定的住房补贴来实现，这就可能产生开发商要求夹带商业地产的可能。由于廉租房的利润低，很可能开发商会用偷工减料和不配套的手段，制造一些规划差的廉租房，而且这一过程很可能带来暗箱操作的问题。

其次是资格审核问题。个人的自建房审核一般因为数量大、分散而提高了政府住房管理部门的成本。在这方面，开发商的优势要明显得多。当然，如果个人采用专业的有资质的建筑承包商自建房，这个不足也可以被抵消掉。开发商在资格审核上通常也有其劣势，比如有些开发商的资质和建筑商的关系并没有统一性，同一批次的项目可能质量不一。这就让他们更有动机做一次性买卖，偷工减料在所难免。

在土地价格评估方面，显然个人自建房除非是土地免费，否则在评估方面，基本上完全落败于开发商。这是因为开发商具有专业性，在土地价格的评估中，更有市场的发言权。所以通常，在各国的执行过程中，都竭力实现土地价格的免费，避免出现套利空间。比如在同一个地区的同一块地，不同的评估师给出的价格可能相差10%。而这部分内容相对于开发商而言，已经可能成为有效的利润组成部分。在不少地方，征收土地的过程中，开发商软硬兼施，对土地所有者采取威逼利诱的做法的不在少数。

其他的验收方面，自建房的验收要比开发商好一些。基于个人效用最大化的原则下，处于委托地位的开发商往往并不严格执行验收环节的所有规章制度。

最后的物业监督和税收方面。物业监督和税收，基本上是构成国外的房地产税的主要部分。美国的房产税不向廉租房对象收取，而是向私人独立业主收税。因此，廉租房的房产税几乎可以忽略不计。但是其负面效应是，不交房产税的个人和家庭在教育上将受到各种不公待遇。按规定房产税附加主要用于教育，所以中产家庭交房产税可以获得相应的抵扣，而廉租房的平民社区里永远也见不到这笔减税抵扣。不过，如果是开发商建设物业，他们却可以获得这笔税收抵扣，甚至得到更多些。在中国的自建房过程中，由于中国不收或者很少有房产税，开发商建设却又收取各种税收，因此在中国自建房获得税收优惠比美国要多。

而在营运上，个人自建房可能不如开发商专业。例如在廉租房的保值和流转上，专业的开发商公司显然更加在行。

·第三节·

卖官鬻爵的权利界定

这就是，一小批身居要职的官员共同以身试法，用行动显示违背正规法律的准则正在发生作用；他们从兑现少量的“风险交易”开始，逐步向潜在的买家发出可靠的信号，直到竞争压力迫使越来越多的人身陷其中。这就是在一个“场”的作用下，非法行为硬化为事实上行得通的权利，为卖官鬻爵铺平了道路。

——周其仁

周其仁教授分析说：历史上的卖官鬻爵大体可分两类，一类是“公卖”所得归入财政；另一类则是“私卖”，收入归己。前一类卖出的一般是名誉性职位或虚职，而后一类卖的是实权，即可以“再产生受贿机会和收入”的官位。

问题是，私人并没有出售官位的合法权利，买家又怎么可能如此疯狂地大手出价？

要回答这个问题，其实并不难。不过，周其仁教授有个知识性的误会，直到今天美国的大使和议员，某些基金会的主席等虚职，仍然是可以公开买卖的。比如美国大使馆的不少名誉大使，实际上即是捐钱买的职位。这是外交界的常识。卖官鬻爵这件事情的确是一揽子交易，只不过其交易的权利边界的确没有什么特殊。

首先，要界定这种权利，必须有个可以参照的标准。通常在封建时代，这个标准很奇特，一般就等于政府财政的债务缺口和部分利息。政府的债务和利息，通常是兵役和粮食的费用，比如，早在西汉时代，七国之乱中朝廷多次下达出钱可以买爵位的公告。碰到灾荒，封建政府税收不足，也适用买卖爵位的办法。只不过仔细看一下，这类爵位都是不可以世袭的，最多只能保证买卖爵位的名誉。换言之，这类爵位都是只存在一次性的名誉价值。

然而随着时间的流逝，特别是购买爵位的人越来越多，虚衔的价值也开始通货膨胀乃至贬值。狗尾续貂，这样的成语，其实多少反映魏晋之后卖官鬻爵的数量之多。早在汉武帝时代，司马迁就已经指出，由于预备官员中买官的太多了，直接导致汉廷的官员素质下降。

当然，他们流动和买卖的根据还是离不开市场收入的价值，虚衔没有俸禄，因此不少商人出身的官员，就急于回本。由于他们的夸张和贪婪，汉武帝时期对于大宛和西域小国的战争，常常爆发。

近代以来，像欧洲，则更加明显。因为欧洲的买官卖官对象通常就是所谓肥差，比如海关官员、包税者。国王的税吏，既是爵位的购买者，同时也可能是国王债务的实际权利所有者。因此，买官卖官的价格，应该等

于保税商债务的本息和的折现。这种权利，是以国王的民事财务债务为限的。碰到国王赖账，爵位被收回的时候，这些放债人就会扣押国王的财务，最极端的事情是不少王侯的王冠就是抵押品。

在当代，买官鬻爵承袭这套传统，可以想到，他们的权利边界其实应该小于等于国家债务。一旦大于国家债务，就可能由于行政当局的权力自动解体。事实上，相对于市场的力量，行政者的政治权力要强大得多。

其次，私人的卖官鬻爵，也有着悠久的传统。比如为了扩大个人实力，早在西周时代，超越礼法，设置和周天子差不多的机构，早就不是新闻。不过，私人卖官鬻爵，有个严重的问题，尽管他可能超越国家和君主的预算，但绝对不会超过私人卖官者的最大收益。总的来说，这种行为还是有一定的风险性，比如受到谴责和处罚，这种成本也可能被计算到私人的最大化计算中。

当然，这种卖官鬻爵的特性，既然是以个人利益最大化为目标，也就更容易表现在市场利益的变现上。举个例子，像周其仁教授指出的安徽贪官的例子，他的买官卖官所得，其实大部分最后还是以高消费和现金表现出来。

这就是说，这种卖官鬻爵的权利，永远不会超越私人可能的利益最大化，但是其市场价值，往往让人无法详细掌握。因此，有时候，我们不得不改用间接效用的办法，将他们下台后的回报和卖官鬻爵的各种活动联系起来。

2006年8月，当亨利·保尔森辞去高盛首席执行官一职出任美国财政部长时，他曾对美国白宫的官员说："说出太多的现状，可能会让华尔街脸面受损，也将会影响整个经济。"

这也意味着，这些金融危机的工具依然有随时发作的可能性。甚至更重要的一点是，采取措施直接救援华尔街，可能是在转移矛盾，将某些害群之马保护起来。斯蒂格利茨指出，保尔森的最初救援实际上就将高盛在危机中的马脚掩护下来，通风报信的手段令人惊诧。10年前，时任花旗集团总裁的戴蒙被辞退，如今他却成为摩根大通首席执行官。

本·斯坦——一位喜剧演员（也是一位经济学家）——在《纽约时报》上登载了一篇颇具争议性的文章，他在文章中说，对于世界的大部分地区而言，次贷危机的影响力是非常小的，全球性的反应几乎毫无意义。“在泰国、巴西或印度尼西亚出现的风险怎么会与拉斯维加斯的一栋房子有一种固有的联系呢？……为什么长岛的一家抵押贷款公司与它们有关系呢？”这话其实还要问的是，华尔街的银行家和美联储的命令之间有什么关系？你的钱包和华尔街的倒掉是什么关系？答案是这不过是个财富乾坤大挪移的过程。

·第四节·
难道白菜涨价也归公

白菜不过是一件小商品，土地才是大资产。小商品涨价的社会因素或可不加计较，大资产涨价，就是另外一回事情了。错。离开了白菜、粮食、树木、楼宇等无数商品的增值，土地增值不知为何物。“白菜涨价归公”与“土地涨价归公”是同一件事情的同一个逻辑，大声主张后者却又不好意思说出前者，表明其思想缺乏一致性。

——周其仁

周其仁教授认为：不少楼市政策规定，让户口的价值无形中上升不少，比如北京十二条限购令。问题是这些升值，到底需要不需要监管，监管的理由是什么，需要细细研究。

在2011年，各地出台了不少限购令，比较有代表性的是北京对于住房的限购令。这个限购令最主要的区别是按照户籍，将本地人和外地人区别开来执行一套房和二套房政策。支持这一政策的经济学家李稻葵形容这是给楼市过热打的一剂退烧针，短期有效，长期未必。

由于限购令下达迅速，仅用不到半年的时间就推进到全国30多个城市。上海和房产税挂钩，深圳直接限购两套，这种力度也使得人们怀疑是否限购令是所谓的虎狼药。有人断言，一旦限购令松动，就可能引来房价的报复式上涨。

围绕限购令的“药性”，中国的经济学家们众说纷纭。限购令是不是中国楼市调控最后的猛药呢？

首先，限购令的行政性质，让数量管制的方式效果堪忧。比如说北京的限购政策，就是要把北京户口变成一个新的住房“特供证”，把北京的住房市场变成一个特供市场。有户口的可以在北京买房，没有户口的缴 5 年税才能买。这种政策的本质是供给不足，也就是说因为北京无法提供足够的住房，才不得不用限量的手段约束人们的需求。

数量管制的危害主要是会造成等待成本的提高，或者造成各种各样的黑市和寻租现象。有北京户口尚未买房且准备买房的人群，会是北京限购令的受益者。他们就是特供商店要特供的对象，特供的商品就是十分紧俏的北京住房。同样，没有北京户口但想要在北京买房的人群，则会是这项政策的受害者。像 5 年的纳税和社保证明，本身就变相地增加外地人的等待成本。试想，5 年后的同一笔买房钱还是同一笔钱吗？

当然，这种数量管制也不是一无是处。因为，这显然会降低住房的需求，需求下降，房价也就跟着下来了。政策的制定者本身也是如此考虑的。

炒房客一般也不会在冲动下买房，肯定要经过多方面的盘算之后才会实施购买。自然限购的强令，必将导致他们知难而退，最终放弃投机的想法和做法。

其次，限购令的方式本身具有短期性的特征，但短期不等于乱投医和短视。所谓虎狼药，都是一种“死马当作活马医”的药方，限购本身还没有达到乱投医的地步。

到 2010 年，周其仁教授开始有新想法，他认为到 2010 年，房价本身已经是强弩之末。不少开发商手中囤地甚至数十年没有开发，出现了有售无房的怪现象。假设人们不断有刚需和投资需求释放，最终房地产商也会因无房可售，停止扩张，甚至导致资金链最终断裂。不少开发商开始疯狂介入高利贷，有些开发商已经沦落到纯粹炒地皮。显然，这基本上已经是接近出现资金问题，生产濒于崩溃的前兆。如果政府本身不给房地产降温，持续不断的资金和炒地皮活动，很可能让房地产的泡沫迅速破裂。

从这个意义上说，限购令本身不是拯救无房的广大人民，只是另一种拯救地产商的行动而已。从这一点看，政府的行为具有长远性，而不是一些评论所说的短视行为。

即使是未来房价出现报复式增长，但是随着一段时间的调整，比如开发商的存货增加，生产周期加快，只是正常地适应住房的未来需求而已，不大可能出现大规模房价过热问题，至少比泡沫破裂要人性得多。

在地方政府看来，既然需求特别是投机需求旺盛，开发商手中拽着的空置房自然就得出售。所以，政府采取的策略是抑制需求一方。一刀切的“限购”压制了很多人的刚性需求，只要“限购”时间足够长、“限购”力度足够大，常态化，长期化，恐怕没有开发商受得了。

最后，猛药的所有特点是具有毒性。像限购这种行为，本身属于行政管制的一种。就手段来说，毒性并不大。1971 年，尼克松总统第一次执行行政管制，只维持不到 3 个月就草草收场，基本上没有任何效率。

经济学告诉我们，市场讲究的是平衡，供求双方大体均衡价格才能保持在一个合理正常的水平。表面看，在房地产市场的供给和需求中，后者远大于前者，供求严重失衡。仅从开发商和购房者的博弈来看，他们比的其实是谁有耐心，谁笑到最后。所以最终还是供求发挥作用，限购令并不能改变这一切。

·第五节·
中国土地落价又归谁

我们意外地发现，政府对市场收益的左抽右抽，与对市场损失的左补右补，在逻辑上居然是相通的。这样的经济，居民私人投资的自由和责任一起被削弱，人们的注意力不能不更多地从市场转向政府、转向议会甚至转向街头和广场。那是一个纷争不断、口水旺盛、唯独不那么刺激人们努力生产和交易的世界。这样的世界，才真正称得上“国危矣”。

——周其仁

不少统计局官员承认，在北京买一套住房需要祖孙三代的积蓄。这并非是虚言，如果以北京市区 8 万左右的平均工资而言，大多数北京人在北京三环的地段，不吃不喝一年只能买一座普通的 100 平方米商品房中的 3 平方米。换言之，这等于一个家庭近 40 年的总收入。

对于一个非要买房的刚需家庭来说，要在北京买到这样的普通得不能再普通的住房，必须要靠 6 个家庭成员不吃不喝 6～10 年的总收入，也大概等于 6 个家庭成员 30～40 年的家庭存款。显然上有老下有小，一家三代辛苦努力买房有其必然性。

房价之高，高到一个家庭和家族成员必须为此付出深重的代价，最后换来一所 70 年产权的住房，这就是现在中国人买房和高房价的真实生活写照。无论如何，在提倡和谐社会的今天，这种情景是不该出现的。

三代买房，这种现象在国外十分罕见。在国外的家庭，通常只有老人占有一套住房。一个人从工作到衰老，至少会买 3 套房子，初出茅庐的年轻人除去按揭借款外，父母是一分钱也不会提供的。在日本和韩国，传统上除去家族自然继承外，父母也不会参与购房买房。

高房价和三代买房这种情况，在中国戏剧性地出现了。这其中，一定有不为人所熟悉的经济因素，导致这个本来不可能的事情成为可能。

一些人认为，房价高和家庭买房，主要是政府控制土地供应导致的。按照房地产资本家的逻辑，房价太高的责任完全在政府。解决房价过高，必须政府大出血。政府控制的地皮面积有限，开发商却不少，人们的需求也高，有些人说要扩大供地，比如“农地入市”成为热闹的话题。“农地入市”简单说就是把农村集体土地变成工业和建设用地。

但这个显然和《点石成金》里那个看上神仙指头的蠢人的见识差不多，而放走真正高房价的元凶。有点儿头脑的经济分析人士指出，就算大大提高土地供应，地价未必能降。

实际上，就算是美国那样地广人稀的国家，房价高的地方照样存在。真正的原因恐怕不在房子，而是捆绑在土地上的各种经济和行政限制。历史上，北京、上海的户口金贵得很，二三线城市的户口就差很多，但也比农业户口强。现在各地的限购令把买房子的权利也和户口挂钩，这看起来优惠了“本地人”，但在更大的背景下则是在加剧中国户籍制度背后巨大的不公平。这种不公平，本来因为这些年户口作用的逐步淡化已经消除不少，但现在又被人为地加强了。原本房价在不同的户籍性质下就有不小的差别，现在这个差别进一步扩大了。

因为出现了这类限制，等于人为地增加了房屋的价格成本甚至价格预期，在北京买房，不只是等于买到一套房子，也等于买到了北京的教育、公共社会保障和就业机会。要知道大多数买房的人，都怀着同样的目的：北京市本地学生进入北京大学深造的概率相当于其他地方的几十倍乃至几百倍。从很早开始，大规模在京买房落户的人群的投资性住房就从没有停止过。显然不去掉这个不公平的预期，就算是增加再多的土地，也不能让这种住房需求停止。

在这类制度性的价格因素外，还有更加严重的金融干涉因素。房地产项目利润一般在20%～25%。一个总投资1个亿的项目，它的实际利润大致就在2000～2500万这个水平。

从2009年开始，在房市火热的背景下，地王热潮开始。按照当时静态房价测算，土地出让价格基本上无法保持20%的项目利润，可是房地产企业依旧趋之若鹜。为什么会有人对房子比宝贵的面粉更感兴趣，显然这不符合常理，只有在金融界的空头和多头大战中才能见到如此疯狂的做法。考虑到房地产的服务业性质，显然这种行为本质上就是一场赌博。

在巨大的拿地竞争压力下，对房价上涨预期最高，如果低价买进土地，高价卖出，就可以大赚一笔。而下跌预期增强的时候，就会有大量房地产企业抛盘出售。显然 2008 年后中国房价的逆势上扬，给了房地产价格上涨的持续预期。自然土地价格上涨是不可避免的事情。

从房地产的运营模式来说，多数房地产企业都属于自有资本占比极低的企业，只有通过较高的周转速度，才能回笼资金赚取利润。显然，按照现有的制度，拿地越快的，获取抵押贷款的速度也就越快，这等于周转速度也最快。这种情况下，开发商都争着推高价格，多拿地也是情理之中。等到出售房屋的时候，自然是在利润上再加一部分价格卖给买房人群。这样就形成，土地价格越涨，房价越涨，开发商房子卖得越快的怪现象。

周其仁教授说："政府调控房价，上海首当其冲，据说房地产市价下落了 20%。是不是真的那么多，我没有考证，但下落应该是真的。这些举之不尽的事实说明了一点：土地像一切资产一样，市价可能升落；在某些条件下，地价可能暴涨，也可能暴跌。实际上，这就是新加坡和中国香港的住房市场的差异，这主要是两地的住房政策的所有兴致存在差异导致的。在新加坡的国有土地机制下，人们主要住在政府所建的房屋内，因此基本上没有私人投机建立的豪宅的压力，比较体现平等的特点，而中国香港则是中产阶级占据主导地位，自然这种住房政策上的差异也就日益明显。"

·第六节·
劣币真的驱逐了良币吗

其实从长一点儿的历史看，要是真有"劣币驱逐良币"这回事，就从 16 世纪算起，劣币也早该把全世界人民压得不能动弹了。至于乱发钞票的——现代劣币是也——共同结局是，即便动用武力，还是挡不住劣币连同它们的发行政府一同被无情驱逐。市场的本性就是人的本性，要是劣胜优汰，人类早就灭亡了。

——周其仁

周其仁教授的看法很简单，但是一针见血。逆向选择这种情势，虽然在市场上普遍出现，但是坏东西越来越多，并不真的就彻底淘汰了好东西。恰恰相反，制度成本的高企，会让劣币的统治在没有淘汰之前，把自己推向了灭亡。

在 2008 年金融危机后的 3 年里，美国政府连续出台一系列新措施，其中包括延长著名的投资移民政策。投资移民，是指 1991 年生效的一项投资优惠政策EB－5，也就是“第五类移民”。其基本内容是该项目针对 EB－5 投资移民者设立经济特区，在经济特区内，移民申请者的最低条件为投资金额不少于 50 万美元，同时需要创造至少 10 个全球就业机会。按照该规定，要最终入美国籍的这类移民必须在美国有住房，但购买房产不算投资。该计划在长达 10 年的时间里，每年大约有 3000 个名额，主要是亚洲人取得这种名额。2012 年获得这种名额的中国人大概有 949 人，不足 1/3，但是中国人在申请总数上占到 75％。

这当然是给予富裕的人的投资房产的规定。美国政府真正的住房支持项目正是这项计划的另一面。银行为了鼓励人们买房子，发明了一种“2－28 贷款”：前两年付很少的贷款，从第三年开始每个月的房贷骤然提升，弥补前两年的低息贷款，旧账新账加在一起。房价持续上升，这是一笔不错的买卖。即使第三年支持不出每个月的房贷，房主还可以把房子卖了，赚一笔钱走人。这种贷款就是零首付计划，对于那些资质良好的人来说，没有出现次贷危机，这个项目还是很不错的。用不了多久，一个人就可以成为房产所有者，成就美国梦。

哈佛大学住宅联合会过去一直研究的方向，便是这些看上去十分麻烦的周期形状问题。不过，金融危机证明，他们预言了房地产周期，但他们预测错了时间，直到危机来临的时候他们仍然相信通过加息，可以迅速让房地产投资的泡沫散去，美国的危机将是轻微的波动。甚至在利率和违约问题上，他们的研究员一直声称房地产在现有的利率体系下是不可能崩溃的。

可是从2000年到2006年中期，房产价格增长60%。人们普遍认为这种增长势头会持续下去，于是你争我赶地买房，或者从小房换大房。再加上布什政府在21世纪初鼓励拥有房产，银行借贷系统通过降低房贷门槛，减少首期付款，然后把房贷打包分割证券化，再转手销售。房产价格从2006年中期的顶端到现在已经下跌25%，股市从峰值下跌了40%。美国人从房地产中损失了4万亿美元，从股市中损失了8万亿美元。美国人的财富转眼间减少了12万亿美元。那些钱现在都到什么地方去了，答案是美国政府和华尔街。包括高盛在内的大投行的投机操纵者，早已经在最高点抛出，这是典型的卖空手段。

买空卖空是大家知道的道理，可是为什么还有人往圈套里钻呢？因为这是基于理性的税收成本预算的结果。金融诈骗的确有套利空间。100万美元以下的房屋贷款的利息部分可用于抵减上税的基数。美国收入最高阶层的人，也就是每年缴最高边际税率的人，对每一美元的房贷利息只需要付60美分。这种税收政策鼓励人们买房而不是租房，而且只要贷款在100万美元以下，买的房子越大，贷款越多，省税就越多；越是有钱人就越是如此。所以，这个政策偏向有钱人。

在这种疯狂的体系下，加息带来的成本损失几乎可以忽略不计，对于许多买房者来说，投资于房产已经便宜到无以复加的角度。不管你如何增加利息，大概都相当于跌进了另一种形式的凯恩斯陷阱当中。在那个区间里，不管你怎么减少货币供给量，人们也不会出现对于利率的冲动。

这种情况，一直是在人为制造的繁荣下形成的，在金融危机出现致命问题的那几年，美联储一直建议在加息和利率上进行调整。到2006年，格林斯潘则将这一建议合法化。根据泰勒定理的验证，也就是从2003年开始，泰勒公式计算出的美国利率和公式存在2%左右的差距。泰勒定理是正确的，美联储一定在这方面扮演了不太合理的角色。

问题是，政府的政策如此扭曲，房产的投资者并不知情，即使他们不断听到因为房贷自杀的人数在上升，可是美联储和两房的分析师和负责人总是向人们灌输这样的观点：房屋市场虽然有略微的泡沫，但是房地产的需求是健康的，所以房地产业目前十分安全。

第十二章

改革需要“顶顶层设计”

·第一节·

实现生产要素在城乡之间的双向自由流动

我们说乡下人土气，虽则似乎带着几分藐视的意味，但这个土字却用得很好。土字的基本意义是指泥土。乡下人离不了泥土，因为在乡下住，种地是最普通的谋生办法。最近我遇着一位到内蒙古旅行回来的美国朋友，他很奇怪地问我：你们中原去的人，到了这最适宜于放牧的草原，依旧锄地播种，一家家划着小小的一方地，种植起来，真像是向土里一钻，看不到其他利用这片地的方法了。我记得我的老师史禄国先生也告诉过我，远在西伯利亚，中国人住下了，不管天气如何，还是要下些种子，试试看能不能种地。——这样说来，我们的民族确是和泥土分不开的了。从土里长出过光荣的历史，自然也会受到土的束缚，现在很有些飞不上天的样子。

——费孝通

“农村土地流转会导致私有化吗？”这似乎是一个伪问题。但事实上关于中国农村的土地流转的讨论，从禁忌到破局之所以经历如此漫长的时间，恰恰是因为土地流转非常容易让人联想到土地私有化。因此，这个问题有必要在理论上予以厘清。事实上，在北大中国经济中心的卢锋等教授看来，现在讨论的所谓要素流动问题，最主要的是所谓城乡要素的流动问题，而城乡要素流动中的最核心问题，即土地问题。从北大土地法课题组到北大发展经济学、农业经济学方面的集中讨论的内容看，土地流转，或者说土地的产权制度问题，已经是个重大的理论课题，前无古人的新命题。

土地私有化能否导致土地兼并？

一直以来，反对土地私有化最为有力的理由来自于土地私有化会导致土地兼并、农民流离失所，进而爆发革命的因果逻辑。实际上，这种逻辑在当下并不能够成立。

突破狭隘的户籍改革思路，以城乡居民权利的平等化和福利的均等化为基础的变革，还可以让城市化摆脱一个荒唐倾向，那就是“城市迷信”和“大城市化”。

城市化是古今中外文明演进的一个重要趋势，但首先，城市化绝不等于大城市化；其次，城市化绝不意味着完全消灭乡村。尤其是在中国这样一个超大型文明共同体，无法想象13亿人口都生活在100万人口以上的大城市。在现代的农业发达国家里，农业的生产效率实质高于工业，全部城市化的同时如果盲目推进工业化，只能是对产业规律的背弃。农业并不是人们想象中的落后产业，反过来说巨大的城市规模必须依靠一个强大的农业支持，那么至少部分人要回归农民的职业。而城市化快于农业现代化的城市化还从未有成功的先例。贫穷的农村只能造就一个个贫民窟的城市，像拉美地区的墨西哥城和印度孟买那些“大农村”一般的城市。

目前中国的城市化，确实是在消灭乡村的气氛中进行的，这种气氛促成一种盲目崇拜大城市的心态，户籍制度也扭曲了人们的认识。除了等级的身份价值，所谓的户籍改革在相当程度上往往忽略农民土地构成的职业产业分工的价值，在改革当中，不论那个想象的过渡期是否存在，农民变成市民，必须付出一定的成本，包括城市化适应的成本、教育、就业的机会，心理认同等。而改革开放以来，土地实际是离土不离乡的农民的机会成本，这实际是农民的低工资的成因和农民工之所以为农民工的基础。消灭农民的户籍身份，并不能消灭农民的职业存在，如果推动福利均等化，那么至少可以降低丧失土地的农民在改革过程中的部分损失，也给他们一个更好的缓冲；同时，也会有相当数量的人口，继续生活在乡村，从而形成一种较为正常的城乡结构。

健全的城市化不会消灭乡村，而是让乡村也享有现代的种种便利，让农民、乡村成为一种可以与城市共存、互补的生活方式。在北大做过数十年乡村调查的一批经济学家们，最后得出了一系列关于农地改革的疑问。在他们看来，中国的土地问题远不是先前看到的那么简单。费孝通先生曾经的担忧，已经被完全转化为土地的产权和分配问题。

至少在北大土地改革的调查组的课题报告出炉后，完整的讨论已经开始让人们对于中国经济的模式有了新的看法。

首先，土地的高度集中并不是中国土地分配的常态，土地分配的分散化才是历史常态。在明清时期，大地主绝少，中小业主多，民国时期也是如此，这说明土地私有化并不一定导致土地集中。

其次，土地集中引发农民革命能够成立还需要其他条件的支持。农民革命的确可能是为了争取土地，但是出现革命情势的前提是土地和人口之间的紧张关系。忽略人口增长在人地矛盾中的重要作用，谈“土地集中如何引发农民革命”是没有任何意义的。

再次，如果说“人地矛盾”的逻辑在农业社会背景下可以发生，那么在工业社会背景下谈“人地矛盾”则应该更为谨慎。虽然我们不能说在工业社会背景下“人地矛盾”完全不存在，但至少我们不可忽视在工业社会背景下，第二产业与第三产业吸引了大量劳动力这一显而易见的事实。由于二、三产业对农村剩余劳动力的吸纳，工业社会的“人地紧张关系”至少要比农业社会缓和得多。

因此，讨论农村土地集中是否会引发革命必须考虑以下几个约束条件：一是人口的增长情况；二是工业化、城市化的水平；三是二、三产业对劳动力的吸纳状况。总而言之，对于“土地私有化将引发革命”这一逻辑我们应该持更为审慎的态度，而不能一概而论。

农村土地流转意味着在市场条件下，土地可以部分地进行交易，那么土地流转是否会导致土地兼并呢？农民的权益在土地流转的过程中是否会受到损害呢？

问题的关键在于如何界定市场。纯粹的市场从来就没有存在过，正如卡尔·波兰尼所言：“自我调节市场的理念，是彻头彻尾的乌托邦。除非消灭社会中的人和自然物质，否则这样一种制度就不能存在于任何时期；它会摧毁人类并将其环境变成一片荒野。”因此，要保护农民在土地流转中可能受到的权益损害，避免“市场失败”，关键在于政府在市场中应该扮演一个怎样的角色，应该怎样进行恰当的干预。在理论上首先必须澄清的是在土地流转市场中，交易主体进行交易的究竟是什么。

·第二节·

中国如何跨越高收入之墙

1822年，广州的一场大火持续七昼夜，大火中熔化的洋银满街流淌，竟流出一二里地，仅此一场大火就烧毁了商馆价值4000万两白银的财物。西方传教士们专门为此创作了一幅油画。

2001年，《华尔街日报》统计了上一个千年世界上最富有的50个人。其中6个中国人入选，他们分别是成吉思汗、忽必烈、刘瑾、和珅、伍秉鉴和宋子文。

伍秉鉴被西方商人认为“诚实、亲切、细心、慷慨，而且富有”，英国人称赞他“善于理财，聪明过人”。伍秉鉴还是东印度公司的“银行家”和最大债权人。19世纪中期，伍秉鉴不但在国内拥有地产、房产、茶山（武夷山）、店铺和巨款，而且在美国投资铁路、证券交易和保险业务等，伍家的怡和行是一个名副其实的跨国财团。

1830年，实际上距离清王朝最为富庶的康乾盛世，已经半个世纪。

整个帝国弥漫着财政开支不足，经济凋敝的末世景象。不过，以当时世界上的财富分配状况而言，清帝国所占的份额，约为1/3。这也是迄今为止，一个主权国家在世界财富所占贡献的最高纪录。

也许中国历史上最诡异的规律是这样的，只要出现民间的巨富，那么这个时代一定是个国家经济陷于崩溃的危险期。

就华尔街所举的那6个人，从成吉思汗到近代的宋子文，所在时期几乎都是经济处于凋敝状态的时期。

中国的北大经济学家们在收入分配和差距这样的问题上，事实上早已壁垒分明。一派人物，用马克思主义的价值学说解释。

按照社会科学院马研所研究员余斌的观点："要调节贫富差距，提高劳动者的收入，就必须改变生产方式，而不能只是改变分配方式。或者说，必须改变生产资料的分配，才谈得上改变生活资料的分配。"总之，根据马克思主义经济学家的观点，收入差距的主要原因是生产方式和生产资料分配有问题。

对于这一点，主流经济学家比如北大的萧灼基教授表示同意。在人类历史上据考证，还没有出现过这样一个状态。没有一个国家可以断言自己达到这个效率标准。哪怕这个国家是最大的市场经济国家美国，萨缪尔森的《经济学》也承认："收入的差别最主要是由拥有财富的多寡造成的……和财产差别相比，工资和个人能力的差别是微不足道的……这种阶级差别也还没有消失：今天，较低层的或工人阶层的父母常常无法负担把他们的子女送进商学院或医学院所需要的费用——这些子女就被排除在整个高薪职业之外。

也就是说，任何一个经济学家可以肯定的是，中国目前的收入差距问题，本质上主要是占有的财富和财产的差别造成的。对于那些高居财富金字塔的人和普通人的收入差距来说，财产占有悬殊应该是第一位的原因。

但具体到经济学家们的标准不一样，也导致市场到底有错与否的争论。对选取市场失灵评价标准做出开创性贡献的是旧福利经济学的代表人物庇古。虽然庇古没有使用市场失灵这一概念，但他实际上已经确立市场失灵的评价标准，即效率标准和公平标准。像狂热吹捧弗里德曼的经济学家，多半都是尊重庇古的规则的。这一派经济学家，在中国主要是以北大教授张维迎、厉以宁和萧灼基为代表，也包括林毅夫、姚洋等著名经济学家。

所谓效率标准，确切地应该叫帕累托效率。这个效率并不是人们常说的事半功倍，而是说是不是符合这样一个判断的状态：在不使任何人境况变坏的情况下，不可能再使某些人的处境变好，就是在有限的条件下做到最好的状态。

通常，发达国家在今天总有一部分产能是过剩的，总有一部分人在失业，也总有一部分人沦落到贫穷的深渊。这就是说帕累托效率在今天只是个理想。发达经济体同样是没有效率的，也就是说市场失灵肯定存在。

既然如此，导致收入差距的第二位的原因，经济学家找来找去，找到了垄断和公共产品上。实际上，在垄断的因素下，大多数垄断企业集团的人均收入远远高于其他行业，自然造成了社会的收入不公。例如在中国的行业里，金融业的垄断性导致它的收入是自由的服务业的 8 倍以上。垄断带来的效率损失，几乎是中国目前最受人关注的话题。

在西方，失业经常是垄断性工会控制劳动力供给造成的。甚至，工会的行为，直接间接地造成了通胀螺旋的形成，反过来侵蚀了大部分人的收入。而工会成员和少部分资本家，则通过别的方式，将财富攫取到自己手里。

在一些西方经济学家看来，全球化带来的财富转移，也是收入分配不公的根源。大量发达国家的工人失业，财富从发达国家转移到新兴国家，大大减少了两者的收入差距。当然，这也同时拉开了和更贫穷的发展中国家的距离。

过去的几十年里，中国的沿海地区依靠区位和政策优势，率先搭上了贸易的顺风车，因此他们的收入增长得最快也最多，很明显地和中西部拉开不小的差距。

事实上，从事相同的职业，具有类似的工作能力的个人之间的收入差距，主要是工作能力和机会、运气等因素造成的。

同样的工作，企业主希望给予具有较高生产效率的人高工资，而能力欠缺的人只能获得低工资。普通大学生和研究生的工资差距，很明显的是建立在受教育程度不同导致的能力和素质的差异上。

·第三节·

中国农民工还能返回农村老家吗

在中国史无前例的快速经济增长过程中，城乡间的人口迁移（主要是农村剩余劳动力进城打工）是最重要的原因之一。有人提出中国已经到达“刘易斯拐点”，即中国的剩余劳动力资源已经枯竭。如果这一判断是正确的，那么对中国未来的发展方式有着重大的影响。因此我们有必要对这一判断进行严谨规范的检验。

——孟昕

孟昕教授所说的中国刘易斯拐点论的主要代表者，首推社科院的蔡昉教授，他认为：目前城镇劳动年龄人口的净增量全部来自农村劳动力的转移，但呈现逐年减少的趋势，预计到 2015 年转为负增长。相应地人口抚养比也开始大幅度提高，传统意义上的人口红利消失。上述人口转变的趋势也表现为外出农民工的增量已经开始逐年减少。虽然一方面外出 6 个月以上的农民工人数从 2000 年的 7849 万迅速增加到 2008 年的 1.4 亿，但是增长速度已经显著地降低。刘易斯拐点要到了。

刘易斯拐点之所以重要，主要是，这关于一个发展经济中的重要推论：一般认为，刘易斯拐点，也就是农村劳动力转移不可逆的临界点。也就是说，刘易斯拐点出现，意味着一个国家的农民将不再选择回到老家农村，从事农业活动，而是变成市民，从事非农业工作。

在地处安徽的广德开发区，开发区内企业给工作中的年轻工人播放流行音乐；新一代农民工选择在家乡打工，等等。千万不要误解了这一警号，“用工荒”并非意味着传统劳动力密集产业加速丧失优势。且不说中国制造业的工资水平还不到美国的1/10，劳动力的相对价格优势不会立刻丧失，更不用说中国的劳动人口总量巨大，到2030年仍有9.7亿，比现在的总量还要大，届时劳动人口占全国总人口的比例约为67%，民工短缺实际上是权利和制度的短缺。

事实上，中国有一个现象值得观察。在东部地区一大批农民工不到40岁就返乡了，而40岁以上的劳动力或普遍存在着就业不足。农民工在住房、大宗耐用消费品、教育、医疗等方面都不可能发生在城市，他们只能“候鸟性流动”。18岁离乡投身产业工人，20年后却依然不能在东部城市落户。严重的土地和房地产泡沫使得他们从经济上脱籍的可能也化为乌有。

从某种意义上讲，人们往往先入为主认定了“刘易斯拐点”的框架，回过头来，再用各种方式来判定它的出现。这就需要从根本剖析一下如何认定“刘易斯拐点”。通常有两个原则可以判断拐点：

一是用工资上涨来判定，工资快速上涨意味着“刘易斯拐点”的临近。但在刘易斯的理论框架中，当二元结构出现拐点时，工资上涨只是一个推论。刘易斯也在后来的文献中进一步解释过，一个国家在拐点之前也会出现工资上涨，这主要是因为维持“生存线”的工资水平上涨。

由于地价和房地产暴涨直接驱动城市人工成本快涨，蓝领工人工资的大部分开支是维持在城市的基本生活，节余部分必须超过在家务农或就近打工节余的水准。城市生活成本大幅攀升，农民工去沿海地区务工的意愿就会大幅下降，这也是许多农民工在经济上离成为这个城市居民的愿望越来越渺茫的原因。

还有一种“刘易斯拐点”的判定观点即人口结构的变化。根据联合国的测算，中国劳动力净供给将于2017年进入负增长（人口于2032年进入负增长)。但“刘易斯拐点”并不涉及社会总人口和劳动力总量的变化。

按照刘易斯的理论，所谓的“拐点”发生在农业生产率增长到接近工业部门生产率的时候，但中国城市化进程还有很长的路要走，农业人口向工业和服务业的转移还远没有结束。中国现在的城市人口中，有2.42亿没有城市户籍的农民工，未来15～20年，如果目前这2.42亿城市的“候鸟”能够真正成为城市居民，这就有4亿～5亿人要进入城市，这样中国的城市化率就能够上升到65%。不少学者的不同口径的研究报告，认为现在农村中还能够转出的劳动力已经不多，有的估计剩余4600万，也有的估算剩余7600万，剩下的多是老幼妇孺。

问题是，在北大经济学教授黄益平等人的观念中，这似乎已经是个验证了的问题。“由于劳动力过剩现象消失，工资、消费价格和通胀开始上升，迫使一些制造商转向印度和越南等劳工成本更低的国家”。不过，黄教授并没有关于农民工转移的第一手数据，也没有用统计的方式验证自己的观点。

孟昕教授指出不应该使用统计年鉴中的城市从业人员工资来衡量城市非熟练工人的工资，农民工中绝大部分都是非熟练工人。2005年国家统计局的数据显示，52%的城市从业人员从事专业型、管理型和职员等技术要求比较高的工作。相比而言，农民工的工资则主要是由市场供需决定的。

孟昕教授主持的中国农民工大型调查数据显示，城乡收入差距并没有显著缩小，农民工工资没有显著上升。从数据上看，城市从业人员和农民工的收入差距在不断扩大；农村中外出打工人员和留守劳动力的收入差距也在不断扩大。依据国家统计局的数据，2003年转移的农村劳动力是1.14亿，占农村劳动力总数的23.2%；2005年，这两个数据分别达到1.258亿和25%。

2008年年底金融危机蔓延到中国，农民工在金融危机中受到重创。在政府实施4万亿经济刺激计划之后，经济形势开始好转。从城市角度看，2008～2009 年间，农民工就业率降低了 2%，而自主就业比例提高了 6%～7%。整体上看，农民工的总体就业时间并没有显著变化，农民工的工资并没有显著下降，工资报酬反而有所上升。这两个结论都和我们的直觉不一致。

城市中的农民工一旦失业，就会向家乡回流。也就是说，金融危机的影响可以从农业部门的就业情况看出端倪。

孟昕教授认为 2010 年民工荒的原因可能有以下几方面：一是由于金融危机使得农民外出打工的成本变高；二是那些首次外出打工者不会受到金融危机的影响；三是由于城市缺乏对农民工的社会保障体系；四是农村中的就业非常不充分（50%）。

农民工在金融危机中打工收入大幅减少，输出地和输入地之间的地理距离决定了在经济复苏后农民工不会立即返回城市工作。

孟昕教授认为，为了解决真正的农民工问题，乃至就业问题，不应空谈所谓刘易斯拐点，而应转变观念，寻求真正的解决方法。这就要求政府应转变观念，适应市场经济、城市化和经济全球化的要求。首先，对农民工与城市户籍人口一样履行公共管理职责，保障其合法权益和人身安全；其次，规范企业用工制度，保障劳动者合法权益；第三，清理、整顿、取消各种针对农民工的证卡制度和乱收费等不合理规定；第四，妥善解决进城农民工的社会保障问题；第五，国家还应加大教育投入，解决农民工子女城市入学问题。

·第四节·

劳动所得税收抵免制度当立

另一方面，免征额并不是定得越高越好。个人所得税制是否公平，不仅与免征额和税率的高低有关，更重要的是税款如何使用。一个适当的个人所得税制度有助于培养纳税人的税收意识、对公共决策过程的参与热情，从而提高财政支出透明度，更好地保障公众利益。

如果将起征点提高到5000元/月，则只有约3%的人需缴税。纳税面过小，不利于税收公平原则，也不利于全体公民福利的整体增进，也难以实现对收入分配的有效调节。

——刘怡

2011年新版个税修改方案，虽然，随着个税法案的通过，据说已经结案，其实在不少学者们眼里，这还是所谓“悬案”，案而悬者，是因为其中存在利益的纠葛和断裂。据报道，人大网站上累计收到的公众意见已经超过22万条。公众的意见之复杂，完全是成语“众说纷纭”的立体回应的实例。奇谈怪论盛行于个税讨论是个不争的事实。

第一种大众版的说法叫作“跟着感觉走”，其实是跟着个人感觉走，完全从个体出发。不同身份、不同职业出于个人利益的意见十分明显。比如从事IT行业的月薪2万的先生，自然认为1万的起征点合情合理，因为从个体出发，这等于少缴纳不少税款支出。而低于起征点的人们只要与自己无关，就乐意起征点不断升高。2000年以来，有关机构对公民税收意识的调查结果发现，尽管与间接税相比，个人所得税收入数额不大，但因每个纳税人通过这一税种直接感受到税收的真实存在，公民参与公共决策过程的热情显著提高。

第二种“跟着感觉走”的是所谓专家的建议，有专家声称俄罗斯的经验可以借鉴，例如俄罗斯在改革过程中，宽税基广征收、平行税率的办法就收到很好的效果。自然以专家的眼光，他们认为俄罗斯和中国都有转轨的经历，便于移植制度。这好像就是看着别人吃粉条牙快，自己也想试试的心态。

北大刘教授进一步指出：1994年以来，我国个人所得税占税收总收入的比重逐年增加：1994年这一比重为1.42%，2010年为6.61%。然而，当我们使用“个人所得税收入占GDP比重”这一国际通用的指标，可以看到，与发达国家个人所得税收入占GDP的10%以上相比，我国个人所得税占GDP的比重仍然很低，2010年仅为1.22%。

“跟着感觉走”，自然出于个人的感受是最放心的，这合乎个人利益，在如今这样一个多元化的社会里，也颇受个体欢迎。税收既然说“取之于民，用之于民”，无民众参加自然也是说不过去，税收修改必须考虑大众的感受，这是一件最正常不过的事情。

问题是，每个人这么理性地思考问题，特别建立在每个人的私利和经验之上，那么综合的答案是不是就一定合乎大众的感觉呢？

历史的实践告诉我们，答案常常令人失望，大跌眼镜。这就好像，一群盲人拉纤，各有各的方向，最终整个税制改革的大船还是没有任何前进，只是在原地打转或者方向不明。

许多人都希望少点儿税收负担，希望把税收都转移给富人群体，不过富人们更醉心于合理逃税——避税和税收筹划。从这个意义上专家似乎是对的，可是降低起征点，只不过这给下一次改革增加更大的阻力。因为下一次，只要再改革，个税的总税额期盼增加，就可能得罪更多富人的钱袋。这就是俄罗斯的税率原地不动的秘密。

如果接受富人们的观点，同样没办法确定现在的个税设置是不是合理，富人们天生有避税倾向，只是手段上有差异，有的喜欢慈善，有的喜欢在免税政策上寻找可以利用的机会。这就等于说，只要我们按照富人的方向收税，结果就是富人的税收只会越来越少，个税的调节作用可以忽略不计。

总而言之，跟着感觉走，理想很美好，现实很残酷。

还有人认为，中间的政策是最好的，那么什么是中间政策，存在吗？只要看看个税的征收办法和原则，就会发现这不过是个空想。个人所得税是对收入征税，这是一种事后的税种，相当于木已成舟，再去从船体上剥下部分木头，本身就是在既定的社会人群间的利益调整。其所能做的，就是把钱从张三的钱袋挪到李四那里。因此个人所得税，所有的立场和原则都是以劫富济贫出发的，这里面不存在对于富人的中立和客观的原则，其唯一的可能是稍微降低对富人的高税率的倾向，这就是当代所谓“中间政策”的意义。

最终的方向，往往是名义上富人获取了中间政策的优遇，却认为政策太过不公。因为富人们此时寻找到新的借口，作为纳税主体，有权获得荣誉。这就是发达国家的一般后果，这种趋势从未发生过变化，比如富人们的声音往往是议会和财政赤字缩减会议上最高的。税收改革最终越来越对富人有利，而这就是专家们口中的世界潮流向低税倾斜。

这种倾斜其实是帮倒忙，是所谓“打左灯向右转”，此后，全球贫富差距的深度和广度进一步扩大了。

还有一种所谓的方向性怪论是原地不动。其实这个结论，主要是由于均势利益引起的。在现实社会里，如果富人乐意在某种事后接受税率的不变可以带来更大的好处，例如，避税的收益永远大于税改的成本，最终的结果就会出现一种奇怪的结局，富人可能更加支持税收维稳。北洋军阀时代，军阀之税收全靠所谓“捐派”，军阀并不直接对地盘控制，而是通过商会处理财政。“捐派”的实际意义就是富人们组成的商会同军阀谈判，然后商会代替政府执行税收，伺候官府的一切要通过商会，商会再利用政府的权力维持自身的经济权利，完全是一种保护费体制。

在当今的中国，地方政府依靠企业的投资来实现其政绩和税收，长期磨合的结果是：地方依靠企业来执行其部分社会功能，有的企业主俨然一方诸侯，代理地方政府的部分职能。一些处于夹缝中的黑洞也就出现了，企业用地方做保护伞的事情屡见不鲜。挟政府令民意，规避税制改革的深水问题，处处设置障碍，维持自身利益之做法已经成为一个严重的问题。在此次个税修改的议论中，几乎看不到关于富人逃税、个税失策的议论，倒是取消个税的声音不少。更有甚者，则提所谓馒头税的荒唐说法，其背后潜台词是税收太重，以规避税收分担不均的真实问题。这其实就是根本抹杀任何改变的想法。

借个税谈体制，借个税谈整个税负问题，这就好像是避重就轻，顾左右而言他。其实内涵的意义是，拒绝改变。这一点恐怕才是各种奇谈怪论的醉翁之意。当下，只有勇于斩断各种迷惑性强的貌似有力的说法的阻挡，彻底改革个税才是正事。否则所谓个税改革，随着时间的流逝，最后所有机会都将消失，其社会效果的努力也将付诸东流。

·第五节·

《社会保险法》亟须配套

对于农村社会养老保险，大部分农民并不陌生，并且留下了深刻的印象，遗憾的是，这个印象是带有伤痛的印象，而不是什么美好的回忆。所以，这次的农村社会养老保险冠以“新型”二字，称为“新农保”，以与“老农保”划清界限。我们期待新农保能够不辱使命，让参保农民能够像一句歌词中所唱的，“告别那昨日的伤与痛”，真正享受全民社保的灿烂阳光。

——郑伟

中国的养老金究竟是一个什么样的处境？对于北大的经济学家们来说，也许不得不痛苦地告诉人们，养老金存在的问题太多了，甚至养老金本身就是改革最大的痛苦之一。现有的养老金制度，最少有三个改革带来的问题：第一是不公平，第二是不负责，第三是不透明。

先谈谈不公平的问题，养老的“双轨制”制造了城乡劳动者的差别余额。起初，在养老保险改革中企业为员工缴纳工资 20％的养老保险，不过没有城市正式职工待遇的农民工只能转走其中的 60％。在异地转移养老保险行，这一点体现得更加明显。正因为存在城乡的这种制度差别，社保单位不愿接受异地养老，农民工有时选择退保。

跨省转养老金的话，全部要手工操作。按照规定，社保机构要在 15 个工作日内审核申请，发出同意接收函，然后原社保机构要在接到接收函的 15 个工作日内办好各种手续。2007 年深圳共有 493.97 万人参加了基本养老保险，退保的人数高达 83 万人，而成功转保的人数只有 9672 人。只要转保不成功，你之前缴纳的养老保险金全部留存到社会保险当地的账户而不给参保者，成了彻底的死资金。

第二，收入越低，实际负担的费率越高。以北京为例，对于月收入低于 1715 元的，都按照 1715 元缴纳的社会保险费的基数。按照社会保险的常用规则，这就是根据社会平均工资计算出来的基数。问题是，北京市的平均社会工资，低收入的农民工也是被排除在外的，基准人为抬高，这等于说要低收入的人多承担。养老金制度改革前，中国的养老金基本是个人所得税来补贴一半左右的缴费，高收入者多承担。

同样是退休人员，公务员的养老金比企业人员高出好几倍。根据宁波市某政协委员给出的数据，宁波当地国企老干部退休金基本不到2000元，但行政副科级的干部竟然能拿到5000元。

最后，不透明的养老问题。按规定，企业缴纳的20％养老金要纳入社会统筹账户，不过这个账户的明细开支，存储情况一直语焉不详，成为一种变相的税收。

香港的大学养老金部分一般是由教授自己出5％的薪水，学校出15％。怎么做投资，你可以自己决定，然后这个机构帮你具体操作，每个月的投资盈亏你都会知道，因为每个月都有账单寄给你，账单会清楚地告诉你，你的退休金还剩多少钱。但在目前全国社会保险制度的推行过程中，商业保险的电子信息功能没有很好地被引入。这成为养老制度落后的象征。试想一下，上面这样的养老金未来会是什么样子？

然而，这所有问题，到最后，在现实中，其实是：社会保险法的配套问题，其中最重要的是“商业养老金”的法律和制度考量上。

美国、日本、新加坡，还有中国香港的做法，独立账户，规范管理职工的个人缴费和单位缴费，统一收缴和发放，越来越有其必要的价值。养老金的真正主人是广大职工，而不是养老金的管理机构，更不是资本市场的管理部门。

从国际经验来。第一就是要清晰地界定政府与市场的角色。第二商业保险是国家整个养老保险制度的重要组成部分。“在当前中国这不是一个最重要的问题，因为我们中国有太多的空白需要去填，不是说社会保险扩大覆盖面就会挤占商业保险空间，商业保险去发展这个市场就会影响或者侵占社会保险地盘，完全不存在这个问题，因为我们社会保障水平还非常低。”郑伟教授认为。

养老金入市计划一直以来被寄予厚望，不过这个计划还需要大家仔细考虑。这关系到未来的养老。郑伟教授指出：“我们做过一个研究，这个结论用一个词概括起来就是‘养老保险制度选择待遇’，我今天发言题目是关于养老保障制度改革中政府与市场。我们当然需要依靠政府，但完全依靠政府肯定是不行的。”

首先，围绕养老金是否应该入市的争议中，社保基金理事会以 2003 年 6 月到去年年底的股市投资成绩单为据，振振有词地认为养老金入市能够保证赢利。问题是利用资本市场的不规范来赢取利益，这样的赢利，又有多少意义？

其次，养老金是长期投资者，很少部分的资产配置，并非全部或大部分投资股市，更有价值的问题应该是：养老金如何应对货币（购买力）不断贬值这个最大的杀手。根据人社部发布的最新统计数据，截至 2011 年年底，基本养老保险基金累计结余 1.92 万亿，五项社会保险基金累计结余 2.87 万亿。运作养老金增值是国际惯例。无论韩国托借社保入市，还是美国“401K 计划”，都实现了资产的保值增值，为养老金带来了不菲的投资回报。尽管国际上有着正面的经验，但是中国有自己的国情，养老金涉及数亿人养老，事关社会各阶层利益，如果在增值问题上最后被证明败退于通胀，结果将是灾难性的。

许多人用美国 401K 计划初起时的证券市场红火，印证养老金入市与股市是双赢的结果。实际上，美国 401K 计划始于 20 世纪 70 年代末，到 2008 年金融危机爆发，恰好经历了一轮大牛市，可如今 401K 计划资产缩水 2 万亿美元。在金融市场如此成熟的美国尚不能解决养老金的运作难题，将养老金入市作为救命稻草，这本身就是比较冒险的投机行为。

对于一个本身制度不完善，债务信用评级制度存在问题，养老制度还没有重新建立的国家，显然这会让旧的痛苦和新的问题叠加在一起，到时候人民的痛苦会更加严重。长期来看，在我国养老金投资于股票市场的规模将会逐步增加。但是，这种增加是有前提的，那就是资本市场越来越规范，能够给投资者带来符合预期的回报。

·第六节·

城镇居民养老保险应分类实施

我对中国养老保险制度的未来十分悲观。

——蒋云赟

2011年7月6日，北京大学财政学系副教授蒋云赟质疑做实个人账户的可行性。中国城镇职工基本养老保险实行“统账结合”的部分积累制。蒋云赟表示，由于政府没有办法拿出足够的钱去补偿隐性债务，而让企业基本养老保险的参保者承担过多责任——既要给自己积累，又要支付已经退休人的退休金。

据其测算，只要将企业缴费降至18%，或将个人缴费降至6.25%，企业基本养老保险基本可以实现代际平衡。实际人们养老的困境也已经在不同类型的养老账户上发生了各种各样的尴尬事情。

家住北京某区的张奶奶，突然发现，自从上个月起，养老金的感觉和从前就不一样了。邻里街坊们传说养老金提高也是反应不一：对门张老头的养老金涨了20%，乐哈哈地和孙子嬉闹。隔壁家的李老太养老金涨了10%，连说话的声音也和从前不一样了。只有张奶奶自己的工资没发生任何变化。

一连几天，张奶奶都闷闷不乐，凭什么一样长在红旗下，一样地劳动，自己临到晚年，却偏偏比别人少些什么。老伴儿最后终于也看不下去了，去社保部门一打听，之所以只有张奶奶的退休金没涨，原因是张奶奶的参保类型，不在此次调整范围内。

事实上，类似张奶奶的事情，在北京并不稀罕。许多老人在退休后居然发现每次国家的退休金增加总也落实不到自己头上。

造成同一片蓝天下，同样地饱经岁月沧桑，却又有不同的差别待遇的，并非差别本身，而是财政和百姓的养老算盘的现实差距。

世界银行公布的一份关于中国未来养老金收支缺口的研究报告声称，中国养老金的收支缺口，未来可能高达 9 万亿元。养老保险个人账户的“空账”（即个人账户的资金被挪用于当前的养老金发放）规模，已达 1.4 万亿元。根据人力资源和社会保障部统计，不考虑当年财政补贴的话，2010 年一年养老保险收不抵支的省份 15 个，缺口 679 亿元。退休后能否有尊严地养老已经是个值得警惕的问题。

中国财政收入中用于社会保障的支出在过去十几年里，实际上一直呈现下降的趋势。钱花得少了，自然保障的水平也开始下降。实际上，中国财政的社保就业支出在 2011 年达到 11143 亿，较 2007 年已实现翻倍，但 2008 年以来，社保就业支出占比分别是 10.9％、9.97％、10.2％和 10.2％。再往前追溯，2008 年之前，这个比重在 10％～11％多年徘徊——可以看到，2011 年 10.2％的支出占比，相比 5 年前并没有进步。

考虑到同一时期通胀的比率的上涨倾向，而同期世界上大多数国家的比例都超过这个水平，甚至比中国要落后得多的印度也超过 12％。中国的社会保障就业支出实际上是负增长。

财政收入的缺口还有明暗之分。类似的国家财政的支出缺口，其覆盖的范围在 2011 年前，直接的社保就业支出，只覆盖公务员和国有企事业单位，其他的非公有制企业、集体企业和失业人员的支出是不在统计范围内的。其实 2011 年社会保险法后的财政支出增加，只是相当于把从前漏掉的支出加上去而已。由此可见，真正的财政预算缺口，远超过人们的想象。

随着社保从城镇到农村的全覆盖以及农村保障水平的提高，大量自身支付水平不高并且更需要“拿钱”的群体被纳入社会保障范畴，必然带来巨大的养老资金压力，这是未来财政必须直面的一大困难。

再考虑一下中国财政的总收入和各项支出的关系，显然养老支出继续扩大，就有可能挤占别的支出的正常比例。这有可能导致正常的经济生产发展受到影响。比如像国有企业的注资和补贴，就有可能必须缩减。中国人民大学人事学院教授潘锦棠甚至悲观地表示：不管是卖国资还是卖土地，到那时候，国家必须负责到底。

政府的大盘子，显然内力不足，底子不厚。把全部心思寄托在政府身上，显然是一件具有高风险的事情。不过，中国百姓的智慧总是无穷的，老百姓还是具有自己的一套养老算盘的。

最典型的中国养老统筹方式，本身是“国家占大头，企业占中间，居民出小头”，在地域上中央和省级统筹管理并重。这个养老统筹方法在中国老百姓眼里并不是什么可靠的养老金方案，反倒本身就带有各自为政的特点。在中央和地方，统筹和非统筹、企业和个人、国家中间，自然就容易产生中间的过渡类型。这也就在无形中推动中国百姓自身养老的复兴。

有些老人多子多福，他们对于完善的养老保险的评价反倒不高，参保欲望很低。这在长三角和珠三角的富裕地区十分明显。在传统的中国社会，养儿就是为了防老。子女的赡养费本身就足够老人安度晚年，即使不参加养老保险，他们也可以有足够的养老金应付一切。同子女的关系密切，也有助于老人的生活幸福。这种情况下，有些老人甚至以子女的赡养金的多少作为考验子女是否孝顺的标杆。

这么做，其实无可厚非，正如经济学家贝克尔的分析，在传统社会中，子女本身的效用其实等于养老金支出。在家庭效用最大化的目标下，这种均衡可以让父母获得最大的回报，家庭保持某种稳定状态。唯一的难题是，万一子女也比较穷困，出现子女效用贬值的情况，就会让这种和谐家庭面临解体。所以，如果稍微有些家庭外的社会力量补充的话，这种平衡的价值仍然十分吸引人。

有些老人选择财产性养老的方式，比如以房养老和投资养老。他们的社会观念通常较为开放，选择购买房地产或者投资产业、金融资产来增加养老金的数量。在中国的大城市，许多老人已经成为这种养老方式的尝试者。不少人认为，以房养老，房子的增值既可以让自己老有所居，拥有独立生活空间，又可以作为遗产留给后代，可谓一举两得。相对于被通胀侵蚀且去世即停的养老金，是个不错的选择。有些老人还会选择投资那些比较稳健的保险储蓄或者国债，相比养老金而言，也是一种安全性的替代品。

总之，中国的养老财政压力不小，民间养老也相当抵消了缺口资金的难题，随着民间养老的扩大，很可能意味着中国的养老金将会以一种不同的方式去解决。

第十三章

大资本运作秘密

·第一节·

建行IPO最佳的经济路径

2005年10月5日，建行开始在香港正式路演，由于路演期间建行的管理层表现出色，使得总体下单率达到了83.7%，其中亚洲92.7%、欧洲86.7%、美国75.0%。20日，建行IPO价格最终确定，每股2.35港元，市净率为1.96倍。2005年10月27日10时整，香港联交所电子幕墙显示建设银行开盘价是2.35港元。1分钟之内，买盘倾出，股票成交量超过5.8亿股，成交金额达13.7亿港元，股价略升至2.375港元。至此，2005年全球最大IPO项目在港交所完成上市。

中国四大国有商业银行中首家实现海外上市；中国企业规模最大的首次公开发行；香港市场有史以来最大的集资活动；日本以外的亚洲地区有史以来最大一宗首次公开募股；4年以来全球规模最大的首次公开发行同时还是1980年以来全球银行业最大的首发上市……根据北大曹凤岐教授的分析，建行的IPO的确执行的是最佳的经济路径。而这些巨额资本的秘密，在中国市场上也许得不到真实反映。毕竟，所有大规模IPO现在都是在美国市场上，由另外一只神秘的手掌控。

这就是私募基金。建行负责承销的正是全球有名的私募银行摩根士丹利。在金融危机后，一群合伙人往往就代表一群财大气粗的利益群体。这些群体具有政治和经济上的特殊选择。他们的私募基金也成为政治经济事件中的推波助澜者。

青睐私募基金的主要是犹太富翁。犹太人的生活经济圈子更加封闭，所以和私募的有限合伙制度，熟人圈子投契。在过去的各种经济环境中，显然可以肯定大部分私募是沿着一种天然的路子执行自己的战略的。

本土 IPO 市场的高市盈率和海外 IPO 市场对中国高科技概念股的追捧，风险投资只要能够提供资金支持，为被投企业 IPO 发挥“临门一脚”的功能，即可获得较高回报，这可能是我国风险投资喜欢投资于成熟企业的原因。波塔斯等（2008）的研究也指出，拥有在相关领域工作或创业经验的资金管理人更有可能成为积极的投资者，也更能够为被投企业提供增值服务。而我国风险投资的资金管理人主要有以下两个来源：一是具有国外留学背景的投资人，二是由本土金融机构转行进入风险投资领域的投资人。具备创业背景和技术背景的资金管理人相对缺乏，这可能也是我国风险投资更多地注重于投资的财务回报而非提供增值服务的原因。

“私募基金退烧”的说法在中国市场上开始突然流行。从“募资、投资、管理、退出”四个环节来看，诸多迹象仍然表明，这个刚刚兴起的行业正在经历着金融危机以来的最为艰难的时期，E 已经进入行业调整期，行业整合早已悄然拉开序幕。

现在募资明显一天比一天难。随着未来两年机构所投企业逐步上市，财富效应将进一步显现，资金将会回笼至 LP（有限合伙）手中，预计融资市场会再次升温。中国风险投资投中集团统计数据显示，2011 年 10 月份中国 VC/PE（风险投资/私募股权）投资市场共披露 8 只基金募资完成，募资规模仅有 7.37 亿美元，9 月份募资更是低至 2.92 亿美元，均远低于 7、8 月份基金募资完成规模。全球经济依然面临二次探底风险，短期内难以回暖，未来 LP 投资也将趋于谨慎，预计明年 VC/PE 基金募资形势将更加严峻。

而巴菲特和索罗斯旗下的私募，却大部分已经屯兵中国香港和新加坡。在中国香港和新加坡，这两位大人物的办公室随时可能搅动遭遇瓶颈期的中国私募。随着越来越多的人才流失到他们的基金下，越来越多的资金开始以美国的方式分食中国的私募市场。

想一下黑石和凯雷在中国的持续影响，等到巴菲特和索罗斯也来到中国，留给中国投资市场的份额，可能只剩下残羹冷炙。尤其是同黑石凯雷这样的分散持股者不同，巴菲特和索罗斯这些个人利益更加明显的私募进入，也意味着中国的市场将更加的为国际市场控制。到那时，一个新的僵尸版本的中国资本市场也许就要诞生了。我们有理由，对巴菲特和索罗斯的布局感到担心。现在，很多人不再安于在本国内进行投资，越来越多的人都走向全球市场。全球化的经济发展也让广大的投资者有了更多的投资途径，而机构投资者甚至可以直接购买其他国家资本市场的证券。这就让整个世界掀起了一股全球投资的热潮。

在金融危机后，尽管私募有在国内遍地开花的可能性，其实际操作力度、人才和业绩都十分神秘。这笔最后的晚餐如何分享，是基金业的常青树执牛耳，还是听任外部闻声而来的私募国际，比如投资某中国私募的伯克希尔，某国内机构大牛成为索罗斯的中国代理人，这些都不是新闻。

在中国资本开始潮涌，市场低迷的时刻，分享晚餐的各路英雄已经做好准备。问题是，即使他们已经热闹非凡，磨刀霍霍，普通人可能还蒙在鼓里：最后的晚餐到底该谁分享？有那么的魔力吗？

翻一下畅销投资书中的投资家，基本上干过私募，像巴菲特、邓普顿、罗斯柴尔德、索罗斯等人，都有过私募的经历。

根据2007年联合国贸发组织的世界投资报告分析，2006年世界对外直接投资（FDI）流入量持续保持了第三年度的增长，比2005年增长了38%，达到历史上第二个投资高峰13060亿美元（FDI历史投资最高峰为2000年的1.4万亿美元）。无论是对发展中国家、发达国家还是东南欧转型竞技和独联体（CIS）国家的FDI都保持了增长，只不过增长比率不同而已。

从上面的资料我们可以清楚地看到，全球的各个国家，不管是发达国家还是发展中国家，其对外投资的流入量都是呈逐年增长的态势发展。这就说明了投资全球化的程度越来越高。自然，很可能索罗斯的基金已经不甘寂寞，通过私募或者创业投资的方式，曲线进入中国市场。在全球投资盛行的今天，这并不是什么新鲜事情。

每一个成熟的投资者都很明白，分散资产是最能够保障自己资金安全的做法。如果我们只集中在一个国家里投资，虽然我们把资金分散在不同的投资品种上，但是我们的资金仍然存在很大的安全隐患。一旦这个国家的经济崩溃，相信整个投资市场都受到牵连，虽然投资在不同的投资产品上，我们还是会遭受很大的损失。

就拿中国居民来说，假设他们只在中国拥有现金、房产、股票和债券，在发生泡沫经济瓦解的情况下，人民币肯定会大幅贬值，那么所有资产不仅在与他国货币兑换时严重贬值，而且会因为他国资金流入的压力，极有可能导致不健全的通货膨胀、资产瓦解等连锁反应，这样，他们的资产也有崩溃的可能性。

比如2008年中国的股灾，因为是单边市场，完全没有其他投资工具可以选择避险，但是2008年全球市场最赚钱的恰恰是那些对冲避险基金。中国虽然GDP高速增长，但是金融资本市场并非同步增长，近十年来全球表现最优的股市，中国只出现过2次，像2010年表现最好的资本市场分别是阿根廷（增长49.8%）和印尼（42.5%），而只局限于中国就无法分享这些地区和行业的高速增长。所以，我们需要让自己的投资走向全球市场，让自己的资金在更加安全的基础上增加更多的收益。

·第二节·

谁在推动“TCL集团”的整体上市

2004年1月，TCL集团整体上市成功。TCL集团上市模式为“吸收合并＋IPO”，TCL集团吸收合并子公司TCL通讯，同时发行新股，TCL通讯则被注销，这方式也被称为“换股 IPO”。

——郎咸平

也许郎咸平的话说得并没有什么错误，但是由于他本人对中国的大部分企业都先后开刀，从青岛海尔到青岛啤酒，悉数被“郎旋风”击中，因此，成为各种舆论，特别是学界讨论的中心。

不过，不管怎么说，现在作为郎旋风的反对者，北大的各位教授，除去夏业良外，大多数人对郎咸平的发言不再理会。这种不理会，当然不是没有效果，至少很短的时间内，他们没有了还手之力。因为中国中小板上市的造富神话的破灭，始于海普瑞公司总裁李锂夫妇的一夜首富事件。原本被看成是中国第一个创业投资市场上的经典，随后却迅速跌破，成为笑柄。有的北大专家不得不做出分析，认为中国创业投资市场的暴利时代已经结束。乱象丛生的背后，反映的是市场不再有利的现实。

简而言之，中国的创业投资市场更像是一个圈钱的特色机器，完全为了收回巨大的投资回报而存在，而并不重视企业的做大做强，向前发展。布兰德等以加拿大的被投企业为样本，对比了接受联合投资和单独投资的企业，发现接受联合投资的被投企业的质量更好，能够给投资者带来更高的回报。纳哈塔以联合投资的规模和总的融资金额来表示被投企业的质量，发现在控制了企业的发展阶段后，被投企业的质量对风险资本行为也产生影响。这就是说恶性的市场行为是彼此影响的，很难说是谁更喜欢圈钱。

对于高回报的诉求并不是中国市场的独特现象。美国纳斯达克市场的新企业的比例已经在逐渐下降，而在 20 年前，新企业还是这个市场的主流。相对而言，尽管新企业遭遇不断的圈钱，受尽冷遇，但存活下来的都成为纳斯达克的骨干力量。今天纳斯达克的市场上，成熟企业占据的份额超过 37%。但这不是企业本身造成的，而是市场的自然力造成的。其中那种圈钱式行为，肯定起了很大的作用。1999 年，纳斯达克拥有近 5000 家企业，资本价值超过 GDP 的一半，即使在 2002 年有所萎缩，仍然拥有约 3800 家企业，资本价值达到 GDP 的 17%。

同时，美国的天使交易网络也十分发达，天使投资人对种子时期的企业发展的作用十分显著。美国政府为了加强这种交易的主体信息沟通也采取了有力的措施。1995 年小企业管理局设立了 ACE－Net，介绍天使投资人和企业的信息。2001 年 ACE－Net 实行了私有化。小企业管理局又设立了 TECH－Net，介绍高科技小企业的技术等方面的信息和资源。通过一系列的法律和市场作用，美国市场上的成熟度逐渐上升。特别是天使投资，这种低投入慢增长的风险投资，已经不再参与大规模的造富行为。一来是由于风险投资过度投机损失累累，二来许多风险投资回归理性，开始关注长期回报。

于是这些投资者转而决定在发展中国家从事他们的古老事业，正是在这个背景下，在港交所上市的中国公司，总是具有某种不确定的跨国天使投资人的角色。正如清华大学朱武祥教授所说："在国外，企业股票价格高低和账面值没有关系。比如微软账面价值只相当于通用汽车的 9%，而股票市值是它的 9 倍。""中国有些集团要上市，就是要加一些资产很重的企业进来。资产重了，对企业来说，融资、抵押贷款等就更方便了，但对投资人来说，并不一定划得来。但是在国外，两个企业合在一起不是为了合资产，而是为了形成更强的产品竞争能力。国内的企业则着眼于资产的合并。所以，目前的评价标准和企业的真实价值能力，是存在矛盾和冲突的。"随着发改委将这些表面上的成功政策化，背后的推手也就更加明显地走到前台。

大多数人不理解天使投资人和整体并购者是一根绳子上的两只蚂蚱。实际上，整体上市，本身相当于好坏资产一起上市。大多数中国的老牌上市公司最初选择的都是最优资产在国外上市，凭借上市保持融资规模。但是这个上市方式不是没有缺点：毕竟通过给自家公司做减法，做手术，实际上可能是危险的烂尾工程。人为地划分资产，可能导致企业的某些技术和经营优势半途夭折。

整体上市则不然，虽然这意味着，上市后因为拖着一大堆问题资产，股市的表现可能不太乐观，但是这样的企业常常是保守了基本的企业技术优势。用流行的观点是，这是一个很好的壳子。任何投资者都可以不用看财报，凭借历史判定其优秀的价值。

唯一的上市瓶颈就是，当一个整体上市计划拟订后，上市的费用可能就已经让集团公司吃不消。这样如何动用资金，贷款还是财务整合，都成为最大的问题。谁能解决这方面的问题呢？

显然，我们一向知道的各类会计事务所和投资银行，就是深谙此类业务的中心。半个世纪前，硅谷的米勒开始假设一种中小股民群体集体投资的方法，后来就催生了天使投资者。这些人偏好风险，毫无疑问，他们最可能接受这些风险大，但是潜力也很大的壳子公司。

国家发改委 2011 年正式下发《关于促进股权投资企业规范发展的通知》，从设立与资本募集及投资领域、风险控制机制、管理机构的基本职责、信息披露制度、备案管理和行业自律五大方面，对全国性股权投资企业提出规范要求。有业内人士分析认为，此次新规的两大要点在于，强制股权投资机构备案；备案范围由部分试点地区扩大到全国范围，这标志着我国股权投资“规范化管理新时代”全面到来。

有人建议《证券投资基金法》的修改进度，把私募基金纳入重点监管的范畴，使其从地下走向地上，通过公开化、合法化、规范化以及有效监管使它有序发展；建立灵活有效的监管体系；健全私募股权基金的退出机制等。

随着国家对创投市场监管和查处力度的加大，以及在市场优胜劣汰法则的作用下，中国创投市场必然会迎来一场革新与整顿，“暴利”时代或将终结。今后的趋势将是社会资金都会投资有品牌、有专业优势的创投企业。

·第三节·

借壳上市的“盈科动力”

香港首富李嘉诚幼子李泽楷于 1993 年 10 月创立投资公司盈科拓展公司，

其后在新加坡交易所上市。同年 5 月，李泽楷以盈科拓展部分资产以及数码港发展权注入上市公司盈科数码动力，盈科拓展成为得信佳的大股东，并把得信佳改名为“盈科数码动力”，盈科得以在香港借壳上市。

1999 年 5 月，李泽楷创办的另一家公司数码港不费分文借壳得信佳公司成功上市，并成功兼并得信佳公司。随后 9 个月，得信佳更名为盈科数码动力，其股票平均 1 个月涨 5 倍有余。

盈动在中国银行牵头的银团提供的 110 亿美元巨额借贷帮助下成功收购香港电讯，摇身一变成为香港规模最大同时提供固网、无线电话、互联网等综合电讯服务以及地产发展的公司，市值超过 2500 亿港元。由于巨额借贷收购，利息成本极高，电盈在 2001 年亏损达 69 亿港元，并成为负资产公司。2008 年 6 月 10 日起，电讯盈科被剔出恒生指数成分股（蓝筹股）。

上面的内容，基本上是北大商学院的金融实务课的案例中，“盈科动力”这家上市公司传奇的最简单经历。有位香港市民清楚地记得：“当时，我才刚刚踏上工作，公司里的几个年轻人就在讨论这个，说买入盈科动力是千载难逢的好机会。他们说当时香港人都在排队买盈科动力的股票，他们的逻辑很简单：首先，盈科动力的总裁就是李泽楷，李泽楷的爸爸就是李嘉诚，虎父无犬子嘛。其次，传言李嘉诚也在买入，李嘉诚可能做亏本的买卖吗？所以我们怕什么？闭着眼睛买入吧。第三，李泽楷从小就聪慧过人，赚钱的能力无穷，我们跟着他，也能大口喝酒，大块儿吃肉了。”

当然，最终作为小散户的香港市民多数赔得干干净净。理论上说，李泽楷倒是真的从小散户那里买了金蝉壳，却靠股市的操作，成功地脱壳了，留下的只是一群被他愚弄的中小投资者而已。

如今大多数人都已经明白，借壳上市这套，根本上就是一种并购操作，其唯一的优越性在于，这是个吸纳资金注意，便于长期做空的高级印钞机。

像李泽楷的这类公司，其实，一般在经济学上被称作 SPAC，即“特殊目的并购公司”（Special Purpose Acquisition Corporation）。而李泽楷的真实身份，其实一直是一家投资公司总裁。换言之，这场借壳上市的大局中，他等于是一个天使投资者。以美国为例，SPAC 公司管理人先募集到

管理资金，随后在场外柜台交易系统（OTCBB）上市交易，成为一家“纯现金”公司，然后再在规定的时间内收购重组目标企业，从而达到合并上市的目的。SPAC集直接上市、合并、反向收购、私募等金融产品特征及目的于一体，目标是收购可上市公司，完成重组，即可转主板。据了解，全球SPAC中前四名均为中国主题，股价涨幅一般在100%以上。

越来越多的资金涌进，高回报驱使一些大的对冲基金设立私募股权投资部门进军中国。然而，并不是所有的对冲基金都有足够的实力与耐心去直接投资中国私募股权市场，对于共同基金而言，鲜有涉足中国私募股权市场的例子，于是通过SPAC这种形式的曲线投资便受到关注。

一位业内人士介绍说，SPAC在美国资本市场存在多年，2003年推出的新条款对投资者的保护日趋严格，如包括在管理团队选定合并对象后需召开股东大会、只有80%以上的公众投资者批准才能进行合并等。中国第一起SPAC上市是在2004年3月，北京奥瑞金种子公司通过美国公司Chardan China Acquisition（中国承购）在OTCBB上市，2005年11月，奥瑞金与Chardan China Acquisition公司完成合并，获得2400万美元融资并同时在纳斯达克交易。2006年1月，奥瑞金发行认股权证，融资4000万美元，原有的包括对冲基金在内的投资者回报达700%。

根据北大曹凤岐教授的解释，SPAC其实是一种特殊类型的VC，用公募资金投资到私募股权市场，而VC是用私募资金投资私募股权市场，对于初步具备上市条件的企业来说，SPAC既提供了资金也让企业获得了上市资格，因此SPAC与VC是一种差异化的投资。

理论上吸引风险投资家资金的主要是这种高的投资回报率。一般而言，超级天使基金的资金规模都不超过1000万美元，不过，他们已经开始突破这一上限了。通常情况下，超级天使投资公司的单笔投资都不到50万美元。某些投资的数额可能达到数百万美元，不过，很少超过100万美元。相比而言，传统风险投资公司的单笔投资往往都会高达数百万美元。当一家处于“种子阶段”（seed—stage）的公司需要50万至200万美元的种子基金时，超级天使公司更愿意联合其他投资者共同投资，而不是

单独投入大量资金。

乔什·科普曼谈到，与天使投资人一样，超级天使同样致力于向种子阶段的企业投资，他们经常在创意阶段投资，这时候，被投资人除了一份PPT报告以外，还没有什么实质性的成果。就目前来看，大多数超级天使都会停留在这一阶段，不过也有一部分超级天使会突破这个阶段。一般而言，判断风险投资赢利的手段，主要是通过看公司持股股权的下降比例，一般来说出现资金规模和比例双下降的时候，比例越高，说明投资的回报率也越高。

2002年美国创业投资的退出状况并购和首次公开上市出现下降趋势，其中以首次公开上市缩减得最为严重，这是2002年美国创业投资退出的主要特点。由于美国股市一路下滑以及对私人公司评估的下降，创业投资的退出受到很大的限制。2002年创业投资退出的总价值分别比2001年、2000年、1999年下降了55%、90%和84%。并购交易量下降是2002年美国创业投资退出的一个显著特点。2002年并购交易的数量为300项，比2000年和2001年略有下降，但是与1999年相比稍有上浮。2002年购买价格总额与其他年份相比，降幅较大：分别比2001年、2000年、1999年下降了58%、89%和81%。2002年平均每一项并购交易的购买价格为2388万美元，而2001年这一数据为5085万美元，2000年更高达2.2亿美元之多。尽管2002年的第四个季度的并购交易数量有少许增加，但是购买价格总额却达到自1999年以来各季度的最低点。

在21世纪初，美国的风险投资的平均回报多数远远超过20%以上，这也成为美国风险资本的一大特色。

这种超额回报的来源通常被解释为美国市场的高流动性和资本杠杆的成功。因为同样的情况下，投资在其他国家并不能得到相同的回报。这导致世界范围内的风险流动资金进一步向美国集中。像一些发展中国家的高科技产业企业，也通过美国的中小板市场上市，利用存托凭证的方式获取资金支持。反过来这又带动更多的企业选择将资金融资集中在美国市场。从规模上看，风险资本市场最少的时候，也会占到美国国内生产总值的

17%以上。

这种市场规模效应明显的现象，也成为解释超额利润的主要论据之一。不过，除此之外，美国市场的优惠纳税条件，像明显的免税政策，各类信贷支持，法律宽松等软件，也是它能够产生高额超额利润的一个促进因素。伦敦的金融城在推广免税和优惠信贷的条件后，也逐渐成为风险资本信赖的重要地点。

在中国这样的国家，采取相应的优惠条件已经成为风险投资成功的主流呼声。而印度由于采取较为快捷的风险投资政策，短时间内成为世界上举足轻重的高科技企业中心。从理论上说，这是一种风险投资回报的结果。对于印度这样的国家，风险投资的回报是通过工业价值增值的其他形式获得的，这样实际发生的回报率，也许要超过普通地区。可见，高额利润远不是货币价值那么简单。

·第四节·
面对"浑水"，是进是退

大学没给自己带来更多的东西，只是让自己更自信一些，对自己要求更高一些，如果考一个一般的大学，对自己的要求会低一些。

——一位20世纪80年代末毕业于北大的基金经理在一番沉思之后如此回答

《投资者报》数据研究部根据公开披露信息的409位基金经理的教育背景统计，在现任基金经理中，按累计人次计算，有335位基金经理在75所中国大学（含港澳台）里完成了总计391人次的高等教育。其中北京大学数量最多，有51人。

但正如清华出身的倪正东所说："不专注则是北大创业者常犯的错误。在北大读金融时，导师是曹凤岐。他视野开阔，参与《证券法》的起草，最早提出产权制度改革等，深受其感染。"基金管理者由于年龄低、入行浅被认为是低智商的管理者。由于这两个致命的因素，很难说机构的投资

有多少理性。遗憾的是，以往的金融历史表明，这些多数具有海归背景的北大公募基金掌门们，经常又是中国基金市场上最大的漏洞。

事实上，投资于各种各样的基金，正如一些北大教授大声说的那样，这不过是跟着别人一样搅浑水。而真正看到这些基金的错误动作的人，则待在香港中环的一家小酒店里，静静地等待鱼儿上钩。一场做空与被做空的大戏，也就不断在中国市场上上演。

也是同一群投资者，对于机构的评价走向另一个极端，那就是基金管理者大智若愚，处处利用优势采取短期投资，欺骗别人跳坑对冲渔利。这类观点被看成是阴谋论，证据之一是经常在股市的某一个时间段里看到基金的大规模砸仓现象。

这两类观点，到底孰对孰错，在中国的投资者中一直都很有市场。的确，“80 后”基金经理从业经验实际还要少。统计显示，“80 后”基金经理的从业经验多数是从 2006 年算起的。也就是说，他们刚好经历一个大牛市和一个大熊市。对于当前“牛不牛熊不熊”的市道，他们根本没有经历过。而正是年轻、无经验，这群有着深厚学术背景的“70 后”“80 后”基金经理们，对市场技术、投资心理又有多少了解呢？至于机构砸盘究竟是出于愚蠢还是阴谋尚不得而知。好在投资者都认为基金等机构需要找到合适的投资手段。

在学术界人士看来，这些基金管理的争执，多多少少部分反映了市场真实存在的若干现象。其中主要的也就是机构的投资行为是不是足够理性，存在不存在投机和短期行为。

机构投资者的市场行为，一直以来也并不是确定的认识。首先，在理性投资上，和普通人的看法不同，经学术实证，基金经理和普通人一样并不是理性投资的，他们经常采取冒险行动，有时候以虚拟价值的形式对股票投资进行取舍。基金经理还偏好惯性投资策略，所以经常出现滞后于市场的表现——涨得比大盘慢，跌得也比大盘慢，因此看上去总有部分稳定性。大多数基金投资的方式，和那些怪异的老头的古怪行为的一致性是一样的。

有时候，为了维持排名，基金经理人同样会和普通股民一样有羊群效应行为，追涨杀跌，就是人们常看见的基金大跌。这也是愚蠢论的根源。

在某些方面，基金经理的愚蠢可能是超常规的，有些人可能因为限于本金不足，并不会沉迷于大规模的追涨行为，但是掌控大规模资金的基金经理，则可能无限期地在亏损前追涨。这就和一个富裕的赌徒一样，无限地延续下去，直到彻底输光。一些著名的基金亏损案本身就是这类行为的集大成表现。

其次，投机和短期行为的效果在学术界存在争议。有些人认为这些短期行为是不利于市场稳定的。对于多数投资者来说，看上去平庸、慢吞吞的基金保守型经理，长期会取得较高的回报率。因为这样的保守者，尽管不可能寄希望于其冒险取得赢利回报，却能够在长期关注最有价值的投资类型，最终用成长战胜的增长。这和巴菲特的价值投资是契合的。那些最能带来长期回报的人都是偏向稳健和保守的基金管理人。遗憾的是，我们听说过的北大基金管理者，全部是放荡不羁的类型。头脑风暴强大的北大人，总是做不好稳健这一步。

1982 年夏天，吉姆·查诺斯开始跟踪当时华尔街的宠儿 Baldwin－United 保险公司——它的股价一直在涨，该公司的拥有者中不乏像美林这样的大公司。但查诺斯心存怀疑，得到了一名心怀不满的保险分析师的暗示后，查诺斯写了一篇研究报告，建议卖空 Baldwin 的股票。他的观点让华尔街震怒不已，Powerhouse 公司的律师马丁·立普顿甚至打电话给他的老板，威胁要起诉他。

在纽约，《福布斯》杂志的撰稿人迪克·斯特恩风闻了发生在查诺斯和 Baldwin 之间的争斗，斯特恩开始调查这个故事，他飞到芝加哥，在那里，查诺斯向他解释了他的财务分析。随后，斯特恩在 Chateau Marmont（马尔蒙庄园酒店）旅馆的一间套房内与 Baldwin 的 CEO 会面，言辞激烈地向他提出了查诺斯建议询问的问题。“吉姆给了我们一个概要。”斯特恩回忆道。当斯特恩继续为那篇文章忙碌的时候，查诺斯扮演了关键的背景资料提供者的角色，斯特恩深夜向在芝加哥公寓内的查诺斯打电话，一边回放他与 Baldwin 的 CEO 谈话录音，一边加以剖析。

到了 12 月，《福布斯》刊登了斯特恩的这篇文章，结论倾向查诺斯这一边。几个月后，Baldwin 崩盘，不得不递交规模达 90 亿美元的破产申请。当时这可是历史上最大的公司倒闭案，Baldwin 一案让查诺斯一举成名。

有些人的观点则不同。他们指出，在市场上，面对私人投资的非理性行为的竞争，拥有较多的内幕消息和规模优势的基金管理者，可能靠非理性行为获得超额利润。通过合适的对冲手段，比如商品市场的期货和远期的组合，他们有可能对冲掉非理性行为扩散的危害。比如，有些人指出，在次级贷款市场中，那些对冲垃圾债的人非但不是罪魁祸首，而且是避免危险进一步扩大的功臣。比如空头大师吉姆·查诺斯，现在是被看成揭露丑闻，华尔街的干净人士受到格外尊敬，即使他在次贷危机中靠灵敏的嗅觉发现了风险，获益颇丰，人们反倒将其抬高到最成功的对冲基金经理的地位。

·第五节·

中概股危机出路何方

2011 年，美国研究机构“浑水研究”（Muddy Waters Research）声称在加拿大上市的嘉汉林业资产造假，随后美国券商发布中资企业黑名单。

中国智能照明和世纪龙传媒等因财务欺诈遭美证会（SEC）调查，从而掀起了一股中国在美国上市的民营企业大洗仓高潮或中国概念股遭大洗仓的高潮。

这不仅使得中国在美国上市的股票价格急转直下，而且也使得国内如迅雷等多只拟赴美上市的中资股紧急叫停，大中华类别基金在 6 月初开始纷纷做空中国概念股。

在美国上市的中国概念股接连受到财务造假、估值泡沫、协议控制

(VIE) 政策前景不明确等一系列负面因素影响，股价被大幅抛落。此时人们赫然发现，原来美股市场曾经是天堂，现在则有点儿像地狱。

北京大学金融与产业发展研究中心副教授黄嵩断言：盛大私有化很有可能会引起其他国内公司的效仿。美国投资银行 SIG 最新报告也认为，陈天桥家族的私有化举动可能引发网易和完美世界跟风。

在中国概念股被集体性的污名化，看成是美国股市的鸡肋之时，大部分基金背景的做空公司高度活跃。按照美国证券法规，这些披露所谓中国概念股的严重问题的公司，可以从卖空中获取暴利。

早在 10 年前，著名学者何新就针对网络概念股的泡沫问题在北大高调发表演讲。他认为所谓概念股，只是一场资本阴谋，并不存在什么真实的剩余价值。这一观点今天看来仍然十分犀利：自 20 世纪 90 年代以来，世界经济中一个引人注目的新现实就是玩金融把戏的美英经济地位上升，而靠传统制造业的日、德、法、意地位下降。这个事实表明，金融突击和掠取已经成为当代资本集聚的新形态和主要形态。金融竞争超过工业竞争和商业竞争，这也是美国鼓吹所谓“知识经济”的真正含义。

自然网络概念股的实质，就是为金融游戏提供素材，除此之外，似乎并没有多大的价值。如果一个人不明白这其中的道理，只需要温习一下美国网络泡沫的历史。想象一下，美国从未真的从泡沫中走出来——这一点已经为绝大多数西方经济学家们承认，并且在金融危机后重新强调。

无论如何，投资者都是十分理性的，他们显然不会听从项目对象单方面的狂轰滥炸。这一点早已不是新闻。爱德华·罗伯特（1991）对两个风险投资公司进行深入调查，Atlantic Capital 公司和 Boston Investors 公司从事高科技行业的风险投资有十几年历史，都使用多阶段的评估选择投资项目，但是在评估准则和决策过程方面有自己的特点。

爱德华·罗伯特详细介绍了两个公司评估风险项目的准则，比较它们之间的共同点和差异；同时分析 20 个已经过审慎评估的项目，提出创业企业家应如何撰写经营计划书。这些研究之所以出现，主要是因为项目企业自己的评估并不是那么靠谱，以投资者的角度来看，这是迫不得已，因

为一场泡沫彻底改变了他们的行为方式。

来硅谷创业的年轻人，多数是有一技之长的，比如比尔·盖茨，谢尔盖·布林、杨致远之类的都有自己的想法。年轻人有个好点子，可以说服一批有眼力的企业主、大财团和机构投入资本，然后等公司上市套现获取高回报，这种方式被称为风投。大批硅谷的高科技企业就是靠这种方式转型。可是有些人并不具有一技之长，甚至他们连起码的技术设计也没有，同有创意的年轻人相比，在同一行业竞争，显然根本无法获得风投青睐。办法总是人想出来的，这些竞争力差一些的点子发明者，就开出各种技术以外的附加条件，吸引那些顾虑少的风投。比如有这么个公司，曾经宣称，其最有竞争力的优势是，可以把若干家高科技的企业资源进行合并创造出高价值来。

微软说自己有个人计算机的新创造，开价 10 万美元，这家公司就宣布这种优势的专利它可以优先获得，至少便宜 10%。微软要求 100 万美元的先期投入，这家公司就提 80 万美元。打包上市后，这家公司还会答应风投提早退出。不了解硅谷企业的风投们，多数选择价廉物美，这家公司倒是很快上市，其他创业者也开始群起效仿，在美国总统克林顿提出“信息高速公路”概念后，这种迷茫的概念很快成了这类公司补充的竞争条款。

到 1993 年前夕，这种没有实际技术支持，大搞概念的公司几乎增加了数倍，硅谷充满了肆无忌惮的吹嘘，大规模没有前途的企业遍地开花。真正需要资金的创新企业反倒因为不够概念化，缺乏刺激感和吸引力，被人冷落，或者滞留在学校。这就是著名的 20 世纪 90 年代硅谷创业泡沫。当然最后的结果肯定好不到哪里去，很快科技泡沫就破裂了，自那以后，硅谷一直没有恢复从前的活力，一个本来充满实质创新的地方，被虚夸的市场和劣质企业差点儿毁掉。

在概念股集体登陆纳斯达克市场后，美国的分析公司们开始盯上中国的这些新锐力量，比如著名的浑水公司就是这方面的专家。浑水公司的分析到底有多高明，暂且不提，就中国的这些上市企业的实体性质而言，我们很难说它们比互联网泡沫期的劣质企业好多少，唯一值得庆幸的是，至少许多真正创新的技术类、生产类企业并不愿意蹚浑水，这就足够了。

正是由于存在各种不切实际的浮夸以及企业管理者过度的自信，所以一个好的投资家大多数不再相信企业的评估。通常人们相信每一个项目的所有者都有严重的自恋倾向。当然这对于企业的管理者来说，不完全是坏事。一个自己都没有信心的项目，别人包括投资者也不会产生更多的信心。

在经验数据的检验上，似乎更加支持投资者们的谨慎。约书亚·勒纳（1994）提出的风险投资家如何利用联合管理来降低风险；罗伯特·赫里斯（1995）提出风险投资家的个人素质要求、能力要求，被认为对风险企业的投资价值不仅是钱，还有管理、信息等管理服务。罗伯特·波尔卡等人设计了一个具有58个变量的指标体系，通过工业新产品的案例统计分析发现，单独进行技术风险评价对预测高科技新产品的成败十分重要。

·第六节·

“电广传媒”的“以股抵债”方案

电广传媒董事会2004年通过《公司关于实施控股股东“以股抵债”报告书》显示，截至6月30日，控股股东产业中心通过其下属或关联单位占用电广传媒资金共计500626095.75元（本金）；资金占用费按三年期银行存款利率计算，计38634215.05元。

“以股抵债”的核心问题是定价问题。公告显示，电广传媒董事会在与控股股东协商“以股抵债”价格时，以每股净资产作为定价的基准点，并综合参考了其他相关因素，最终协商确定的以股抵债价格为每股7.15元。该价格为含权价格，与抵债股份相关的所有未分配利润、资本公积及其他利益已包含在抵债股份价格之中。股份核销时，将按财政部有关会计处理规定进行账务处理。根据该价格，确定抵债股份数量为75421022股。

——摘自北大商学院金融管理案例

电广传媒的这一方案，一度被看作是中国股市解决某些奇特的股市难题的创新金融方式。监管部门在致力于解决大股东侵占上市公司资金这一历史遗留问题的背景下，很显然能以一种类似成熟金融市场上合约的形式，对敲大概也是这类创新的核心。

事实上，理解所谓的“以股抵债”和“债转股”的差别并不难。前者相当于妥协共同议价后结算债务，分割资产，后者则是通常按照实际的市价完成交易。其后果也是各不相同，通常以股抵债，会剥离有问题的坏资产，产生新的治理结构。而后者则不同，一般也不大会改变股份和所有权构成。极端情况下会出现，某些资不抵债公司被完全收购的结果。而对于某些公司来说，这可能等于在财务上给自己一个大包袱。

正如不少北大经济学者所观察到的那样，在中国大股东市场的历史问题上，存在一个底线。这种底线，大概是所有西方发达国家所没有的。国有股和机构股，从一开始，就带有基因上的大股东地位，并且随着股市扩容，只能不断增强，不可能减少其大股东的控制能力。这一点是中国股市的特殊历史造成的。

即便是所谓电广传媒，本身就是大股东的控制历史，电广传媒“以股抵债”方案的实施，其意义不仅是以金融创新的方式，解决控股股东占用资金的历史问题，同时，通过制度创新，规范了关联交易行为。

大部分中国上市大公司，都有国有股或者集体股占据绝对比例的历史。而在国有企业的上市改革中，出现了大比例操纵大股东侵犯中小股东利益的现象，甚至还出现内部人合伙转移资产，公然流失国有资产的现象。

为了在国有企业脱困改革的大背景下制止这一问题，中国的股市，对于大股东本身的行为缺乏约束力，这有一定的必然性。毕竟这样做的好处是，股市总体可以维持平稳，避免出现大的波动和恶劣的并购和炒作。

因此，即便后来出现中小股东持续利益受损，好东西被拖成坏东西，国有股本身的控股地位丝毫不会出现变化。但这么做的结果是，中小股东必然在股市上用脚投票。当股市上的优质公司一天天滑落到深渊时，占绝对控股地位的大股东公司可能是亏损的，这种控股地位让资产可以通过转移或者粉饰业绩，达到蒙混过关的地步。

而长此以往，最终是原本优质的资产也受到无尽的拖累。事实上，这也正是广电传媒最终不得不以股抵债的根本动因。当然，拔出萝卜带出泥，一个更严重的问题是，既然明显以股抵债的公司是损失的，但为什么还有人购买呢？

在我们的现实投资市场中，像这样总是期待更大的“傻瓜”出现的人并不少见，我们常常会看到，有些投资产品的价格明明已经高于它本身的价值，但还是有人愿意买。人们之所以完全不管这个东西的真实价值，而愿意花高价购买，是因为他们预期将会有一个更大的笨蛋会花更高的价格，从他们那儿把它买走。比如说，你不知道某单期货的真实价值，或者你知道这单期货的真正价值不值 100 元，但你还是愿意花 100 元去买一单。

因为你预期当你抛出这单期货的时候，会有人花更高的价格来买它。大家都知道，世界投资大师巴菲特是以长期持有那些很好的公司的股票，同时不断地加大投资来获取巨额的投资利润的。但是，所有的人也都很明白，目前世界上只有一个巴菲特，并没有听说过还有第二个、第三个“巴菲特”出现。

事实上，由于大股东的一股独大，能够聚集起庞大的足够资金从中获利的也只能是大股东。大鱼吃小鱼，可是大鱼互相吞并，只可能是更大的大鱼获胜，从未有小鱼获利的可能。人们之所以购买这些危险的股份，很大程度上只是因为，他们在这个市场上其实没有投票的权利，实际只有被操纵的权利。

也正是从这个意义上说，我们可以看到，所谓以股抵债的创新，本质上也许对于中国的股市并不太可能有什么积极的作用。事实上 10 年后，这一结论和观察仍旧是不过时的，在中国的股市上，到处是一片哀鸿。那些最终完成以股抵债的公司，最终要么因为壳公司的价值利用殆

尽，最后被停牌退市，要么被股市的熊市彻底拖累，成为套牢股民的总根子。

尽管理论上说，以股抵债的本质不过是一场并购手段，但因为上市公司的并购有着特殊的目的，这也必然和股市一股独大的结构牵扯不清。

第十四章

不是富人太富，而是穷人太穷

·第一节·

张维迎：腐败是否有理

你要实现无腐败的经济增长，就必须改变所有制，解除政府对资源的控制。

——张维迎

2009年至今，中国移动有限公司已有8名高管因涉嫌贪污受贿落马。中国移动公司原党组书记、副总裁张春江被“双开”。2010年年初，中国移动公司人力资源部总经理施万中涉嫌收受西门子公司500万美元贿赂。2010年4月，湖北移动公司原副总经理林东华又涉嫌巨额贪污。中国无线音乐运营中心总经理李向东携款外逃被捕，四川移动公司总经理李华涉嫌受贿20亿。

2009年，央企拿下全年90多个地王中的60个；2010年3月15日，热议房价的两会刚刚结束，两家央企又拿下两块地王；5月20日和21日，中铁建分别以14.6亿元、16.7亿元拿下北京和成都两宗优质地皮；6月29日，中铁建又在广州溢价135%购入两块地皮，随后又在天津市花费40多亿拿下3块地皮。在此背景下，媒体惊呼房地产也快被央企垄断了。

以央企为代表的大型国营体系，在经济危机发生后，全面地进入社会经济生活各个领域，范围从重工业到服务业，从钢铁、有色金属、航运、电力、能源、石化到那些关乎人民日常生活的领域。

在天则经济所发布了一个所谓的国企研究报告后，张维迎代表北大的部分经济学家发声，他们认为国营体系里以央企为代表的大型国营体系利润率和市场占有率掩盖了中小国营体系效率极差、亏损严重、浪费国家资源的普遍现象。基于垄断的中央国有企业依靠垄断经济产生了巨大的效益，尽管效率仍旧低下。

然而，垄断企业最终形成利益集团，利益导向向小团体利益聚拢，社会与之抗衡的能力将会越来越弱，庞大的经济体量和政治影响将导致这个垄断体漠视社会利益和消费者利益，它们既不能增加就业也不能在市场竞争的层面上给消费者和社会公平的机会。但是，危机的存在强化了它们在经济中的话语权和支配权。

与之相比，民营企业的力量显得过于弱小。在垄断企业的挤压下，凡是涉及与之相关的产业，莫不受到排挤而在夹缝中生存，造成先天的发育不良，难成大器。

而地方政府对区域内的经济发展、就业和福利负有大部分的责任。央企对一些地方政府的贡献，除了税收上的好处，就业和消费微乎其微。地方政府所设想的以就业带动当地产业的想法往往落空了。因此，扶持当地产业成了地方政府不得不为的事情。

这种情况，只有在中央政府意识到相关产业有整体沦落的情况，整个产业仅仅依靠央企支撑，导致失业率居高不下，维持稳定的难度越来越大的时候，大量中小型企业才能得到扶持。而到时，为了强化和扩大自己的既得利益，利益集团的游说力量必将会出动，严重地影响政策的制定和执行。这种动向，我们一定要警惕。

无须讳言，垄断现象在当代中国社会并不少见。张维迎指出：我们说凡是有权力的地方就有腐败的土壤，而绝对的权力必然代表着绝对的腐

败。一个担当着关乎小到一个地方，大到一个国家的人民福祉职责的庞然大物，在市场这个洪流中，如何行使职责，处理与人民的关系，成了所有人极度关心的一件事。

在市场中，一个企业的逐利行为无可厚非，但是前提是要正当。尤其是国企承担着稳定地方正常经济秩序的重任，所以一言一行都要以当地人民的利益为旨归。

比如，在电煤受限时，水电、风电和太阳能等新能源原本可以大放异彩，可“计划电”偏偏又堵住了这条路。本来很多地区和企业都有条件自己发电，却因为电网垄断而难以做到。有的地方煤炭资源丰富，但企业不能自己建电厂，必须从统一电网购电，因此甚至出现发电地区用电难、电价高等荒唐现象。由此，发电企业亏损，供电企业却依然赚得盆满钵满。

两桶油也存在着店大欺客的现象。往往在招商引资的时候，允诺一套，而在项目实施过程中则提出新要求，利用地方政府急于出政绩的心理，坐地起价。而实际上，我国成品油市场总体供应平稳，之所以部分地区出现油荒，主要原因是处于垄断地位的两大油企为了巨额利润不肯放油，使得地方民营加油站处于被断供的边缘，甚至影响当地人民正常的生产生活。

打击垄断，成了不得不为的维护地方正当利益的神圣法器，是人心所向，大势所趋。然而，路漫漫其修远兮，此程将任重而道。

· 第二节 ·

中国基尼系数不重要

中国是个二元经济的国家，城市和农村的经济结构不同，生活方式的差别很大，不能笼统地用基尼系数来说明问题，应按中国现阶段城乡二元经济的情况来分析。

——厉以宁

按照经济学家易纲和北大中国经济研究中心宏观组的观点，中国的基尼系数其实是这样一种状态：国内学术界关于基尼系数的讨论通常集中在收入分配差距的趋势、成因及评价这几个方面。迄今为止我国的基尼系数的测算都是使用居民名义收入。

以居民实际收入测算基尼系数的合理性分析基尼系数的变化趋势和特点，2002 年就已经超过 0.4 这一国际警戒线。在上升过程中基尼系数表现出两个明显的特征：一是相对于总体基尼系数，农村内部基尼系数和城镇内部基尼系数较小，二是相对全国基尼系数，地区内基尼系数较小。这就是厉以宁教授那段话的背景。

但是，按照实际的测算来说，中国其实并不存在一个真实可靠的计算方式：因此，易刚和任强等经济学者认为，要么寻找到不同的统计方式，比如购买力平价测算，要么干脆可以认为，中国的基尼系数是不重要的。当然，要让大众理解这一点，有必要沿着历史脉络，重新树立一下，基尼系数的根本。

要想谈基尼系数，首先从分配开始。分配在很大程度上影响生产和消费。最直观的看法，就是“收获”与“耕耘”的关系。种少收多可以称作效率，种多收少，甚至不收，就会严重影响下一次生产活动的过程，收得少，自然消费得少，那么很可能连种子也会被消化掉，连效率也提不上了。当然理想的方式是保持效率的前提下多种多收。

在计划经济时代，中国一直走的是一种“种收相抵”的苏式计划经济路子，也就是一种高投资低消费的方式。实践当中由于采取过度平均主义的办法，抹杀差异性和积极性，最终把高投资拉低成了低回报。

改革开放初期，到 20 世纪 90 年代初，由于打破平均主义，承认差异性和拉开差距，短时间内出现高效率和高投资同时出现的局面，在这一阶段，整体上劳动所占报酬虽略有下降但基本呈上升趋势。这时候中国似乎进入“种少收多”的喜人时期。一些经济学家声称：中国的财富进入水涨船高的时期，只要蛋糕做大，分蛋糕当然不是问题。

而到新世纪初，在经历 20 世纪 90 年代中后期国企改革潮后，中国社会的财富分配出人意料地出现了“分化”的形式，最近一次的学者周文重研究得出中国基尼系数接近0.47，远超国际警戒线水平。难道说，种多收少开始了？狂热鼓吹做“蛋糕”的论调正在逐渐地低下去。

1. 基尼系数问题

在美日和欧洲以及韩国、新加坡等新兴国家，人们的收入来源倾向于多元化，除了工资还可能有股票收益等形式。单纯按照生产要素所得统计就不如家庭财富收入综合统计更能反映现实。国际上一般的收入分配类统计指标如基尼系数、洛伦兹曲线图、库兹涅茨曲线，实际都是按照多元收入的假设确定的。

在西方历史上，关于这种统计还有一种更早的方式，起源于李嘉图。在李嘉图看来，由于当时人们的收入来源是单一的，因此只要统计各自的要素报酬在总收入中的贡献比例，就可以看出分配的大致状况。

这两种统计方式哪个在中国更为适用呢？经历过计划经济向市场经济转型的中国，由于二元社会结构的特殊性，加上金融业的发育不足，人们的主要收入源于工资或利润，这样单纯从收入分配来看，统计要素报酬份额更具有实际价值。

而且有一个更加糟糕的问题是，基尼系数的验证几乎没有什么成功的例子。而一些国外的经济周期研究者证实，劳动报酬占比的统计结果在各国有着惊人的历史一致性：劳动报酬在初次分配的比重，在名义上会出现某一阶段的上升后平稳的过程，但是实际比重却是一直下降的。

从现实和理论上，中国基尼系数基本上不具有实际参考价值，如果非要找出一个相应指标的话，也许“回到李嘉图去”更加符合现实，把劳动和其他要素报酬以家庭为单位统计的新“基尼系数”更符合国情。

2. 基尼系数反映与现实相同是偶合

撇开各种统计和声音的干扰，基尼系数和中国的现实感觉相同实际是个偶合事件。关于中国快速变化的基尼系数与劳动报酬占国民收入比重的绝对连续下降，以及贫富差距，都在这一时期叠加在了一起。不论我们是否是二元经济，GDP只是对本地居民有效——不管他是城里人、乡下人还是外国人，基尼系数的差异性源于收入是单一还是多元的区别，而不是经济结构的区别。因此，即使采用新“基尼系数”的指标，所反映出来的数据也不会有什么不同。

正是由于垄断中国金融资产的人群同时也就是非劳动要素的提供者，因此上文所述的新旧指标巧合就合理地发生了。如果人们进一步和改革潮流中的某些“造富事件”对应，那么巧合就会再一次发生。这些东西也就是王小鲁先生提出的备受争议的“灰色收入”的说法。

对于政府而言，尽管统计指标具有不精确性甚至不可比性，但在分配问题上，民意出乎意料地反映了经济规律和历史。十七届五中全会进一步着重强调“努力提高居民收入在国民收入分配中的比重、劳动报酬在初次分配中的比重”，将居民收入和劳动报酬二者并提的时候，就具有非同一般的意义，采取相应对策措施不但是政治任务还是经济规律的必然要求。

·第三节·
效率和公正的完美结合

我们不应该把“允许一部分人先富起来”与“共同富裕”对立起来，更不应该把共同富裕等同于平均分配。没有差别，就不可能共同富裕。诺贝尔经济学奖得主莫里斯教授早在35年前的研究就表明，政府在征税方面的最大障碍是没有办法获得个人能力的信息；由于信息的限制，任何政策都没有办法做到结果均等。即使我们的目的是最大化社会中最悲惨的人群的福利，平均主义也不是好的选择。

——张维迎

“如果我们真正关心穷人，就应该把机会均等（也就是效率）放在优先地位，比如说给穷人更多的接受教育的机会。诺贝尔经济学奖得主海克曼教授等一些学者最近的研究表明，在中国，教育水平已成为决定家庭收入水平的最重要因素之一。一个农村大学生可以使一家人脱贫。”张维迎教授这样描述自己对于效率的看法。但是，根据不少北大经济学者的各方面的观点来看，有一个地方，可能才是这些高谈阔论的最好的试验场。

社会保险在运行近一个世纪以来，实际上和任何一项制度一样，成了当今世界的各国政府最为头疼的问题。在法国，由于延长退休年龄的法案，导致了近来西方最大规模的罢工事件。在西方流行的说法是左派政党上台，会提高社会保险的福利，增加税收。右派政党上台，保持现有社会保险，降低税收。任何人胆敢对社会保险采取动作，就会引起罢工骚乱或者大规模反对。

在北欧国家里，如果你干活太卖力的话，你可能会成为高税收的对象，但是你的养老金和大众是一样的。在美国和日本，靠着年龄和资格你的养老金步步上升，当然税收你是绝对逃避不了的。但是，羊毛出在羊身上这个道理不会变化。社会保险终究都是来源于你的收入，不论你是工人还是老板，或是政府工作人员。

在不到半个世纪里，社保税已经成为各国政府在关税外的最大税收源之一，由于这种税直接的课税对象是收入，所以有的国家干脆和所得税一起课征，节省成本。要知道，社会保险出现的前半个世纪这几乎是不可想象的，社会保险的当时支出的收入可能还不及罗马教皇向大众表示仁慈的那点儿关怀。第二次世界大战后的快速发展，学者和政客们认为，除了可以降低人们的愤怒的情感发泄外，流行的凯恩斯主义特别是后凯恩斯主义者认为，如果增加政府支出，那么可以在经济低潮的时期替企业支出，可以刺激经济增长，提高人们的收入，降低经济周期对整个资本主义经济的危害。而大规模支出，往往实际就是大规模的财政赤字，赤字经济把握不好就是通货膨胀，于是就出现了一个很有意思的现象。

在经济不好的时候，假设不存在通胀，许多人生活困难，社会保险中的失业保险有增加之必要，但是这是不大可能的，因为发达国家的基金市场化，这样失业保险的低效率成了人们的伤痛，待经济变好的下一周期，人们就希望政府增加这方面的预算。但是政府在调整经济的过程中已经负债累累，于是再次加大赤字。反复几次，政府的货币发行就起了微妙的作用，因为政府的借债不能从中央银行融资，那么走投无路的政府只好寄希望于加税，于是社保税开始提高，而高税率的成本自然降低了人们的可支付支出。一旦经济高涨，则通货膨胀使养老金和保险缩水，人们生活的支出进一步受到打击，于是再次要求提高保险金。

至于政府由于通胀期间并没有改变预算的权利，而且通胀还使人们名义收入提高，财政收入增加，这样货币的滥发就自然会有收入记账，也就是说财富无形中转移到政府手里，人们越来越对通胀失去反应的能力。将基金交给政府投资，那么不可避免的，政府通过通胀的手段就足以将社会保险的基金收益揽回自己手中。因此在全世界衡量社保基金的标准即是能否超过通胀率，除此以外的比较基本没有意义。而这不过是资金的最低机会成本而已，从长远看，社保基金不会盈利。由于政府的自利倾向，从第二次世界大战以来，一个可靠的趋势是人们的收入很不幸地集中到政府手里。因此，张维迎才会提出反对政府干预和福利制度的平均主义。

另一方面，从人类人口的自然寿命越来越长的趋势来看，人们的养老金负担会越来越倾向基金化，但是人类的出生率越来越低，特别是发达国家。这样除非依靠政府的基金的办法，几乎没有别的手段维持高的养老金。但是政府的手段只是通胀而已，而通胀对于任何经济增长率来说都是一种抵消，除非劳动生产率可以无限提高，那么这几乎是无解的，而税收的高低直接影响人们的积极性和劳动生产率。因此当人们寄希望于统筹和社保基金的时候，必须考虑这个怪圈，是否应付得了。

在过去的 30 年里，我们的劳动生产率发生了巨大的变化，任何一个决策者必须清楚，劳动生产率才是导致中国经济变化的基础。那些富有激情的打工者，教育素质提高和产业的升级保证了中国奇迹的发生。而劳动力的自由流动和全国统一市场无疑可以降低劳动的负担，对于任何一个分离的地域来说，只有在这方面做出突破才可能打破上面所说的怪圈。政府如若迷信于短期的通胀收入，最终会陷入入不敷出的局面，在损害劳动生产率的后果出现以后，通胀收入最后也无法得到，最终在怪圈里徘徊。

我们空转的各自为政的地方政府的社保基金实际具有一种正的可能性，所谓正的可能性在于，这种空转是以人们的劳动积极性为指标的，30

年前改革源于劳动的积极性的调整问题，如今建立基金也是同一个导向。这和西方存在本质的差别，后者的全部导向源于对公众的恐惧。

·第四节·
放弃零和游戏：做到双赢

1979 年 1 月，深圳改革第一人袁庚，率领招商局，在香港对岸的荒滩渔村土地上，奠基创业。此时，距离上一次大规模的“逃港潮”，仅仅一年时间有余。对岸那些落脚的“偷渡客”，从乡里乡亲的口口相传中，看到了财富的大门正向自己展开。

此后，仅仅一条窄窄的中英街，年收入赶上了中国年进出口贸易的总收入。渔村的农民的普通储物间，也比得上金屋银店。随后，政府将深圳、珠海、汕头、海南列为特区。中国开始以“亚洲四小龙”作为学习榜样，实行出口导向的经济政策，加快走出去的步伐。

20 世纪 80 年代的经济特区，是中国人心目中的神秘之地，象征着财富、欲望和机遇。

在改革中拼搏奋进的中国人，一直将深圳看成是创富的圣地。不过，以世界和历史的眼光看，未免流于狭隘和小家子气。以今天的眼光看，中英街两边的繁华，充其量不比非洲港口中国商人开的便利地更高级。这样的状态和积淀，所能够产生的，也只不过是“土财主”级别的富裕。直到 2012 年，深圳代名词之一的华强北，也是山寨的同义语。较之后起的真正的品牌和巨无霸企业的财富规模来说，还是微不足道的。

要说真正创造财富的欲望，总是在金融产品爆发的前夜。在经历 30 年的积累后，金融从沪深两市的股票，变成真正的造富的象征，一个中国形式的创富欲望正蓬勃兴起。张维迎在早期的一篇文章中，首先提出不能妖魔化财富和致富的开创性观点。而当时支持他的，正是在深圳改革的一批先富者。但正像张维迎所警告的那样，如今的财富，似乎随着金融社会的呼之欲出，变得让人模糊起来。

自从宋鸿兵的《货币战争》和央视的《华尔街》广泛传播后，在一些人眼里，特别是官员和政府决策者眼里，金融本身成了一件奇怪的东西。人们贪婪地讨论着有关神奇的金融的一切，从罗斯柴尔德、巴菲特到带头大哥、王亚伟，从高盛的金融工具到港股涨跌，开始随着人们绷紧的金钱神经带上两种颜色。就像红与黑一样，阴谋的工具和富国富民的发动机的复合体，据说让人欲罢不能。

前者无疑是一种妖魔化，以为金融完全是金融资本大亨操纵牟利的专利，美国的华尔街就是一切利益的唯一指挥棒，进可攻退可守，仿佛金融就是专为美利坚民族打造的神器和法宝。庞大的罗斯柴尔德家族，业精于勤，熟门熟路，外人不可得而用之，一用就是自投罗网。另一方面，在金融危机里华尔街投行引发一片质疑和愤怒的声音，我们的决策者却仿佛找到了自我安慰的机会，我们的老师出问题了——所以我们的金融政策和方法，乃至于实体经济和金融的协调都是成功的。

妖魔化的心理，主要是胆怯，政策的决定者认为一旦潜意识的对手出错了，用精神胜利法自信了很多。而在我们地市一级的决策者那里，由于较之上一层的决策更加渺小，自然增加的自信也更多，几乎所有的“封疆大吏们”认为金融政策的执行都是天衣无缝的，包括漏洞百出的城市村镇银行、小额贷款、中小企业政策鼓励、融资平台和担保市场的监管。

后者是彻头彻尾的神话，流行于我们的学界和媒体，以为趁着西方在舔舐伤口的时候，就可以高唱凯歌，动用国家一级的银行体系开启金融神话的新一代故事，借用华尔街的虎皮给自己壮行。

为了让故事听起来好听一些，经济学家们不惜把投资和投机混为一谈，把一切事情混同为只要你敢想，金融工具一用就灵的豪言壮语，煞是壮观。当然我们的金融学者们由于长期的偶像倒掉，需要一个伤痛的抚慰，自然也愿意杜撰神话。

然而，尘归尘，土归土。妖魔化和神化终究是要回归到现实的。正如主导中投公司国家主权基金的高管们所说：金融本身只是一个工具，撇开

对于资本和金钱的膜拜和迷信，那些纷繁复杂的所谓金融产品说到底只是一系列的交易凭证，只不过这种交易凭证被贴上各种法律、买卖的背书，最终还是要连接到那些看得见、摸得着的各种生产上。美国人曾经依靠高科技的假象换取了全世界生产的资源倒流，但是最终大家不能通过金融工具来消费，消费的产品还是会转向那些最普遍的大众消费品，从伊朗的地毯到中国的皮靴。许多人描绘过美国人近乎疯狂的消费代替储存的习惯，但是多数人不知道的是，仅仅这一次金融危机的前两年，美国有支付能力的中产家庭已经购买了过去一个世纪的产品，最乐观的旧货公司都认为这些东西全部清仓需要 20 年。

金融可替消费者“买下”一切，但是最终流通工具的本性，还是无法替人们消费这些庞大的产品。而现代社会的最主要表现形式是，实体经济—金融—消费产品，这个锁链从来不会打断其本身的自然规律。哪一个环节出了问题，轻则消化不良，重则肠胃紊乱，一命呜呼。也因此，当中国的金融政策不管何时，发展到何种程度，人们不管多么愿意驻足那些橱窗里的金融服务展品，不妨低下头，看看整个经济，这些大家的胃口消化得了吗？

最后，金融不是什么富国的发动机，就像政府不可能通过印钞票提高一个国家的生产效率、财富程度一样。财富可以用金钱哪怕金融衡量，但是财富不等于金钱，财富的实体只是我们看得见摸得着的实体生产经济。与其眼睛老盯在那些虚无缥缈的金融工具和金融政策上，不如退而求其次，提高真正的生产效率和财富的总量。生产自己需要的东西，就是生产能够消费得起的东西，这才是财富的真相。

·第五节·

边际效用递减法则：要不断转换战略

膜拜西方，永远跪着仰望西方，是中国社会最大的精神污染。

——刘仰

在中国不高兴还没有盛行起来之前，中国其实还有种文化作品，至今还留着相当深刻的烙印。这部作品就是所谓的《河殇》。这部片子就其艺术性来说确实无可挑剔，它全面否定了中华五千年文明史，甚至于把整个中华民族都说成是一个悲哀的民族，其原因就是因为她远离海洋。这部片子的作者鼓吹中华民族是所谓的黄土文明，给中国加上先天弱势和封闭的标签。

按照《河殇》的要义，中国人要在现代生存，唯一的方式就是彻底否定自己，接受和学习西方，甚至全盘西化。在《河殇》的影响下，中国一代人的竞争心态出现了一种不可思议的逆转。

“历史证明：按照一种内陆文化的统治模式来进行现代化建设，虽然也能容纳现代科技的某些新成果，甚至卫星可以上天，原子弹可以爆炸，但却不能根本性地赋予整个民族以一种强大的文明活力。”这样的说法，今天听起来十分可笑愚昧，但在当时，这种疯狂的想法对于急切盼望赶超西方的中国人而言，无异于一声霹雳，警醒梦中人。

之后，中国不少年轻人开始走向全盘接受西方洗礼的道路，一切都向西方看齐，甚至连竞争的目标和绝对动力都向着改变自身的方式进行。甚至有人恨不得，连自己的皮肤都变成白色，才能抵消落后的标签。

在这种心态下，中国的竞争心态也开始出现质变。富士康年轻工人的“N连跳”后西方的媒体和舆论都谴责中国多么糟糕、多么不人道、多么没人权，给工人们那么低的工资，那么辛苦地干活，先说解决问题的办法吧。怎么办呢？提高工资当然是办法之一。的确，中国政府已经开始关注这一社会问题。国内多个省市都上调了工人的最低工资，已经调整的十多个省市，平均上调幅度17%。中国新制定的“十二五规划”也要求，未来城乡居民的收入年均增长7%以上，职工工资5年翻番。

问题是，西方人开的餐厅是不欢迎工资上涨的，沃尔玛和英国一家大型零售商便说：中国劳动力成本提高，将导致它们的商品价格上涨。瑞士信贷银行说：中国劳动力工资上涨，将影响未来10年的通货膨胀。

洋人说，如果中国工人的钱包鼓起来，他们就要通胀了。所以美国要求中国做一个“负责任的大国”。在《河殇》的鼓吹论调下，竞争的好坏、多少、优劣的唯一标准是：是不是符合西方人的观念和判断。自然即便中国政府要给中国工人涨工资，中国政府不愿继续在国际分工中永远承担“廉价劳动力”的角色，中国政府变成了一个“不负责任的大国”。造苹果的中国工人涨工资了，苹果把利润减少一点儿，不用涨价，这也是不允许的竞争，不少人对于敢于抗争的工人，则加上懒惰和不能吃苦的种种荒诞的说法。

2011 年 4 月 28 日，《南方日报》一篇文章作者的举例也只有提高最低工资水平、照顾低收入者的方式，不提国际因素对中国通胀的巨大压力，而把涨工资歪曲成是“管理部门趁机搭车大幅普遍提高工资待遇”。作者的一个理由居然是：提高工人工资“会在一定程度上滋生劳动惰性……会影响工资制度本身调节劳动者积极性作用的发挥”。

从所谓从西方完全舶来的一些弗里德曼经济学理论来说，工人涨工资会导致通货膨胀这种说法貌似有理。它的含义是：如果给工人涨工资，货币总量就会增加，如果产品没有增加，物价就必然会涨。问题是这个理论，其成立的最大前提是在西方存在有组织的标准化交叉合同，工人的工资上涨是以协商的方式统一进行的。

进一步说，这一理论建立的另一个基础是，所有人包括资本家在内，必须在通胀和就业之间做出必要的精确选择。但是在中国，这个就业和通胀率的替代方式，既缺乏实证数据，也不存在成立的价值基础。

但在维护现有的贫富差距，维护富人的既得利益方面，他们一点儿都不肯吃亏。此类精英并非只有《南方日报》，从南到北，很多。有的公开，有的并不公开，这种竞争心态无疑就是资本主义的心态的总集合。而从根本上说，这样的竞争心态和工人们劳动的比拼，完全是两种心理，相当大程度上，中国的一些精英们的心态完全是一种资本家和西方想要塑造的奴化心理。

于是我们才理解，当“N 连跳”发生的时候，国内某些精英做出同情的样子，目的就是把矛头针对中国，转移外国资本残酷剥削中国工人的事

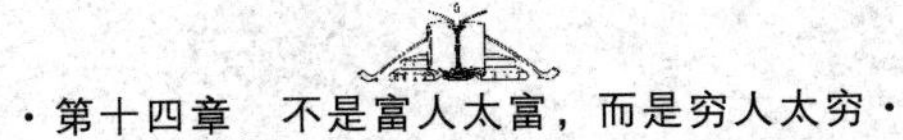

实。等到要给中国工人涨工资的时候，他们当初谴责“N 连跳”、同情工人的正义感一点儿都没了，而是找出一万个理由反对给中国工人涨工资。

事实上，给中国工人涨工资又不造成通货膨胀的方法是有的，那就是——富人少赚点儿，穷人多赚点儿，贫富差距缩小点儿。问题是，资本家会同意利润减少吗？

第十五章

看准时机辣手投资

·第一节·

像经济学家一样思考：盘活你的资源

北京大学校友会成立国内首个基于大学校友企业家的NGO组织：北京大学企业家俱乐部，通过企业家资源“盘活”北大校友资源网络。俞敏洪是企业家俱乐部理事长。“北大资源C—Club，是北大资源集团、北大科技园、北大资源物业集团联合打造的‘建筑产品+运营服务+物业服务’智慧型企业运营平台。”

北京北大资源地产有限公司总经理李小波以战略合作伙伴嘉宾身份在团拜会上演讲，介绍了北大资源C—Club的组成，而这一平台存在的意义，正是要为企业提供源源不断的社会、商业资源。商务地产博雅CC的运营方就是北大资源C—Club。

成立校友会这个问题，显然是利用人际关系在市场上获取信息上的优势。其实，在中国的股市圈子中，一直就存在一个以北大毕业生为中心的投资圈子。这种投资方式，当然无可厚非，大多数国际上的第一流对冲基金都是在人际关系的基础上建立起来的。

现代历史上采取逆向投资最为成功的邓普顿基金，其实本身就是一个跨国的资本俱乐部。根据邓普顿本人的看法，和犹太商人们打交道，在他的豪华别墅中尽情玩乐，谈天说地，据说才是最直接、最好的投资办法。言外之意是，邓普顿的投资秘诀其实是资源。

中国资本圈建立的时间很短，从证券市场开始形成，资本圈天然封闭狭小。这注定了这样一个事实，最有可能掌握资本的顶级权力的，永远只能是少数人而已，并且少数人必然高度地集中于中国那些最早涉足金融的大学。其中的最硬指标就是各个高校建立的金融学家、经管学院。

在中国资本圈的早期，以中国人民银行五道口金融学院、中国人民大学实力最强，其次是清华大学、复旦大学。而以北大为中心的一批金融界人士，多数是从曹凤岐等人的光华管理的弟子中分流出来的。这些人多数任职于大型公募基金或者典型的资本投资集团，一般在流动中掌握顶端的金融权力。

中国资本圈中，多数情况下，北大系的操作风格以匪夷所思的狂飙式做空手段出名。过去 30 年里，著名的北大系运作案不胜枚举。根据光华管理的培养标准，金融系的姚长辉教授认为“商学院实际上是把一些有潜质的人招进来，这些潜质包括基本的学习能力、与人交往的能力（情商）、责任感以及抗压能力等。这些条件相当于原材料一样，通过在商学院几年的时间，让有梦想的人，增加管理学方面的训练，努力改变自己的圈子，明确将来的发展方向，进而能够担负更大的责任，不仅为自己，更为自己的团队、家族和国家做更大的事情”。

姚教授曾举了自己做 MBA 班主任时学生成长的例子，“刚入学时大家都有梦想，但是没有落地，有时候在一些小事上心胸不够，而两年之后完全不一样了”。事实上，论课堂传授的知识，北大并不是最多的，但可能是最注重人际关系的。这一点在光华管理学院设立之初，就已经被看成是学校的优质资源。

问题是，北大系之所以可以在中国资本市场上呼风唤雨，诸如俞敏洪之类的校友，海归背景同学会，企业家俱乐部维系的校友资本圈起了关键作用。理论上说，这种关系圈子，在世界著名的高校来说并不稀奇，其长处在于学生在大学期间就可能获得职业生涯中大部分的人际网络，当然师出同门，大约也可以增加某种密切的联系。

中国股市长期处于政策的控制较强，弱式有效市场的特点，导致校友们最可能成为信息和内幕的第一手掌控者。大部分最高的政策机密，往往通过师生、校友、同学之间被步步传导，一些著名股市操纵案件在某种情况下可能正和这种校友联系方式有关。大部分的时间，人们总是在头脑中幻想中国股市存在一个神秘的资本集团。不能不说，这和校友会的固定封闭相关。从各方面的情况来看，北大系校友们的基本活动还是有迹可循的。完全将其妖魔化，明显是不够客观的。

如果真要说到什么是典型的利用资源，盘活投资资源，也许还得和世界知名的模范投资大学——哈佛大学的模式看齐。从多方面的角度看，北大本身距离哈佛的体系，还是差之千里的。

首先，以资源的规模来看，哈佛拥有世界最大的大学投资基金，这一点光华管理学院，基本上和对方没有任何可比性。哈佛的大学投资基金，建立在内部管理委员会和外部投资人的合作基础上，但中国的北大系，或者清华系的资本圈，向来十分封闭，几乎看不到建立类似关系的基金治理机构的可能。当然，另一方面来看，中国名校的毕业生们私人能够掌控的资源，也的确偏少，这客观上让他们不太可能向西方榜样看齐。即便是大学的财政上，光华管理的话语权较之哈佛的商学院、经济系来说，也要低得多，尽管其大众的知名度可能并不比哈佛在美国的类似情况的学院差。这可能是中美国情的差异。

其次，以资源的利用程度来说，哈佛的体系是建立在美国门阀制度的精英资本垄断体系上的。在这一点，以垄断和集中程度而言，美国的集中度低于中国。毕竟在金融资本的运作上，限于各种历史和知识因素，北大系的垄断程度远远超出哈佛。客观上说，因为过度集中的资本活动，中国的股市操作，甚至运作方法，都具有高度的单一性。多数情形下，人们可以看到股市的统一规模的一致行动。当然，在中国市场上可以发现，中小股东们的活动远不如大股东们活跃。这种一股独大的结构，不可能不加强垄断，降低中国金融长期资源利用的空间。

最后，以资源的调整能力，也就是所谓盘活能力来说，可能北大和哈佛压根不在一个档次上。历史上，哈佛的经济系学者们多数是美国的精英分子，这决定了他们和门阀世系的特殊关系，由于美国社会的低流动性，这部分人基本上属于美国的1%。

精英的资源盘活能力，大多数情况下，并非中国人简单的政治和财产联姻关系。相反，大多数情况下，美国的精英们采取的是地方银行家财团资产联盟的形式。比如以我们所知道的巴菲特家族来说，这个家族的基础本来是当地的犹太移民商团，随后是地方银行家族，到如今才基本上是美国华尔街的一支重要的财产联盟。在近百年的时间里，这些家族并不依靠血缘家族维系资本关系，相反，他们大多数是以宗教或者犹太人的结社友谊，固定的商业活动，维系精英资源的流动。这个联盟基本上断绝中下层的活动，全部由固定的家族企业实现内部循环。

显然，这种家族要长盛不衰，必须依靠做大家族企业的地盘，由于美国历史上始终强大的家族传统势力和银行金融的高度垄断化，其规模不断扩大，而且随着其规模扩大，不断设置进入门槛，最终才形成今日美国所谓最具有流动性的金融资源。北大面对的是没有任何封建和家族垄断基础的中国资本市场，显然，这一开始就和哈佛的历史有区别。毕竟短期的垄断集中和长期的集中根本是两回事。

·第二节·
看准时机和市场需求去投资

我认为如果中国政府解决了一些技术性的问题，恢复了股市信心，中国股市的升高会带动亚洲股市的升高，整个中国和亚洲股市升高后，才有可能让中国过剩的资本流向国外，去收购美国和欧洲的资产，才会带动美国、欧洲摆脱困境。现在美国和欧洲靠自己的能力已经没有办法摆脱困境。也许，中国A股可能成为全球经济的一个领跑者。

——陈平

在金融危机后的一段时间内，中国股市的信心逐渐开始低落。这突然性的变化导致原本看上去十分繁荣的中国股市从六千点惨跌到底。应该说，基本面明显好于西方的中国股市的震荡，大部分是一种恐慌性情绪的结果。尽管陈平教授并非金融研究方面的专家，但信心和非理性影响投资和市场乃至整个宏观经济，已经是经济学界的通识。

为了说明美元投资市场的衰败，乔纳·莱勒巧妙地将神经科学、体育、战争、心理学以及政治编成一本有关人类决策的故事。在这一过程中，他让我们变得聪明多了。除艾瑞里外，《长尾理论》和《免费》的作者克里斯·安德森既为莱勒讲故事的方式折服，也深受他的结论启发："我们该听从直觉还是分析？答案是——莱勒在这本睿智的、读起来很有意思的书中指出，取决于情境。知道哪种方法最适合哪种情境，不仅有用，而且好玩。乔纳·莱勒再次证明：他是位讲故事的大师，也是新神经科学实用课程最好的启蒙者之一。"

那么情绪为什么是必要的呢？它对于世界和人类自身有什么重大意义吗？答案要在进化史中寻找。说到人脑的进化史，自然要提到神经元。500多万年前，最早的神经元系统——第一团网络神经元，实际上不过是一套自动反射弧。随着时间的推移，这些原始脑变得越来越复杂，从蚯蚓的几千个神经元进化到远古灵长类动物的上万亿个神经元。

就算投资市场是零和的，由于机会均等，也应该是一半的人赔钱，一半的人赚钱。真实的情况却是，大多数人都是赔钱的，股市并没有在盈亏中明显地体现"公平性"来。为什么大多数人都赔钱了？

北大的一些学者们在课件上指出至少有下列不良行为可能使人们赔钱：

第一种：喜欢打探小道消息。

听听巴菲特的名言：让一个百万富翁破产最快的方法就是——告诉他小道消息。刺探并且听信消息买股票是一种非常可怕的错误炒股方式，尤其是长期在交易所直接交易的一些股民，几乎除了消息之外，不考虑其他方法。这些人最可笑的一点是即使听信消息后因此赔钱，也不会认为是这种行为有问题，而是找别的原因开脱，不是打探消息太晚，就是消息不准。总之人们相信，万一得到真的小道消息，仍然是会赚钱的。

第二种：喜欢等待牛市。

有一个有10年股龄的老股民，老是看大盘的局势来买股票，下跌时不敢买，刚开始上涨时，犹豫着想买也不敢买，已经上涨10几天了，看上去似乎不会下跌了，他才大胆买入。可是，也许只涨一天，就开始下跌，而且不是只跌一天，是连着下跌，眼看钱越来越少，为减少损失，最后只得忍痛割肉出局。

综观世界各地的股市，低买高卖才能成功。所有赢利的投资者，无一例外都是在股市下跌，市场人气惨淡的时候入市，而在市场人气旺盛，股价高涨的时候离局。遗憾的是，大多数人并不能够判断什么时候是低点，什么时候才是高点。

第三种：只买很快会涨的股票。

“这只快涨了”“那只还不知道什么时候涨呢？先别买了，还是买这只吧”……

随着股票技术类图书的普及，很多人掌握了“预测”股票价格的能力。他们可以根据K线图、MACD等各种指标做出对股价的预测。预测股价，从而决定购买短期内只涨不跌的股票是不可能完全实现的，实现的概率只有50%。

你买入股票的理由一定是你认为这家公司现在的股价比卖出时的价格更具有投资价值，也就是它目前股价偏低，而不应该是你认为会有其他更多的傻瓜愿意在你期望的卖出价买入，也就是花更多的钱来接你的盘。

第四种：只买便宜的股票。

相信便宜的股票上涨的空间更大，下跌损失也不太厉害，所以也相对安全。有些亏损的垃圾股，确实作为壳资源可以被重组而仍然不乏价值，但这是暂时的。美国和香港股市，有很多股票长期在几分或者几角徘徊，几乎不可能起死回生，盲目地只根据价格便宜而购买这类股票会给投资者带来很大的损失。

第五种：买自己不熟悉的股票。

某些人购买股票更像是一次性赌博，不管自己是否了解，就一窝蜂地冲上去购买。其实贸然买股票的结果很可能会因为缺乏信息，最后神不知鬼不觉地亏损了。巴菲特从不购买自己不熟悉的股票。即使是新股票，通常也只买一手，为的只是得到这家公司的财务报告。

第六种：跟踪热门股。

热门股票通常应该在上涨前后15分钟左右的短时间内决定购买，而对于普通散户，当你发现它热门的时候，往往已经太晚了。买一只利好信息泛滥、势头正猛的热门股票，最后只能自食苦果。

第七种：嫌挣得太慢。

很多散户一听到某只一个月内一定会涨30%，就会非常激动地赶紧购买，而听到某只股票是可以保留3年甚至5年的，就认为短期内不会挣钱而放弃。实际上，成功的投资者都是成功的长线操作者。短线操作的成功散户如同中彩票者一样寥寥无几，你不希望自己像中彩票那样靠碰运气来投资赢利，那么一定要让自己的主要资金从事长线投资。

第八种：一次选择购买太多股票。

现在是信息时代，每天可以在网上、电视上和同事、朋友那里得到大量的股票信息。每一只股票都有无数看似确凿的购买依据，令人忍不住都想买，很怕错过机会，又担心这个不涨那个涨，加上尽人皆知“不能把鸡蛋放在一个篮子里”的理念，于是尽自己所能买了一堆股票。结果，不但没有分散风险、降低风险，反而扩大了风险，最后无所适从，不知留谁去谁，彻底坏了心态！

第九种：一定要买一只黑马股。

不要期望靠发现下一个微软公司而获得巨额收益。为了迎合投资者，市场上充满了自称能够发现黑马的方法、技术和软件。只要看到这样因黑马股而暴富的报道并没有一再重复出现，亿万富翁并没有成百成千倍地迅速复制，那么，你就应该知道，这种方法行不通。所以，应该把精力放在可以长线投资的可靠公司。

·第三节·

600字真言击碎“蓝田神话”

蓝田股份1996年上市，5年间股本扩张了360%，业绩不凡。2001年12月，一位叫刘姝威的女教授以一篇600字的短文《应立即停止对蓝田股份发放贷款》揭开谜底，蓝田的贷款黑洞由此公布于众。2002年1月，因涉嫌提供虚假财务信息，蓝田股份董事长瞿保田等10名中高层管理人员被拘传、接受调查。2002年3月，公司股票被实行特别处理。2002年5月，因连续3年亏损，公司退市。

“银行停发你贷款不会影响你的业务呀，蓝田的资金量不是很充足吗？我看到蓝田的财务报表，至少在2000年，光是水产品的现金收入就有12.7亿元，这就相当于每天有380多万元的现金收入，你们怎么会缺钱呢？”这是其实只写了500字的短文，发给新华社《金融内参》的刘姝威当时对于蓝田管理层的质问。尽管作为北大的高才生，时任全国财经委副主任的厉以宁教授门下的高足，这个提问仍然具有巨大的风险。随后刘姝威的人身安全受到威胁。当然，这个质问挑战了蓝田的神话不等式。在蓝田没有倒下之前，在中国股市里，蓝田编造了现在谁也无法相信但当时到处招摇的若干神话。

第一个故事说，蓝田公司的原始资本是建立在洪湖盛产的小龙虾，当地人不吃，蓝田以极低价格收购。而整个成本仅靠虾壳等副产品加工后的饲料销售收入就可全部抵消，20元是纯利。1996年上市的蓝田股份，是农业部首家推荐上市的企业，被誉为“中国农业第一股”。

蓝田股份说，公司业务收入的98%来自农副水产品收入和饮料收入。农副水产品主要指的是鲤鱼、草鱼等淡水鱼类，和中华鳖、青虾以及莲子、莲藕、菱角、茭白、莼菜等水生植物。饮料则是出现在各个广告媒体上的野莲汁、野藕汁、蓝田矿泉水等。公司董事长瞿兆玉曾骄傲地说，蓝

田“一只鸭子一年的利润相当于生产两台彩电”。“水面有鸭，水里有鱼，水下有藕”，形成一条自给自足的生物链，一亩水面一年的产值可以达到3万元。

这套说辞，今天不少人还在继续使用着，这就是传说中的农业生态概念股。问题是，蓝田公司的水产生意，在过去的中国的市场需求到底如何呢？要知道，即便1998年发生洪灾，蓝田的股票价格依旧高得惊人。可是，在20世纪末的中国，生态农业还只是一个全民很少关注的市场。中国的污染和农业效率此时还并不高，对比全世界的绿色农业潮来说，中国是个无关的地方。布朗的粮食威胁论，正在中国人头上，换言之，量产还达不到基本要求的中国，寻求高质量的所谓生态农业基本上属于脱离真实市场的忽悠。

然而，刘姝威最初关心的并不是市场需要的问题，她只是利用了两个简单的会计等式，思考蓝田的问题。蓝田公司的资产肯定是等于权益的，这是个无法超越的基本原理。问题是刘姝威却发现，蓝田股份上市后流动资产规模基本在一定区间内变动，固定资产却高速增加，这意味着变现能力是总体下降的。至2000年年底，蓝田的固定资产已达21.69亿，占总资产的76.4%，公司经营收入和其他资金来源大部分都转化成固定资产投入。

2000年销售收入18.4亿元，而应收账款仅857.2万元。2001年中期销售收入8.2亿元，应收账款3159万元。问题是，如此高的营收，何以有如此高的固定资产，他们怎么可能短短时间内都变成固定资产呢？农业资产折旧没有固定的标准，而且无法盘点。既然如此，蓝田股份的高收益含有水分，占尽便宜的关联交易就有虚增利润之嫌。

果不其然，后来的调查发现，蓝田公司的确通过关联公司制造了大量的借款利润。说白了，这是一个利用东墙补西墙，不断烧钱，利用固定资产无法核实的漏洞给自己增加业绩的大骗局。蓝田一直将营收资金，增加到权益中，拉高股市，圈钱后，继续重蹈上一步的动作，接下来继续烧钱。客观地说，如果不上市，蓝田的活动同如今的创业公司并无差别。

蓝田的最大欺诈在于，一个原本纯粹烧钱的公司，却在上市公司市场上利用人们的信任烧钱。不管蓝田本身的最终盈利能力是否真实存在，这都是一次诈骗。问题是，击倒了蓝田，类似蓝田的神话却不断在中国市场乃至美国市场上演，最为滑稽的是，美国的不少大公司直到倒闭前一天，还有人看到其在股市中的良好业绩表现。

在美国主要投行抛售兑现中资行股份后，在中国内地和香港市场被同时继续抛售，其实是敌我难辨，多空势力难辨，空中有多，多中有空，各有各的算盘，股民认为以自己为友与天下资本为敌就不容易上当了，但最大的可能是在股市危机中无奈挣扎。这场游戏最惨的结局可能是，某一个时刻，当中国人突然停止这种游戏后，另一场经济灾难开始。

最为明显的无过于次贷危机，原本美国市场的投资者欢欣鼓舞于次级债务和房地产的狂飙，各大投行做着买空卖空的如意算盘，却不料在迷迷糊糊的运作中，大批最不起眼的买不起房的下层人士，彻底断送了华尔街的美梦。不管怎么说，虚拟的市场泡沫终究还是建立在经济的规模之上的，泡泡可以无限吹大，可是永远也不可能比外面的薄膜更加庞大，否则稍一用力，必然是粉身碎骨。次贷的神话之一就是，只要穷人能贷款，那么他们因为美国梦一定能还款。瞧，这是美国版本的蓝田神话。要知道，金融危机前，美国政府的现金流还不如蓝田！

推动全世界股市上涨，影响“牛熊”的关键因素在市场之内。金融危机的到来，更显示出股市和宏观数据的背离。从 2008 年以来，美国实体经济复苏前景惨淡。从那个时候起，美国宏观经济从就业来说基本上成绩为零。奇怪的是，道·琼斯指数和标准普尔 500 指数短短两年再度全线飘红，纽约股市的点位甚至已经接近危机前的高峰。

到底是什么推动如今股市不断上涨的，正如一些华尔街银行家坦承的那样，这是美国政府救援在股市数值上的反映而已。当然，这个理念在哈佛的学生投资报看来，不是什么标新立异。因为 80 年前，凯恩斯的股票价格由心理预期决定的说法传达的正是这套教义。

站在华尔街的任何地方，有些人做的是股市不断上涨的牛市梦，有些人则追逐的是市场的波动，寻求发财的特殊机会——卖空只是另一种牛市而已。老牌的哈佛毕业生们，通常都坐在安静的办公室里察言观色：一只眼睛望着道·琼斯的电子显示屏，另一只眼睛正盯着从华盛顿和哈佛学院走出来的黑衣政客们。当刘姝威惊异于蓝田管理层居然可以看到她的机密级短文，并对其进行人身威胁后，她也许没有想到的是，自己面对的可能不是一个蓝田，而是同样的黑衣人问题。

黑衣政客和市场之间看不见的更加复杂的联系，也许是市场的皮毛之外，股市兴衰的真正“内在价值”。你想知道上涨的秘密，正如常言道旁观者清，跳出市场，也许在喧嚣的股市发财梦中，能得到些关于股市的真谛。

·第四节·

一桶油泛起的蓝筹泡沫淹死谁

中国石油“海归”对中国证券市场具有重大意义，不仅将帮助后者更好地发挥经济“晴雨表”作用，间接促进国民经济的发展，更凸显了股改完成后中国证券市场发展壮大的现实。

——华生

几乎每个 2008 年前入市的投资者都记得中石油的蓝筹股泡沫历史：头顶“亚洲最赚钱公司”光环的中国石油，于 2007 年 11 月——牛市最疯狂之际“海归”，以 48.6 元开盘，却高开低走，最低跌至 9.71 元。因为泡沫的涌起，中石油一夜之间成为全球市值第一的最赚钱公司，而在海外持股的巴菲特在高位脱手后，据说赚取了人生最大一笔钱。

即便中石油套牢了无数人，可是被淹死的大多数股民小散户，却仍然执迷不悟，大多数人相信巴菲特先生的价值投资，相信这样的大盘投资是永远具有投资价值的。但几乎与此同时，股神巴菲特 7 月开始减持中国石油，截至 9 月 30 日，其在中国石油的持股比例已降至 3.1%。淡马锡、李

嘉诚等投资者，也在不断卖出内地的蓝筹股。

现在，当人们看待这一桶油的问题时，对比当日的疯狂，差不多都已经清醒得多了。可是有个问题，仍然值得人们思考，特别是石油问题概念股，真的具备投资价值吗？

当一个国家发现新的自然资源，或一个自然资源丰富的国家发现这些资源的国际价格猛涨，或出现短时间的外汇流入，比如国际援助，很可能是一场产业疾病的开始。荷兰就是最好的经验。丰富的自然资源未必就一定是件坏事，一些国家就比另一些国家自我管理得好：智利比玻利维亚好，澳大利亚比阿根廷好，挪威比委内瑞拉好。可见得不得荷兰病，并不是按照资源来说的。

根据马斯格雷夫的研究，政府在公共服务的推进带有某种棘轮效益，容易上升难下降。当价格信号反弹，政府很难迅速“瘦身”，导致赤字。也就是说，这些钱有很强的“顺周期性”。政府资源太多还有可能成为腐败的土壤，使不良机制苟延残喘。政府必须要在财源丰富时有意识地克制花钱的冲动，让这些钱“细水长流”，或者存起来，等经济衰退时用这些钱刺激经济，达到“逆周期性”的目的。荷兰政府在最初不断提高福利待遇，也刺激移民的流入，进一步带动劳动力成本提高，结果在制造业上的竞争力从此丧失。

要理解这场蓝筹泡沫的长期价值，也就是巴菲特所说的公司价值的话，有必要对真正的石油大国，石油股票和资源的操纵者美国的公司做深刻的了解。毕竟正如厦门大学教授林伯强的观点，中国的石油是最没有市场话语权的石油市场。而最有市场投资价值的，据说是美国的油页岩。

美国在金融危机后发现了世界上最大规模的油页岩，预计其储油可开发规模世界第一。根据一位教授的估计，如果按照现有的技术和开发速度，未来美国国内依靠油页岩提供的石油资源，可以完成石油90%的自给率，而且美国很可能将成为新的世界能源中心，随着亚洲和印度国家的能源需要不断增长，美国完全可能凭借这一点成为第二个沙特。

但是美国开采石油，会不会产生新的荷兰病问题呢？可能会。美国联

邦政府目前征收每加仑 18 美分的汽油税，欧洲的汽油税远远高于美国，那里的汽油价格几乎是美国的 2 倍。美国选民普遍反对增加汽油税，但经济学家一致认为增加汽油税有很多好处，包括鼓励人们使用公交车，减少交通堵塞，减少大气污染，等等。

美国石油战略储备约是 7 亿多桶，可以坚持 30 多天。费尔德斯坦说这并不是“价格稳定器”，只能在类似于台风袭击盛产石油陆面等一次性、临时性的打击时有疏解供给紧张的作用。石油是一个全球资源，有全球市场，地区之间的价格差异微乎其微。虽然美国是一个主要耗油国家，但在石油市场上没有决定性作用。早在 20 世纪 70 年代初，尼克松总统就主张能源独立，因为美国不希望看到从自己不喜欢的国家进口石油，自己的钱通过那些国有石油公司被用于支持自己不喜欢的政府。

30 多年过去了，能源独立仍然是美国一个遥远的理想而不是现实，未来美国一旦实现了这一点，加上刺激政策，汽车工业的复兴，石油供给加大，美国的贸易可能首先受到影响，石油价格在 50 美元时，美国一年花在石油的钱大约是 GDP 的 2.5%。当石油在 140 美元时，美国一年花在石油的钱大约是 GDP 的 7.5%。美国消费石油的一半来源于进口。2007 年美国进口石油 3310 亿美元，相当于美国当年 47%的贸易赤字（7080 亿美元）。接下来改变的可能就是美国的外汇支出，因为石油自给，意味着可以减少军事开支和获得石油收入。有可能将导致清洁能源制造业受到排挤，美国将更加依赖石油的就业和生产。这不是不可能，事实上，小布什时期就已经有这方面的建议，只是国会对于开发的前景形式匆匆而已。

美国为了拯救经济危机，他们要在未来的 3 年使新能源增加一倍，要投入 1500 亿美元来资助新能源，他们的目标是未来 10 年实现他们的能源独立。仅凭发展低碳经济美国就可以拯救经济危机了吗？恐怕不能，美国现在主要找的就是低碳经济，但低碳经济发展道路还非常遥远。因为美国不具有低碳经济优势，欧洲、日本低碳经济都比美国好，尤其是欧洲，不仅成为低碳经济市场的主导，而且具有低碳经济的金融控股和金融定价权。这有可能刺激新一轮的操纵战争。

根据央行货币委员，北大中国经济研究中心宋国青教授的最新观点，他发现："石油价格，看起来美国绝对购买量大，但是美国这几年进口石油的绝对量基本上是零增长，中国在大幅度增长。石油涨价，虽然中国不是最主要的因素，但是是最主要的因素之一。所以通货膨胀要说输入性，一定意义上是出口转内销。还有人说是成本推动型通货膨胀等。"显然，以美国的巨大资源和市场，巴菲特本人却不投资其本国的石油，特别是埃克森—美孚，一直以来并非巴菲特的权重股。股神都不投资的石油，为何中国股民要打破头钻进去呢？这显然是个糟糕的选择。大多数人不知道，其实美国一边在向中国输出着石油通胀，另一面则操纵着股市的泡沫。

·第五节·

华尔街的鏖战中国市场大败局

坏消息是投资者最好的朋友。它可以让你以较低的价格购买潜力股。

——巴菲特

巴菲特当然在中国市场上曾经是个赢家，不过这不代表华尔街就不失败。自从中国资本市场开始创立，屯兵在中国香港和澳门的华尔街资本，大概没有几百也有几十。为了研究中国香港股市，进而曲线在中国市场捞金，大多数国外投行不惜以高价换取在中国开一个小得多的代办处或者银行分理处来实现自己的梦想。

20 世纪广东国际信托的时代，高盛公司第一次尝到了中国资本的甜头。为高盛和中国政府牵头的人士，有部分是刚刚从校园初出茅庐的北大经济学者。介绍中国业务，取得中国政府的信任，在那个时代，是投行们的最普遍想法。中国市场的复杂，基本上是一种金融荒蛮生态。

以华尔街人士们的看法，早期的中国根本无所谓金融。因为中国的大部分金融活动，只有一种，那就是单纯的借贷。全国的信贷，基本上控制在少数几家大银行手里，而大银行本身所谓管理金融的手段，也单一得可怕，要么停止贷款，要么强制贷款。相比华尔街市场的繁荣来说，中国简直是一片神话中的金融真空。

随着改革开放的深入，高盛公司客观上成为包括北大曹凤岐教授等人在内的金融设计者的西方顾问。也正是如此，中国不少的金融法案几乎是将华尔街的金融监管设计方案，全盘复制后再加以损益，以大体符合基本的金融国情。大约因为机制的类似，高盛公司，包括研究中国经济的不少经济学者，像麦克米伦、麦金农等人都认为，中国市场可能操控在一小撮华尔街投行分子手里。

华尔街的各大巨头在高盛成功敲开工商银行的大门后，无不欢呼雀跃。在他们看来，只要中国市场开放，无疑中国的资本市场，由于机制设计的类似性，很可能成为自己先天的投资天堂。有段时间，《华尔街日报》甚至不惜打出中国版面，招徕那些素来对华贸易投资感兴趣的大公司参与投资。

在吴晓波和《南方周末》记者们记录中国公司的大败局之时，他们大概也想不到，这一阶段也是跨国的国际资本集团在中国走麦城的时候。

1998 年，索罗斯为首的国际对冲基金攻击香港地区，最终也以惨败收场，这次战役充分说明国际炒家也并非无所不能。多数亚洲经济体在遭受金融危机冲击后，本币大幅贬值，但是香港是个例外，仍然牢牢维持 7.8 港元兑 1 美元的联系汇率。

国际炒家首先在香港股市卖空，借入股票然后卖出，获得港币后再大量兑换成美元，加上在债券市场借来的港币，国际炒家对港币大做空头。但香港并没有如国际炒家所愿，选择加息来维护港币，反而是主动出手予以反击。当时香港外汇储备接近 1000 亿美元，高居全球第三。香港特区政府干预股市的做法一度在国际社会引发巨大争议。米尔顿·弗里德曼说香港政府简直是疯了。但事后看，香港干预经济的成本远小于任由经济动荡的成本。当然，索罗斯还是有收获的，他最终在马来西亚和泰国赚回了在香港的本钱。

中国市场越来越大，最后连从来不向海外大单投资的巴菲特也开始动心了。巴菲特投资的中国公司不在少数。2003 年 4 月开始分批吸纳中石油股份，累计买入 23.84 亿股，金融危机前成功出逃。2008 年 9 月，巴菲特斥资 18 亿港元认购了 2.25 亿股比亚迪股份。“中国已拥有一些伟大的公司，我们倾向于中国某些出口产品良好的公司，主要是消费者产品。中国已拥有一些巨型公司，它们的市值将超越某些美国公司。”

总之，这个股神在中国的确是赚到不少便宜的，中石油的蓝筹泡沫，不可能说和巴菲特无关，而比亚迪根本就是一个巴菲特的猎物。即便是大杨创世这种级别的公司，巴菲特也不忘放风宣布其将合作创立品牌。可是巴菲特也并不是在中国就不赔钱，到 2012 年，巴菲特承认，伯克希尔哈撒韦公司在中国股市上犯下的错误甚多。这让巴菲特给股东们的信件也减色不少。

金融危机后，许多人不太理解的是，一大批人突然开始将中国市场看成了垃圾堆和大空头，这其中的奥妙很值得人们仔细研究。比如著名的投机者查诺斯，即领导一个很大规模的对冲基金，主张看空中国。

触发查诺斯这类对冲基金看空最重要的原因是，他们读不懂当时市场流行的投资故事，从而很早得出对市场未来走向与大多数投资者完全不同的判断。长期看来，以中国为代表的新兴市场经济是投资者的市场共识。

查诺斯相信，中国投资占经济增长的比重过高，投资效率很低，中国的房地产市场是一个巨大的泡沫，中国的银行长期以来负担着为固定资产投资项目提供资金的任务。这与很多长期关注中国经济的本土分析人士认识一致，被认为是当前中国经济的问题所在。

不过问题是，在查诺斯呼喊了近 5 年后，中国股市没有被做空，美国股市却实实在在的空了。整个华尔街因为五大投行的失败，哀鸿遍野。其本国长期更加严重的金融问题，则第一时间被暴露出来。甚至更有意思的是，如今的华尔街可能压根没资格做空中国，毕竟支持中国购买美国债券的全部原因是中国投资市场不够活跃，这是个迫切需要开发的市场。一旦离开这个中国市场，美国基本面上依靠中国因素拉动的市场将瞬间坍塌。

正如费尔德斯坦和克鲁格曼讨论的那样，如果不是美国市场的资金可以溢出到中国，或者说让查诺斯必须到中国给自己避险外，本国的查诺斯们随时面临失业的风险。在这个中美之间互相高度依赖的时代，做空中国，或者企图同中国市场对抗，下场不会好。毕竟，美国在金融强大的时代，也没法剥夺比它强大得多的大英帝国，因为后者体量惊人，是扛不动的。同样的理由，金融的丛林法则决定，当华尔街开始面对一个更大的巨人时，他们也只好放下身段，和别人同台竞争。

·第六节·
政策市还是自由市

当前，心有不甘的投机者与盲从附和的散户借着股市短期调整的现象，企图压迫政府管理层调降印花税。了解中国股市的人或许比我多，但是敢出面说真话的人并不多。作为北京大学的一分子，更秉承北大肩挑国家赋予的重任，吾等若不能挺身而出，横眉冷对这一股妖风，才是愧对全体国民对北大人的深切期望。

——霍德明

不救市，在2005年印花税问题上持反对下调意见的霍德明教授，大概是最招骂的大学教授了。按照霍德明教授的观点，他发表在财经杂志上的是真话，而且是坚持中国证券市场正确发展道路一派的公正之路。

霍德明教授，显然很明白中国证券市场的基本性质——这是一个带有政策干预倾向的资本市场。所谓政策市，并不是在美国这样的发达市场上没有，但是据说在发达国家，比如美国，由于市场的信息传递方式高度透明，价格可以反映市场一切信息。自然政策的影响，总会因为大家同步得到迅速降低其可能获得高回报的可能性。

在美国的历史上，像南北战争和“一战”前美国的几次股市灾难中，巨头们动用关系贿赂官员，操纵市场的事情屡见不鲜。可以说，发达国家本身也是从政策市走出来的。

但在国内投资界，巴菲特无疑是中国投资者的偶像。学习巴菲特的投资方式，复制巴菲特的投资方式，成就巴菲特第二，几乎一直是投资中最受人关注的问题。巴菲特的价值投资，的确深入人心，不过在中国市场风风雨雨的 20 年里，历经涨跌，我们不得不怀疑，巴菲特的市场路线是自由的强有效市场，还是政策时代的产物。

如果说价值投资是自由市场的产物，可是巴菲特尊重的格雷厄姆恰恰生活在一个政策干预严重，几乎抬头就能碰到强盗的大时代。巴菲特投资方法的基本要点：根据证券的内在价值买进并长期持有具有持续竞争优势的企业的股票。这个要点又可以分为以下关键点：寻找具有持续竞争优势的超级明星企业；根据现金流量而不是股价确定公司的内在价值；买入价格要留有足够的安全边际；集中投资于少数优秀企业；长期持有，等等。

显然，哪怕任何一个如今的北大学生，都可以判断出这个方法实际属于不认同有效市场假设的做法。公司价值可能被发现，等同于说公司的某些信息是天然被掩藏起来的，这就等于说市场上的价格不能够反映股市的价值。这听上去十分滑稽，美国这样发达的市场上股神是不相信市场的有效性的。

根据巴菲特投资法则，中国价值投资的第一要则是发现或选择证券的真正“内在价值”。企业的内在价值，并不是像阳光下的玻璃一样发光，可以容易发现。恰恰相反，从别人忽略的信息中挖到宝贝，是价值投资者的必要素质和投资关键条件。

科特勒说：“没有不能用便宜一美分买来的（客户）忠诚。”靠低成本成功打入市场的案例比比皆是，长虹彩电、格兰仕微波炉、吉利汽车等都曾叱咤风云，把玩市场于掌上，但最终不过是“你方唱罢我登场”的结局。这样的企业，显然不符合巴菲特的选择标准。

其次，政策市的最大副产品，其实是所谓垄断性的价值。必然壳资源，其实就是政策市场的某种垄断价值。如果你认同中国是自由市场的话，那么对不起，你不可能找到巴菲特的成功基础。如果认同是政策市，除非具有垄断性经济特权，持续竞争优势只是一个经验范畴的事物。在巴菲特的投资组合里，除了少数几家“注定必然如此”之外，大多数企业是不具有真正的持续竞争优势的。尽管中国貌似是有着这样的股票，比如云南白药和茅台这样的稀缺价值的股票，其独特性不亚于可口可乐，但是就消费者的忠诚度来说，显然这是两个层次的公司。如果一个人押宝在这些中国价值股票的话，很可能就要面临茅台暴跌的后果。

巴菲特认为，一家企业在5～10年里显示出连续稳定的赢利能力，是具备持续竞争优势的一个重要标准。但费雪认为，过高的利润率会引来更多的竞争者而很难保持，理想的水平是超过其紧跟的竞争者2%～3%为宜。中国最悠久的大企业，也不过30年的历史，而且他们都因为历史和政策等因素，可能有10年以上的盈利表现，问题是这个利润率从来都未稳定。比如中石油这样的单位，今年也许是20%，明年也许就是零。

巴菲特的其他指标，例如留存指标、GDP指标，同样因为中国经济的特殊发展时期，变得苍白无力，甚至有时候用巴菲特的指标范式得到的是完全相反的结果。例如中国股市明显地出现，经济宏观指标越好，股市投资风险越高的反常现象。

最后，所谓长期持有问题的风险，也许更高。巴菲特多次重申他对良好管理层的判断标准：能力非凡并且为股东着想。前者是能力标准，后者是品质标准，好的管理者会带来企业的长期繁荣发展。因此，这样的股票在巴菲特看来是最具有长期持有价值的。

在中国的上市公司中，确实可以看到不少杰出的企业管理者，比如振华港机、福耀玻璃、中集、万向等掌门人，他们不仅创造了优异的业绩，而且为股东带来了丰厚的收益，但是这些人只是管理者而不代表整个管理层。国内公司最高层的变动可能对企业发展造成不可估量的冲击和破坏。

我们只能得到一个结论，也许中国市场不可以武断地判定为政策市或者自由市，这种评价对于投资来说并不是一个好的划分标准。从根本上说，这么划分是有损投资本身的准确性的。